독자의 1초를
아껴주는 정성을
만나보세요!

세상이 아무리 바쁘게 돌아가더라도 책까지 아무렇게나 빨리 만들 수는 없습니다.
인스턴트 식품 같은 책보다 오래 익힌 술이나 장맛이 밴 책을 만들고 싶습니다.
땀 흘리며 일하는 당신을 위해 한 권 한 권 마음을 다해 만들겠습니다.
마지막 페이지에서 만날 새로운 당신을 위해 더 나은 길을 준비하겠습니다.

문제 해결력을 높이는 알고리즘과 자료 구조
Algorithms and Data Structures for Problem-solving Skills

초판 발행 · 2022년 2월 22일
초판 2쇄 발행 · 2023년 4월 30일

지은이 · 오츠키 켄스케
감수 · 아키바 타쿠야
옮긴이 · 서수환
발행인 · 이종원
발행처 · (주)도서출판 길벗
출판사 등록일 · 1990년 12월 24일
주소 · 서울시 마포구 월드컵로10길 56(서교동)
대표 전화 · 02)332-0931 | **팩스** · 02)323-0586
홈페이지 · www.gilbut.co.kr | **이메일** · gilbut@gilbut.co.kr

기획 및 책임편집 · 이원휘(wh@gilbut.co.kr) | **디자인** · 배진웅 | **제작** · 이준호, 손일순, 이진혁, 김우식
마케팅 · 임태호, 전선하, 차명환, 박민영, 지운집, 박성용 | **영업관리** · 김명자 | **독자지원** · 윤정아, 최희창

교정교열 · 전도영 | **전산편집** · 여동일 | **출력 및 인쇄** · 예림인쇄 | **제본** · 예림바인딩

▸ 잘못 만든 책은 구입한 서점에서 바꿔 드립니다.
▸ 이 책은 저작권법에 따라 보호받는 저작물이므로 무단전재와 무단복제를 금합니다. 이 책의 전부 또는 일부를 이용하려면 반드시 사전에 저작권
  자와 (주)도서출판 길벗의 서면 동의를 받아야 합니다.

ISBN 979-11-6521-887-4 93000
(길벗 도서번호 080288)

정가 24,000원

독자의 1초를 아껴주는 정성 길벗출판사

(주)도서출판 길벗 | IT교육서, IT단행본, 경제경영서, 어학&실용서, 인문교양서, 자녀교육서
www.gilbut.co.kr
길벗스쿨 | 국어학습, 수학학습, 어린이교양, 주니어 어학학습, 학습단행본
www.gilbutschool.co.kr

페이스북 · www.facebook.com/gbitbook
예제 파일 · https://github.com/gilbutITbook/080288

문제 해결력을 높이는
알고리즘과
자료 구조

오츠키 켄스케 지음
아키바 타쿠야 감수 | 서수환 옮김

ALGORITHMS AND DATA
STRUCTURES FOR PROBLEM-
SOLVING SKILLS

- 이 책에 실린 소스 코드는 C++ 11 이후 버전의 C++에서 컴파일 가능하고, Wandbox에서 gcc 9.2.0으로 코드 동작을 확인했습니다. 번역 시 macOS Big Sur clang 12.0.0 버전에서도 확인했습니다.

- 이 책의 소스 코드는 다음 깃허브에서 내려받을 수 있습니다.
  저자 깃허브: https://github.com/drken1215/book_algorithm_solution
  길벗 깃허브: https://github.com/gilbutITbook/080288

- 장 마지막에 실린 연습 문제에 대한 힌트는 저자 깃허브에서 볼 수 있습니다.

  https://github.com/drken1215/book_algorithm_solution/tree/master/solutions

이 책을 펼쳐 주셔서 감사합니다. '프로그래머, 소프트웨어 엔지니어로서 수준을 높이고 싶다', '대학 강의에서 학점을 따야 한다', '프로그래밍 대회에서 이기고 싶다' 등 알고리즘 기초를 배우는 이유는 저마다 다릅니다. 이유가 무엇이든 일단 알고리즘을 배우고 싶다는 마음을 진심으로 응원합니다.

정보 기술은 지금 이 순간에도 눈부시게 진보하고 있습니다. 그러나 알고리즘 분야는 컴퓨터 과학역사에서 보면 결코 새로운 분야가 아닙니다. 인공지능, 양자 컴퓨터처럼 세상을 바꾸는 기술이라며 매일 뉴스에 나오는 키워드에 비하면 따분한 느낌이 들 수는 있습니다. 이제 와서 알고리즘을 배우는 게 의미가 있을까? 훨씬 화제가 많이 되는 기술을 배워야 하는 게 아닐까? 이렇게 생각하는 분도 많을 겁니다.

그러나 저는 소프트웨어 엔지니어링이나 컴퓨터 과학에 종사하는 모든 기술자는 무엇보다 알고리즘 기초를 확실히 다져야 한다고 단언합니다. 알고리즘은 인공지능이나 양자 컴퓨터와 함께 거론할 키워드가 아닙니다. 인공지능이나 양자 컴퓨터를 하기 이전에 이 책에서 배울 알고리즘이나 복잡도 이론의 기초를 이해하는 것이 필수입니다. 그리고 변화가 심한 분야의 지식과는 다르게 알고리즘 기초는 '평생 가는' 지식으로 어떤 분야에 있더라도 버팀목이자 힘이 됩니다.

더불어 알고리즘 능력은 단순한 교양에 머물지 않고 평소 프로그래밍에도 직접 활용 가능한 능력입니다. 알고리즘을 도구로 삼아 적절한 알고리즘을 스스로 선택하고 필요한 알고리즘을 직접 설계할 수 있다면 문제 해결 폭이 넓어집니다. 또한 기초 알고리즘이나 자료 구조는 프로그래밍 언어 기능이나 표준 라이브러리로 제공됩니다. 이런 기능이 어떤 구조인지 알고 있으면, 동작 특성과 속도 향상법을 쉽게 이해하고 편하게 응용 가능합니다.

앞서 이야기한 것처럼 알고리즘은 결코 새로운 분야가 아닙니다. 따라서 이미 많은 알고리즘 입문서가 존재하고 명서로 꼽히거나 교과서 급인 책도 있습니다. 그런데도 이 책을 선택해야 할 이유가 있을까요? 사실 이 책은 입문서에서 중요한 기초를 확실히 다지도록 해주면서 구성이 독특합니다.

첫 번째 특징은 유명 알고리즘을 소개하는 데 그치지 않고 알고리즘 응용법과 설계 방법에도 비중을 두는 점입니다. 널리 쓰이는 알고리즘 교과서의 구성은 유명 알고리즘을 단순히 소개하는 형식이 대다수입니다. '이런 처리를 하면 되니까 XX 알고리즘을 사용하자'라고 바로 답이 나오는 상황에서라면 참고용으로 좋겠지요. 하지만 현실 세계에서 우리가 직면하는 문제는 그렇게 간단히 끝나지 않습니다. 어떤 알고리즘을 어떻게 사용하면 좋을지 알 수 없고 직접 알고리즘을 설계해야 하거나 해결 가능 여부조차 알 수 없는 그런 상황도 적지 않습니다. 이 책은 이런 다양한 상황에서 알고리즘 능력을 사용해 문제를 해결할 수 있도록 유명 알고리즘을 소개할 뿐만 아니라 알고리즘을 설계할 때 필요한 접근법(설계 기법)을 상세히 설명합니다.

또 다른 특징은 알고리즘의 재미와 아름다움을 전달하고 싶어 하는 점입니다. 만들어낸 알고리즘의 효율을 개선하는 작업은 퍼즐처럼 즐겁고 이해하면 할수록 감동이 늘어납니다. 그리고 일부 알고리즘은 이산 수학의 심오한 이론에 기반하거나 아름다운 이론적 성질이 있습니다. 알고리즘 사이에도 관련된 이론이 존재합니다. 이 책은 초보자용이면서도 이런 즐거움과 아름다움을 전할 수 있도록 노력했습니다.

이 책에서 배워 익힌 알고리즘 능력이 여러분에게 도움이 되길 기원합니다.

2020년 7월

아키바 타쿠야

이 책은 알고리즘이라는 도구를 잘 다루고 싶은 분을 위해 집필한 알고리즘 입문서입니다. 여러분은 알고리즘이라고 하면 어떤 이미지가 떠오르시나요? 정보 처리학과 학생이라면 필수 과목 중 하나라는 느낌을 받을지도 모르지만. 알고리즘을 배운 적이 없는 분이라도 검색 엔진이나 내비게이션처럼 우리 생활에서 사용하는 다양한 서비스 뒤에는 고도로 복잡하게 설계된 알고리즘이 동작한다는 이야기는 이미 들어 보셨을 겁니다. 실제로 알고리즘은 정보 기술 근간을 뒷받침합니다. 컴퓨터 과학에는 다양한 중요 분야가 있지만 모두 알고리즘과 어떤 연관점이 있습니다. 컴퓨터 과학을 배운다면 피할 수 없는 것이 알고리즘입니다.

알고리즘을 배운다는 건 단순히 지식을 흡수하는 것이 아니라 세상의 다양한 문제를 해결하는 수단을 늘려가는 것입니다. 알고리즘이란 원래 문제를 풀기 위한 절차를 말합니다. 알고리즘 동작을 구체적으로 이해하는 걸 넘어서 실제로 문제 해결에 도움이 될 때 비로소 알고리즘을 배웠다고 할 수 있습니다.

알고리즘을 사용한 문제 해결을 훈련하는 장소로 AtCoder나 LeetCode 등에서 개최하는 프로그래밍 대회가 최근 주목받고 있습니다. AtCoder는 출제된 퍼즐 같은 문제를 푸는 알고리즘을 설계하고 구현해서 경쟁하는 대회를 개최합니다. 이 책은 AtCoder에서 과거에 출제된 문제를 가지고 알고리즘 실용 설계 기법을 배웁니다. 각 장 끝에 나오는 연습 문제도 프로그래밍 대회 기출 문제를 다수 채용했습니다. AtCoder 등록 방법이나 소스 코드 제출 방법은 인터넷 검색을 참조하길 바랍니다. 그리고 저는 Qiita라는 프로그래머를 위한 사이트에 알고리즘 관련 이슈를 설명하는 기사를 다수 투고했습니다. 이런 기사를 잘 정리한 후 보충 해설하는 그림과 몇몇 이야기를 추가해서 만든 것이 이 책입니다.

저는 알고리즘을 배우기 시작한 후 세상의 여러 문제와 마주쳤을 때 세계관에 혁명이 일어난 걸 기억합니다. 저도 알고리즘을 배우기 전에는 문제를 해결하는 행위란 고등학교 수학에서 배우던 '공식' 같은 걸 찾는 거라고 생각했습니다. 그러니까 문제를 푸는 구체적이고 명확한 답을 구하는 것이 문제 해결이라고 무의식적으로 생각했습니다. 하지만 알고리즘을 배우고 나서는 '구체적인 답을 구하지 못하더라도 답에 다가가는 절차를 찾는 것'이라고 문제 풀이를 바라보는 관점이 변했고, 그에 따라 문제 해결 수단이 크게 늘어난 기분이 들었습니다. 이 책으로 여러분과 이런 감각을 공유할 수 있게 되길 바라며, 알고리즘을 설계하고 구현하는 즐거움을 느낄 수 있다면 저에게도 큰 즐거움입니다.

2020년 7월

오츠키 켄스케

이 책의 구성은 그림 1과 같습니다.

▼ 그림 1 장별 구성

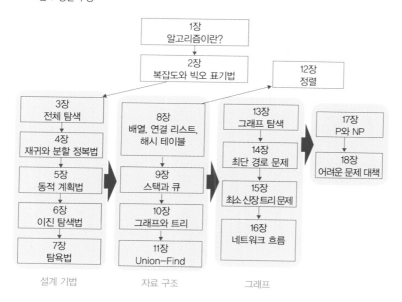

우선 1, 2장에서 알고리즘과 복잡도를 살펴봅니다. 그리고 3~7장에서는 이 책의 핵심인 알고리즘 설계 기법을 자세히 설명합니다. 이런 설계 기법 관련 이야기는 다른 책이라면 마지막에 간단히 설명하고 넘어가지만, 이 책은 현실 세계의 문제를 해결하는 실용 알고리즘 설계 기법을 단련하는 게 목적입니다. 따라서 전반부에서 알고리즘 설계 기법을 자세히 설명합니다. 그리고 이런 설계 기법을 후반부에서도 곳곳에 사용하는 걸 볼 수 있습니다.

8~11장에서는 설계한 알고리즘을 효과적으로 구현할 때 중요한 자료 구조를 해설합니다. 자료 구조를 배우면 알고리즘 복잡도를 개선하거나 C++, 파이썬 등에서 제공하는 표준 라이브러리의 구조를 이해하고 유효하게 활용 가능합니다.

12장에서 정렬 알고리즘을 잠시 살펴본 다음, 13~16장에서 그래프 알고리즘을 설명합니다. 그래프는 무척 강력한 수리 과학 도구입니다. 많은 문제를 그래프 관련 문제로 공식화하면 한눈에

ALGORITHM & DATA STRUCTURES

보기 편하게 다룰 수 있습니다. 또한 그래프 알고리즘을 설계할 때 3~7장에서 배운 설계 기법이나 8~11장에서 배운 자료 구조를 곳곳에 활용합니다.

마지막으로 17장에서 P와 NP 관련 이야기를 해설하고, 이 세상에는 효율적으로 문제를 푸는 알고리즘을 설계할 수 없는 어려운 문제도 많다는 걸 확인합니다. 18장에서는 이런 어려운 문제에 도전하는 방법론을 정리했습니다. 이때도 동적 계획법(5장)과 탐욕 알고리즘(7장) 같은 설계 기법을 활용합니다.

이렇듯 전체적으로 알고리즘 설계 기법을 중시하는 구성입니다.

먼저 이 책에서 다루는 내용과 주의점을 정리했습니다.

다루는 내용

이 책에서는 단순히 알고리즘 동작을 설명하기보다는 좋은 알고리즘을 설계하는 방법에 중점을 둡니다. 알고리즘을 처음 배우는 분부터 각종 기업에서 연구 개발에 사용할 실용적인 알고리즘 설계 기법을 배우고 싶은 분까지 폭넓게 즐길 수 있으면 좋겠습니다.

필요한 예비 지식

고등학교 수학을 배웠고 프로그래밍 경험이 있다고 전제합니다. 복잡한 수학적 이해가 필요한 부분도 있으며, 초보자에게 어려운 내용은 (*) 기호로 표시했습니다.

또한, 책에서 나오는 소스 코드는 C++로 작성했는데, 기본 기능만 사용하므로 프로그래밍 경험이 있다면 큰 문제 없이 읽을 수 있습니다. C++의 고유 기능 중에는 다음을 사용합니다.

- std::vector 같은 STL 컨테이너
- std::sort() 같은 표준 라이브러리
- const 수식자
- 템플릿
- 포인터
- 참조
- 구조체

코드를 봤을 때 의문점이 생기거나 좀 더 체계적으로 C++ 기초를 배우고 싶은 분이라면 인터넷이나 책에서 제공하는 프로그래밍 강의를 참조하길 바랍니다.

사용하는 언어와 동작 환경

이 책은 C++를 사용해서 알고리즘을 작성하며, 다음과 같은 C++ 11 이후 기능을 일부 사용합니다.

- 범위 for문
- auto를 사용한 타입 추론(범위 for문에서만 사용)
- std::vector<int> v = { 1, 2, 3 }; 같은 vector형 변수 초기화
- using을 사용한 자료형 별명 선언
- 템플릿 오른쪽 괄호에 공백 생략
- std::sort( ) 복잡도가 $O(N\log N)$이라는 것이 보증됨

이 책에 실린 소스 코드는 C++ 11 이후 버전의 C++에서 컴파일 가능하고, Wandbox에서 gcc 9.2.0으로 코드 동작을 확인했습니다. 소스 코드는 다음 주소에서 다운로드 가능합니다. (**역주** 번역 시 macOS Big Sur clang 12.0.0 버전에서 확인했습니다.)

- 저자 깃허브: https://github.com/drken1215/book_algorithm_solution
- 길벗 깃허브: https://github.com/gilbutITbook/080288

연습 문제

각 장 마지막에는 연습 문제가 있습니다. 지금까지 설명한 내용을 잘 이해했는지 확인하는 간단한 문제부터 혼자서 해결하기에 무척 어려운 문제까지 폭넓은 난이도의 문제들을 준비했습니다. 난이도는 다섯 단계로 평가하는데 표 1과 같습니다.

▼ 표 1 연습 문제 난이도 기준

난이도 표기	난이도 기준
★	해설한 주제를 이해했는지 확인하는 문제입니다.
★★	해설한 주제를 더 깊이 이해하기 위한 문제입니다.
★★★	해설한 주제를 더욱 깊이 파고드는 어려운 문제입니다.
★★★★	해설한 주제와 관련된 무척 어려운 문제입니다. 혼자서 해결하기 어려울 수도 있습니다. 하지만 이런 난이도의 문제를 풀어 보면 훨씬 깊은 이해가 가능합니다.
★★★★★	문제 해법을 알지 못하면 혼자서 해결하기가 아주 힘든 난이도입니다. 관심이 있는 분은 꼭 관련 주제를 조사해 보길 바랍니다.

연습 문제 해설은 소스 코드와 함께 공개합니다.

- 저자 깃허브: https://github.com/drken1215/book_algorithm_solution/tree/master/solutions

AtCoder 소개

끝으로, 즐겁게 알고리즘을 배울 수 있는 서비스로 최근 주목받는 AtCoder를 소개합니다. AtCoder는 퍼즐 같은 문제를 출제하고 그걸 푸는 알고리즘을 설계, 구현하는 부분을 경쟁하는 대회를 개최합니다. 대회 실적에 따라 레이팅(rating)이 부여되는데, 이를 통해 알고리즘 기술 수준이 증명됩니다.

그리고 대회에 출제된 문제는 언제든 자유롭게 풀어 볼 수 있습니다. 문제를 푸는 알고리즘을 설계해서 이걸 구현한 소스 코드를 제출하면 미리 준비된 몇 가지 입력 패턴에 따라 정답을 출력하는지 판정합니다. 이런 온라인 판정 서비스는 직접 풀어 보지 않아도 설계한 알고리즘이 제대로 되었는지 여부를 즉시 자동으로 확인 가능합니다. 비슷한 온라인 판정 서비스에는 LeetCode 등이 있습니다. 이런 서비스에서 출제된 과거 문제를 사용해 실용적인 알고리즘 설계 기법을 배워 갑니다.

최근 알고리즘 공부가 많은 주목을 받고 있습니다. 아마도 취직이나 이직 과정에서 치르는 코딩 테스트에 알고리즘을 얼마나 이해하고 있는지 평가하는 문제가 많아졌기 때문이겠지요. 그런데 알기 전에는 어려워 보이고, 알고 나서도 역시나 어려운 것이 알고리즘이 아닐까 합니다. 처음에는 개념을 몰라서 어렵지만, 이해한 다음에는 어떤 식으로 응용해야 할지 고민되기 때문입니다. 그런 어려움에 직면한 분에게 이 책이 조금이나마 고민을 줄이는 데 도움을 줄 수 있다고 생각합니다.

이 책에서 알고리즘을 다룰 때는 단지 외워서 공식에 대입하는 방식이 아니라 어떻게 만들어졌고 어떤 식으로 응용 가능한지, 생각을 어떻게 확장할지에 중점을 둡니다. 그저 암기만 한 것은 머지 않아 잊겠지만, 몸으로 익혀서 이해한 건 쉽게 사라지지 않는 법이지요. 이 책의 내용을 차근차근 따라가며 어려운 문제를 직접 고민해 풀어 보면서 배우고 익히는 즐거움을 여러분도 함께 맛보시면 좋겠습니다.

2021년 가을

서수환

IT 개발 직무로 취업하거나 이직한다면 알고리즘 역량이 반드시 필요합니다. 이 책은 알고리즘을 처음 접하거나 이론을 정리하고 싶은 분들에게 적합한 책입니다. 자료 구조와 알고리즘에 대한 기본 내용을 충실하게 다루고 있어 기본서로 매우 훌륭하다고 생각합니다.

특히 다양한 그림과 예시를 활용하여 원리를 쉽게 이해시켜 줍니다. 그리고 대표 문제를 통해 실전에 어떤 식으로 사용할 수 있는지 방향성을 제시함으로써 응용력을 기르는 데도 도움을 줍니다. 책을 읽으면서 알고리즘 문제은행 사이트의 다양한 문제를 꾸준히 풀어본다면 알고리즘 역량이 크게 향상될 것입니다.

- **실습 환경:** Windows 10, Visual Studio 2019

윤지태_디셈버앤컴퍼니 핀트플랫폼개발팀

이 책은 전반적으로 알고리즘 개념을 설명하고 증명하고 구현한 후 간단한 개선을 계속 반복해서 보여주는 구성입니다. 즉, (1) 먼저 도표와 그림을 통해 개념을 잡아 줍니다. (2) 시간 복잡도를 간단한 증명 과정을 통해 이해하고, (3) 실제 코드를 구현하면서 그 개념이 어떻게 코드로 구현되는지를 보여줍니다. (4) 개선 단계에서는 간단한 사고의 변화를 통해 성능이 얼마나 좋아지는지를 보여주고 이를 반복적으로 가이드해 줌으로써 독자를 훈련시킵니다.

특히 DP 편에서는 그림과 2차원 테이블을 이용하여 개념을 체계적으로 사고할 수 있게 해줍니다. 또 어떻게 접근해야 하는지 쉬운 방법부터 설명한 뒤 사고의 방향을 바꿔 더 좋은 접근법을 설명하면서 차근차근 독자를 이끌어 나갑니다. 처음에 문제를 봤을 때는 떠올리지 못했던 방법이라도, 사고를 전환하고 다르게 접근하여 새로운 문제 해결 방법을 시도하도록 설명해 주므로 쉽게 느껴지고 비슷한 문제에 어떻게 접근해야 할지 배울 수 있습니다. 마치 페어 프로그래밍하는 느낌으로 독자를 이끌어 줍니다.

일반적인 알고리즘 학습 방법에 따른 코스와는 다른 순서로 접근하도록 구성된 책이라 처음에는 다소 의구심을 가졌는데, 이후 장들을 읽으며 여러 개념을 활용하고 문제 해결의 사고 흐름대로 접근하면서 더 충분히 이해하고 응용력도 높일 수 있게 해주는 안배임을 이해했습니다.

이 책의 목표는 명확합니다. 알고리즘을 푸는 게 아니라 어떻게 문제 해결에 접근해 나가야 하는지를 가르쳐 줍니다. 그래서 자세히 다루지 않는 부분들이 있는데, 이런 내용들에 대한 다양한 레퍼런스를 제시함으로써 심화해서 공부하려면 무엇을 봐야 하는지 가이드하는 부분도 좋습니다.

- **실습 환경:** Windows 10, Visual Studio 2019, msvc-x64

김효진_스튜디오주

알고리즘 개념들을 간결하고 쉬운 문장으로 풀어내고 있으며, 처음 접하는 사람도 헤매지 않고 생각할 수 있도록 차곡차곡 개념을 쌓는 방향으로 서술하고 있습니다. 또한, 관례적인 예제가 아니라 구체적이고 수학적인 검증을 통한 예제로 기법들을 자세히 설명해 줍니다.

실제로 적용할 수 있고 실무에서도 반드시 필요한 여러 알고리즘 기법을 어떻게 알아야 하는지 쉽게 알려 주는 책이므로, 포기하지 말고 잘 따라가시길 바랍니다. 여러분을 응원합니다.

- **실습 환경:** Window 11, Visual Studio 2021(v142)

현진원_세이프텍리서치

학부 당시 가장 먼저 접한 프로그래밍 언어가 C 언어였습니다. 그만큼 C 기반의 언어는 가장 기본이 되는 언어라고 생각합니다. C에서 확장성을 높인 언어가 C++이며, C++는 좋은 최적화와 속도를 갖춘 언어 중 하나입니다. C++ 공부에서 가장 큰 장벽은 객체 지향과 STL이라고 생각합니다. 이 책은 STL에서 가장 자주 사용되는 String 과 Vector 외에는 거의 사용하지 않으며, 이해하기 어려운 객체 지향형 언어의 세계를 알고리즘을 익히면서 천천히 입문할 수 있도록 도와주는 책이라고 생각합니다.

C 언어를 경험해 봤던 사람이라면 무리 없이 이 책의 흐름을 따라갈 수 있을 것으로 생각합니다. 또한, 예제 코드를 깃허브에서 지원하고 있으므로, 깃허브 코드를 기반으로 연습 문제를 하나둘 해결하면서 추가로 알고리즘 문제 사이트에서 비슷한 문제를 같이 풀어 보면 더 큰 도움이 될 것입니다.

알고리즘을 간단한 그림으로 나타내고 코드 하나하나를 알고리즘에 맞게 해석해 주므로, 알고리즘과 함께 C++의 입문까지 도와주는 책이 될 것입니다.

- **실습 환경:** Windows 10, gcc 9.2

이정우_IT 기업 기획팀

가장 기초적인 알고리즘의 개념부터 알고리즘에 자주 쓰이는 시간 복잡도, 설계 기법, 자료 구조, 정렬, 그래프 등 알고리즘 문제를 해결하는 데 꼭 필요한 지식을 총망라하여 보여 주도록 구성되어 있다. 개인적으로 무작정 문제 풀이부터 부딪혀서 알고리즘을 공부해 왔는데, 알고리즘 공부의 시작을 이 책과 함께했다면 더욱 체계적이고 명확 했을 것이라는 생각이 든다.

초보자도 쉽게 이해할 수 있을 만큼 익숙한 예시를 들어 설명하고 있다. 읽으면서 실제 문제 풀이도 해보고 싶다 면, 백준이나 프로그래머스 같은 문제 사이트에 알고리즘 분류별로 문제가 선별되어 있으므로 이러한 프로그래밍 문제 사이트들을 활용하면 좋을 것이다.

- **실습 환경:** CLion 2021.2.1

고민지_이화여자대학교

알고리즘을 독학하면서 가장 어려웠던 부분이 시간 복잡도의 추상적인 개념과 다양한 알고리즘이었는데, 새로운 개념마다 그림으로 묘사되어 있어 글만으로는 이해하기 어려운 개념(동적 계획, 냅색, 트리 그래프 등)을 수월하게 이해할 수 있었습니다.

책의 내용을 이해하기 쉽기 때문에 컴퓨터공학 전공자는 물론, 비전공자도 언어에 대한 기초만 있다면 얼마든지 따라올 수 있을 것 같습니다. 또한, 책에서 사용하는 C++ 개념이 vector나 iostream을 사용하는 정도로 제한적 이므로, C 언어 기반의 기초가 있는 독자도 쉽게 볼 수 있을 것 같습니다.

책에서는 AtCoder를 소개했지만, 국내 사이트로는 알고리즘 유형별로 문제를 풀어볼 수 있는 백준(https:// www.acmicpc.net/)이나 프로그래머스(https://programmers.co.kr/)를 추천합니다.

- **실습 환경:** Windows 10, Visual Studio 2019(C++ 14 표준)

마영준_인천대학교 컴퓨터공학부

1^장

알고리즘이란?

1.1 알고리즘이란 무엇인가?

알고리즘(algorithm)이란 문제를 푸는 방법, 절차를 말합니다. 이렇게 말하면 일상생활과 관련이 없는 어려운 개념처럼 느껴지겠지만, 실제로 알고리즘은 우리와 무척 가깝습니다. 간단한 예로 나이 맞히기 게임을 생각해 봅시다.

나이 맞히기 게임

처음 만난 A 씨의 나이를 맞혀 봅시다. A 씨가 20세 이상 36세 미만이라는 건 알고 있습니다.

A 씨에게 '예, 아니오로 대답할 수 있는 질문'을 네 번 할 수 있습니다. 질문이 끝나면 A 씨가 몇 살인지 추측해서 대답합니다. 맞히면 당신의 승리, 틀리면 당신의 패배입니다.

과연 나이 맞히기 게임에서 이길 수 있을까요?

그림 1-1처럼 A 씨 나이는 20, 21, …, 35살 사이의 16개 숫자 중 하나입니다. 바로 생각할 수 있는 방법은 "예"라는 답을 들을 때까지 "20살입니까? 21살입니까? 22살입니까?"와 같이 순서대로 계속 물어보는 방법입니다. 하지만 이 방법으로 정답을 맞히려면 최악의 경우 16번을 물어봐야 합니다. 만약 A 씨가 35살이라면 16번째 질문인 "35살입니까?"라는 질문에 마침내 "예"라고 대답하겠죠. 질문 가능한 횟수가 네 번이므로 이 방법으로는 게임에서 이기기가 어렵습니다.

▼ 그림 1-1 나이 맞히기 게임

그러면 효율적인 질문 방법을 생각해 봅시다. 첫 질문을 "28살 미만입니까?"라고 바꿔 봅시다.

A 씨의 대답에 따라 다음과 같이 나눠서 생각할 수 있습니다(그림 1-2).

- 답이 '예': A 씨 나이는 20살 이상 28살 미만

- 답이 '아니오': A 씨 나이는 28살 이상 36살 미만

▼ 그림 1-2 후보를 반으로 나누는 사고방식

어떤 대답이든 선택지는 반으로 줄어듭니다. 이러면 질문하기 전에는 선택지가 16개였는데, 여덟 개로 줄어들게 됩니다.

같은 방법으로 두 번째 질문을 하면 여덟 개 있던 선택지가 네 개가 됩니다. 첫 번째 질문으로 20살 이상 28살 미만이라는 걸 알았다면 24살 미만인지 질문하고, 28살 이상 36살 미만인 걸 알았다면 32살 미만인지 묻습니다. 이어서 세 번째 질문으로 선택지가 두 개로 줄어들고, 마지막으로 네 번째 질문을 하면 하나로 줄어듭니다. 만약 A 씨 나이가 31살이라면 표 1-1과 같이 A 씨 나이를 맞힐 수 있습니다.

▼ 표 1-1 A 씨 나이를 맞히는 절차(31살인 경우)

말하는 사람	문답	비고
당신	28살 미만입니까?	
A 씨	아니오.	
당신	32살 미만입니까?	28살 이상 36살 미만(28, 29, 30, 31, 32, 33, 34, 35)으로 줄었으므로 중간을 나눔
A 씨	네.	
당신	30살 미만입니까?	28살 이상 32살 미만(28, 29, 30, 31)으로 줄었으므로 중간을 나눔
A 씨	아니오.	
당신	31살 미만입니까?	30살 이상 32살 미만(30, 31)으로 줄었으므로 중간을 나눔
A 씨	아니오.	
당신	31살입니다.	선택지는 하나뿐!
A 씨	정답입니다.	

이 방법을 사용하면, A 씨가 31살일 경우가 아니라도 네 번 질문하면 반드시 나이를 맞힐 수 있습니다(연습 문제 1.1). 즉, A 씨 나이가 20살 이상 36살 미만 중 어떤 숫자라 해도 '나이 후보를 반으로 쪼개서 점점 줄여 간다'라는 알고리즘(방법, 절차)으로 나이를 맞힐 수 있습니다.

이렇게 반으로 쪼개서 어느 쪽인지 확인하는 방법은 **이진 탐색법**(binary search method)이라는 알고리즘에 해당합니다. 나이 맞히기 게임을 사례로 들어 소개했지만, 실제로 컴퓨터 과학의 여러 분야에서 사용하는 기초적이고 무척 중요한 알고리즘입니다. 이런 중요한 알고리즘이 컴퓨터뿐만 아니라 나이 맞히기 게임 같은 놀이에서도 효과를 발휘하다니 재미있지요? 이진 탐색법은 6장에서 자세히 다룹니다.

그런데 "20살입니까? 21살입니까? 22살입니까? …"와 같이 순서대로 물어보는 방법도 비효율적이긴 하지만, 이 또한 알고리즘입니다. 선택지를 순서대로 조사하는 방법은 **선형 탐색법**(linear search method) 알고리즘이라고 합니다. 선형 탐색법은 3.2절에서 설명합니다.

알고리즘의 탁월한 특징은 어떤 특정한 문제가 있을 때 그 어떠한 경우를 생각해도 '같은 방법으로' 답을 도출할 수 있다는 점입니다. 앞서 본 나이 맞히기 게임이라면 A 씨 나이가 20살이라도, 26살이라도, 31살이라도 나이 후보를 반으로 나눠서 어느 쪽인지 확인하는 똑같은 방법으로 답을 맞힐 수 있습니다. 이 세상은 이미 이런 시스템이 넘쳐 납니다. 내비게이션을 사용하면 현재 어느 위치에 있더라도 목적지까지 경로를 표시해 주고, 은행 구좌에 들어 있는 돈이라면 딱 지정한 만큼 정확하게 출금할 수 있습니다. 이러한 시스템을 알고리즘이 지탱하고 있습니다.

1.2 알고리즘 예제(1): 깊이 우선 탐색과 너비 우선 탐색

앞으로 여러 문제를 제시하고 문제를 풀기 위한 알고리즘을 살펴볼 텐데, 우선 몇몇 알고리즘을 간단히 설명하겠습니다. 다양한 알고리즘의 기초가 되는 '탐색'부터 시작합시다.

1.2.1 빈 칸 채우기 퍼즐로 배우는 깊이 우선 탐색

그림 1-3과 같은 빈 칸 채우기 퍼즐로 **깊이 우선 탐색**(depth-first search, DFS)을 배워 봅시다. 빈 칸 채우기 퍼즐은 계산식이 성립하도록 네모 칸에 0에서 9 사이의 숫자를 채우는 퍼즐입니다.[1] 단, 각 줄 처음에 있는 네모 칸에는 0을 넣으면 안 됩니다.

❖ 그림 1-3 빈 칸 채우기 퍼즐

깊이 우선 탐색은 무수한 선택지 중에서 무작정 값을 정해 풀어 보는 행위를 반복합니다. 하다가 막히면 한 단계 돌아가서 다른 선택지를 확인해 봅니다. 그림 1-3 왼쪽 퍼즐을 깊이 우선 탐색으로 풀어 보면 그림 1-4와 같습니다. 우선 오른쪽 위 칸에 1을 넣어 봅니다. 그리고 그 아래 칸도 1이라고 가정합니다. 하지만 그림 1-4처럼 파란색 3과 모순됩니다. 모순을 발견하면 한 단계 되돌아가서 다음 숫자를 시험해 봅니다. 이러한 탐색을 반복하는 것입니다.

---

1 빈 칸 채우기 퍼즐은 보통 답이 딱 하나만 있도록 만듭니다.

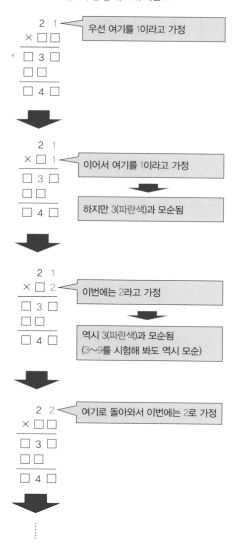

이와 같이 깊이 우선 탐색은 무작정 진행하는 동작을 막힐 때까지 반복하고, 막히면 한 단계 되돌아가서 다음 선택지를 시험하는 걸 반복하는 탐색 알고리즘입니다. 단순 무식한 탐색 알고리즘이지만, 탐색 순서를 어떻게 하느냐에 따라 극적으로 성능 차이가 생기는 점이 매력입니다. 깊이 우선 탐색은 다양한 알고리즘의 기초가 되며 다음과 같이 폭넓게 응용할 수 있습니다.

- 스도쿠 같은 퍼즐을 풀 수 있습니다.
- 컴퓨터 장기 프로그램에서도 게임 탐색 기반 기술을 사용합니다.

- 탐색 결과를 하나하나 메모하면서 실행하면 동적 계획법이 됩니다(5장에서 설명합니다).
- 순서 관계를 정리하는 기법인 위상 정렬(topology sort)을 구현할 수 있습니다(13.9절에서 설명합니다).
- 네트워크 흐름 알고리즘에서 서브 루틴으로 기능합니다(16장에서 설명합니다).

이 절에서 소개한 깊이 우선 탐색을 그래프 탐색으로 바꿔 생각해 보면 시야가 훨씬 넓어집니다. 그래프 탐색은 13장 이후에 자세히 설명하겠습니다.

1.2.2 미로로 배우는 너비 우선 탐색

그림 1-5의 미로를 통해 **너비 우선 탐색**(breadth-first search, BFS)을 소개합니다. 스타트(S)에서 골(G)까지 가고 싶다고 합시다. 한 번 이동할 때 현재 칸에 이웃한 상하좌우 칸으로 이동할 수 있습니다. 하지만 색칠된 칸으로는 이동할 수 없습니다. S 칸에서 G 칸까지 가장 짧은 횟수로 도달하려면 몇 번 이동해야 할까요?

▼ 그림 1-5 미로 최단 경로 문제

이 미로를 너비 우선 탐색으로 푸는 과정이 그림 1-6입니다. 우선 그림 1-6의 왼쪽 위 그림처럼 S 칸에서 한 번 움직이면 갈 수 있는 칸에 1이라는 숫자를 적습니다.

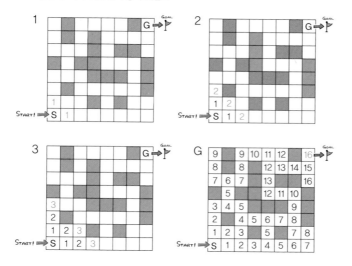

▼ 그림 1-6 너비 우선 탐색 동작 개념도

이어서 그림 1-6의 오른쪽 위 그림처럼 1이 적힌 칸에서 다시 한 번 움직이면 갈 수 있는 칸에 2라고 적습니다. 이건 스타트(S)에서 두 번 움직이면 갈 수 있는 칸입니다. 이어서 그림 1-6의 왼쪽 아래처럼 2라고 적힌 칸에서 한 번 움직이면 갈 수 있는 칸에 3이라 적고, 이걸 반복하면 최종적으로 그림 1-6의 오른쪽 아래처럼 G 칸은 16이 됩니다. S에서 G에 도착하는 최단 경로 길이가 16이라는 뜻입니다. 이 과정을 사용해 G 칸뿐만 아니라 다른 칸도 S 칸에서 시작해 도달하는 최단 경로를 구할 수 있습니다.

이렇듯 너비 우선 탐색은 출발점에서 가까운 곳부터 순서대로 탐색하는 탐색 알고리즘입니다. 출발점에서 한 번에 갈 수 있는 곳을 우선 탐색해서 더 이상 없으면 두 번에 갈 수 있는 곳을 탐색하고, 다시 세 번에 갈 수 있는 곳을 탐색하며, 이 과정을 안 간 곳이 없을 때까지 반복합니다. 너비 우선 탐색도 깊이 우선 탐색처럼 단순 무식한 탐색 알고리즘이지만, 목표를 달성하는 최소 절차를 알고 싶은 경우에 유용합니다. 마찬가지로 너비 우선 탐색도 깊이 우선 탐색처럼 그래프 탐색으로 바꿔 생각해 볼 수 있습니다. 이에 대한 내용은 13장 이후에 자세히 설명하겠습니다.

1.3 알고리즘 예제(2): 매칭

현대 사회에서는 **매칭**(matching)이라는 용어를 많은 곳에서 사용합니다. 매칭을 가지고 다음 문제를 생각해 봅시다. 그림 1-7처럼 남녀 여러 명이 있을 때 짝이 되고 싶은 두 사람 사이를 선으로 연결합니다. 가능한 한 많은 쌍을 만든다면 최대 몇 쌍을 만들 수 있을까요? 정답은 그림 1-7 오른쪽에 나오듯 네 쌍입니다.

▼ 그림 1-7 매칭 문제

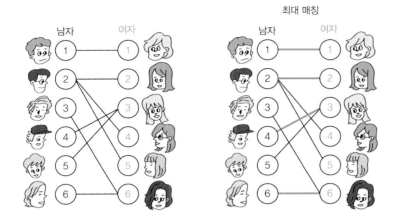

두 카테고리 사이를 연결하는 문제를 풀기 위해 생각해낸 방법은 인터넷 광고, 추천 시스템, 만남 앱, 교대 근무표 등에서 다양하게 응용되고 있으며 현대 사회 곳곳에서 중요하게 쓰입니다. 이런 문제를 해결하는 알고리즘은 16장에서 자세히 설명하겠습니다.

ALGORITHM & DATA STRUCTURES

1.4 알고리즘 서술 방법

생각해낸 알고리즘을 다른 사람에게 잘 전달하려면 어떤 방법이 좋을까요? 지금까지 다음과 같은 알고리즘이 어떤 내용인지 말로 설명했습니다.

- 나이 맞히기 게임에서 사용한 선형 탐색법, 이진 탐색법
- 빈 칸 채우기 퍼즐에서 사용한 깊이 우선 탐색
- 미로에서 사용한 너비 우선 탐색

하지만 말로 전하는 설명은 알고리즘 동작이 어떠한지 대략적인 분위기를 전달할 목적이라면 효과가 있겠으나, 복잡한 동작을 설명할 때 필요한 세세한 부분이 빠짐없이 잘 전달될지는 불분명합

니다. 따라서 알고리즘을 정확하게 전달하려면 실제 프로그래밍 언어를 사용해서 작성하는 등 알맞은 방법이 필요합니다.

다른 책에서는 알고리즘을 서술할 때 **의사 코드**(pseudocode)를 사용해 if문, for문, while문 등으로 추상화한 절차에 중간중간 말로 설명을 추가하는 서술 방식을 사용하는 편입니다. 그러나 이 책은 알고리즘을 배운 뒤 바로 실용적인 문제를 해결하는 데 사용할 수 있도록 실제로 동작하는 프로그램으로 알고리즘을 서술합니다. 즉, C++ 프로그래밍 언어로 알고리즘을 작성하며, 일부 파이썬(Python) 언어로 구현하는 방법도 언급할 것입니다. 작성한 소스 코드는 컴퓨터에서 바로 실행할 수 있습니다. 동작 환경은 **책을 읽기 전에** 부분을 참고해 주세요.

1.5 알고리즘을 배우는 의미

세상은 수많은 문제로 가득합니다. 이 책에서는 전체 탐색(3장), 동적 계획법(5장), 이진 탐색법(6장), 탐욕 알고리즘(7장) 같은 알고리즘 설계 기법을 자세히 설명합니다. 문제에 따라 효과적으로 알고리즘을 설계할 수 있게 되면, 문제 자체를 깊이 이해하게 되고 문제 해결 행위 자체를 바라보는 시야도 넓어집니다.

저도 알고리즘을 배우기 전에는 문제를 해결하는 행위를 고등학교 수학에서 배우던 '공식' 같은 걸 찾는 거라고만 생각했습니다. 하지만 알고리즘을 배우고 나서는 구체적인 답을 구하지 못하더라도 답에 다가가는 '절차'를 찾으면 된다는 식으로 관점이 바뀌었고, 문제 해결 폭이 크게 넓어졌습니다. 여러분도 이 책을 통해 다양한 알고리즘 설계 기법을 터득하면 좋겠습니다.

1.6 연습 문제

1.1 나이 맞히기 게임에서 A 씨의 나이가 20살 이상 36살 미만인 각각의 경우에 대해 이진 탐색으로 나이를 맞힐 때까지의 흐름을 구하라. (난이도 ★)

1.2 나이 맞히기 게임에서 A 씨의 나이 후보가 0세 이상 100세 미만으로 100개 있다고 하자. 예/ 아니오로 답할 수 있는 질문을 반복해서 나이를 맞힌다고 할 때 확실하게 맞힐 수 있는 질문 횟수는 여섯 번인가? 아니면 일곱 번인가? (난이도 ★★)

1.3 그림 1-3 왼쪽 퍼즐의 답을 구하라. (난이도 ★)

1.4 그림 1-3 오른쪽 퍼즐의 답을 구하라. (난이도 ★★★★)

1.5 그림 1-6의 미로에서 오른쪽 아래 그림처럼 이동 횟수를 알고 있는 상태일 때 실제로 S 칸에 서 G 칸 사이의 최단 경로를 복원하는 방법을 논하라. (난이도 ★★★)

1.6 좋아하는 알고리즘을 하나 정해서 현실 사회에 실제로 사용되는 응용 사례를 조사해 보라.

memo

2^장

복잡도와 빅오 표기법

이 장에서는 복잡도를 설명합니다. 복잡도는 알고리즘의 좋고 나쁨을 나타내는 중요한 지표입니다. 처음에는 어렵게 느껴질 수 있지만 익숙해지면 무척 편리합니다. 만들어낸 알고리즘을 실제로 컴퓨터로 구현해 보지 않아도 대략적인 계산 시간을 미리 파악할 수 있습니다. 또한, 어떤 알고리즘을 사용할지 검토할 때도 비교하기 편리합니다.

2.1 복잡도란?

어떤 문제를 푸는 알고리즘은 보통 여러 개입니다. 따라서 어떤 알고리즘이 더 나은지 판단하는 기준이 필요한데, 이번에 소개하는 **계산 복잡도**(computational complexity) 개념이 특히 중요합니다. 복잡도는 잘 배워두면 다음과 같은 점이 좋습니다.

> **복잡도를 배우는 이유**
>
> 구현하려는 알고리즘을 실제로 프로그래밍해 보지 않아도 컴퓨터에서 실행할 때 걸리는 시간을 미리 대략적으로 파악할 수 있습니다.

일단 구체적인 예제를 가지고 사용하는 알고리즘에 따라 얼마나 계산 시간에 차이가 나는지 살펴봅시다. 앞 장에서는 나이 맞히기 게임을 두 가지 방법으로 풀어봤습니다.

> **나이 맞히기 게임**
>
> 처음 만난 A 씨의 나이를 맞혀 봅시다. A 씨가 20세 이상 36세 미만이라는 건 알고 있습니다.
>
> A 씨에게 '예, 아니오로 대답할 수 있는 질문'을 네 번 할 수 있습니다. 질문이 끝나면 A 씨가 몇 살인지 추측해서 대답합니다. 맞히면 당신의 승리, 틀리면 당신의 패배입니다.
>
> 과연 나이 맞히기 게임에서 이길 수 있을까요?

첫 번째 방법은 "20살입니까? 21살입니까? 22살입니까? …" 이렇게 순서대로 물어보는 것입니다. 질문은 나이를 맞힐 때까지 반복합니다. 두 번째 방법은 중간을 나눠서 어느 쪽인지 찾아가는 것입니다. 첫 번째 방법은 **선형 탐색법**(linear search method)이라 하고, 두 번째 방법은 **이진 탐색법**

(binary search method)이라 합니다. 선형 탐색법은 최대 16번 질문해야 하지만, 이진 탐색법은 네 번만 물어보면 나이를 맞힐 수 있습니다. 좀 더 깊이 살펴봅시다. 이번에 다룬 나이 맞히기 게임은 A 씨 나이 후보가 16개였지만, 범위를 넓혀서 0세 이상 65,536세 미만이라고 가정해 봅시다.[1] 그러면 A 씨 나이 후보는 65,536개가 됩니다. 이 경우 선형 탐색법과 이진 탐색법으로 A 씨 나이를 맞히는 데 필요한 질문 횟수는 다음과 같습니다.

- 선형 탐색법: 65,536번(최악의 경우)
- 이진 탐색법: 16번

이렇게나 큰 차이가 발생합니다. 이진 탐색법을 사용하면 왜 16번 만에 맞힐 수 있는지는 꼭 직접 생각해 보길 바랍니다.[2]

나이 맞히기 게임에서 실제로 65,536개나 되는 숫자를 다룰 일은 없겠지만, 매일 수많은 데이터를 수집하는 현대 사회에서는 때때로 거대한 규모의 문제에 직면하곤 합니다. 평소 다루는 데이터베이스에 담긴 데이터 크기가 10만 건이 넘는 일이 비일비재하고, 구글 블로그(2008.7.25) 기사를 보면 인덱싱하는 페이지 수가 10^{12}(1조)을 넘었다고 합니다. 다양한 문제를 다룰 때 데이터 크기가 커질수록 그에 따른 계산 시간에 영향이 적은 알고리즘을 설계해야 합니다. 그리고 가능하다면 설계한 알고리즘을 구현하기 전에 계산에 필요한 시간을 대충 파악할 수 있다면 좋겠지요. 이 장에서 설명하는 복잡도라는 개념은 실제로 알고리즘을 구현하지 않아도 계산 시간이 얼마나 걸릴지 어림짐작할 수 있는 '척도' 역할을 합니다.

2.2 복잡도와 빅오 표기법

ALGORITHM & DATA STRUCTURES

앞에서는 데이터 크기가 증가함에 따라 알고리즘 계산 시간이 얼마나 늘어나는지 파악하는 관점이 중요하다고 설명했습니다. 이 관점을 좀 더 깊이 생각해 봅시다.

---

1 실제로 65,535세인 경우는 없겠지만, 여기서는 그럴 수도 있다고 가정합니다.
2 2^{16} = 655360이란 점에 주의하길 바랍니다.

2.2.1 복잡도 빅오 표기법 생각해 보기

우선 간단한 예제인 코드 2-1, 코드 2-2를 살펴봅시다.[3] N 값을 다양하게 바꿔가며 for 반복문 처리에 걸리는 계산 시간을 측정합니다. 각각 for문을 단일, 이중 반복으로 구성했습니다. 결과는 표 2-1과 같습니다. 1시간 이상 걸린 경우는 중간에 중단하고 > 3600이라고 표시했습니다.[4]

코드 2-1 단일 for문 O(N)

```cpp
#include <iostream>
using namespace std;

int main() {
    int N;
    cin >> N;

    int count = 0;
    for (int i = 0; i < N; ++i) {
        ++count;
    }
}
```

코드 2-2 이중 for문 O(N²)

```cpp
#include <iostream>
using namespace std;

int main() {
    int N;
    cin >> N;

    int count = 0;
    for (int i = 0; i < N; ++i) {
        for (int j = 0; j < N; ++j) {
            ++count;
        }
    }
}
```

---

3 1장에서 본 선형 탐색법과 이진 탐색법은 나이 맞히기 게임이라는 동일한 문제를 해결하지만, 코드 2-1과 코드 2-2는 서로 연관성이 없습니다.

4 사용한 컴퓨터는 맥북 에어(13인치, 2015)로 1.6GHz Intel Core i5, 8GB 메모리 모델입니다.

> **역주** 맥을 기준으로 프로그램 실행 시간을 측정하는 방법을 간단히 설명하면 다음과 같습니다.

1. 앱스토어에서 Xcode를 검색해 설치합니다. 그리고 터미널(Terminal) 앱을 열고 다음과 같이 입력해서 Xcode Command Line Tools를 설치합니다.

```
$ xcode-select --install
```

2. 소스 코드를 작성한 폴더(여기서는 홈 디렉터리 아래에 있는 study 디렉터리라고 가정)로 이동해서 소스 코드를 컴파일합니다.

```
$ cd ~/study
$ gcc+ code_2_1.cpp -o code_2_1
$ gcc+ code_2_2.cpp -o code_2_2
```

3. 컴파일 결과로 실행 파일이 만들어지면 time 명령어를 사용해서 실행 시간을 측정합니다. 여기서는 1,000번 반복한다고 지정했습니다. 테스트할 반복 횟수는 echo 명령어 뒤에 있는 1000 부분을 변경해서 실행하면 됩니다.

```
$ time echo 1000 | ./code_2_1
$ time echo 1000 | ./code_2_2
```

4. 실행하면 다음과 같이 명령어 실행에 걸린 시간이 표시됩니다.

```
$ time echo 1000 | ./code_2_1
echo 1000  0.00s user 0.00s system 27% cpu 0.002 total
./code_2_1  0.00s user 0.00s system 55% cpu 0.003 total

$ time echo 1000 | ./code_2_2
echo 1000  0.00s user 0.00s system 32% cpu 0.002 total
./code_2_2  0.00s user 0.00s system 66% cpu 0.005 total
```

❤ 표 2-1 N 값 증가에 따른 계산 시간 변화(단위: 초)

N	코드 2-1	코드 2-2
1,000	0.0000031	0.0029
10,000	0.000030	0.30
100,000	0.00034	28
1,000,000	0.0034	2900
10,000,000	0.030	〉3600

ⓞ 계속

100,000,000	0.29	〉3600
1,000,000,000	2.9	〉3600

표 2-1에서 본 것처럼 N이 증가할 때 계산 시간의 증가 정도가 알고리즘에 따라 크게 달라집니다. for문이 하나뿐인 코드 2-1은 계산 시간이 대략 N에 비례합니다. 즉, N이 10, 100, 1,000배가 되면 계산 시간도 10, 100, 1,000배가 됩니다. 이중 for문인 코드 2-2는 계산 시간이 대략 N의 2승에 비례합니다. 즉, N이 10, 100, 1,000배가 되면 계산 시간은 100, 10,000, 1,000,000배가 됩니다. 이 내용을 다음과 같이 표현합니다.

- 코드 2-1의 복잡도는 $O(N)$이다.
- 코드 2-2의 복잡도는 $O(N^2)$이다.

이 표기법은 란다우(Landau) O 표기법[5] 또는 간단히 빅오 표기법이라고 합니다. 란다우 O 표기법의 정확한 정의는 2.7절에서 설명하므로, 지금은 다음과 같이 개요만 이해합시다.

> **복잡도와 O 표기법**
>
> 알고리즘 A의 계산 시간 $T(N)$이 대략 $P(N)$에 비례하면 $T(N) = O(P(N))$이라 표현하고, 알고리즘 A의 복잡도는 $O(P(N))$이라 부릅니다.

그러면 코드 2-1과 코드 2-2의 계산 시간이 각각 N, N^2에 비례하는 이유를 생각해 보겠습니다. 엄밀하게 따지는 것이 아니라 대충 감을 잡기 위해 생각해 봅시다.

2.2.2 코드 2-1의 복잡도

우선 코드 2-1 실행에 필요한 계산 시간이 N에 비례하는 이유를 생각해 봅시다. for문에서 변수 count를 증가시키는[6] 처리인 ++count가 몇 번 일어나는지 횟수를 세어 보겠습니다. 인덱스 i에 들어가는 값은 다음과 같이 N개가 됩니다.

$$i = 0, 1, ..., N - 1$$

---

5 O는 오더(order)의 첫 글자입니다.
6 변숫값에서 1씩 더하는 행위를 '변수를 증가(increment)시킨다'고 합니다. 변숫값에서 1씩 빼는 행위는 '변수를 감소(decrement)시킨다'고 합니다.

++count가 N번 일어나서 최종적으로 count = N이 됩니다. 따라서 코드 2-1의 계산 시간은 대략 N에 비례합니다.

하지만 실제로는 인덱스 i를 i = 0으로 초기화하거나 i < N인지 판정하고 ++i로 증가시키는 부분도 계산 시간에 포함됩니다. 이런 처리가 발생하는 횟수는 다음과 같습니다.

- i = 0 초기화: 1회
- i < N 판정: $N + 1$회(마지막 $i = N$일 때도 판정하므로 주의)
- ++i: N회

변수 count를 증가시키는 처리를 포함하면 합계는 $3N + 2$회입니다.[7] 결국 대략적으로 N에 비례하는 걸 알 수 있습니다. '+2' 부분이 신경 쓰이겠지만, N이 커지면 커질수록 '+2' 부분은 무시해도 무방합니다. 다음 수식을 보면 고등학교 수학 시간에 배운 극한 계산이 떠올라서 이해가 갈 것입니다.

$$\lim_{N \to \infty} \frac{3N + 2}{N} = 3$$

2.2.3 코드 2-2의 복잡도

이번에는 코드 2-2 실행에 필요한 시간이 N^2에 비례하는 이유를 생각해 봅시다. 마찬가지로 변수 count가 증가하는 횟수를 세어 보려면 for문 인덱스 i, j 조합이 몇 종류인지 확인해 보면 됩니다. $N = 5$일 때가 그림 2-1입니다. $i = 0, 1, 2, ..., N - 1$일 때 $j = 0, 1, 2, ..., N - 1$번 처리를 반복하므로 ++count는 N^2번 발생합니다. 따라서 코드 2-2의 복잡도는 $O(N^2)$이라는 걸 알 수 있습니다.

▼ 그림 2-1 이중 for문 상황

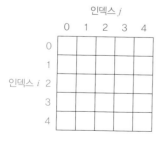

---

7 실제로는 i < N 판정과 ++i 처리에 필요한 시간이 같다고 확신할 수 없으며 컴퓨터 환경이나 사용한 컴파일러에 따라 달라집니다. 하지만 여기서는 단순히 동일한 시간이라고 가정합니다.

2.2.4 실제로 복잡도 구해 보기

어떤 알고리즘 계산 시간 $T(N)$이 다음과 같다면,

$$T(N) = 3N^2 + 5N + 100$$

복잡도를 어떻게 나타내면 좋을까요? 그냥 있는 그대로 '이 알고리즘은 크기 N 입력에 대해 $3N^2 + 5N + 100$의 계산 시간이 필요하다'라고 구체적으로 서술하는 것도 방법입니다. 하지만 대입이나 초기화 같은 작업 실행 시간은 컴퓨터 환경, 프로그래밍 언어, 컴파일러 종류 등에 따라 실제로 걸리는 시간이 달라집니다. 따라서 이런 부분에 좌우되지 않고 알고리즘을 계산하는 데 걸리는 시간을 논의하려면 정수배나 낮은 차수의 항의 영향을 받지 않아야 하는데, 이때 란다우 O 표기법이 편리합니다.

$$\lim_{N \to \infty} \frac{3N^2 + 5N + 100}{N^2} = 3$$

수식으로 표현하면 이렇게 되므로 $T(N)$은 대략 N^2에 비례한다고 생각할 수 있습니다. 이걸 $T(N) = O(N^2)$라 나타내고, 이 알고리즘 복잡도는 $O(N^2)$라 부릅니다. 실제로는 다음과 같은 절차로 복잡도를 구합니다.

1. $3N^2 + 5N + 100$에서 최고차항 이외는 버리고 $3N^2$로 함
2. $3N^2$에서 계수를 무시하고 N^2라고 함

2.2.5 복잡도를 빅오 표기법으로 표시하는 이유

왜 정수배나 낮은 차수의 항의 영향을 받지 않는 O 표기법으로 복잡도를 나타내면, 앞에서 설명한 사용 환경에 따른 미묘한 문제도 해소하고 실제로 알고리즘 계산 시간을 평가하기 좋은 척도가 될 수 있을까요? $T(N) = 3N^2 + 5N + 100$을 예로 들어 설명해 보겠습니다.

첫째, 최고차항 이외를 제외해도 되는 이유는 N 크기가 커질수록 분명해집니다. N이 커지면 N^2는 N보다 압도적으로 커집니다(그림 2-2). 이건 $N = 100000$을 대입해 보면 알 수 있습니다.

$$3N^2 + 5N + 100 = 30000500100$$
$$3N^2 = 30000000000$$

▼ 그림 2-2 2승과 1승의 비교

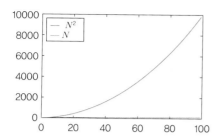

둘째, $3N^2$에서 N^2처럼 계수를 생략하는 이유는, 물론 실제 계산 시간을 확인해야 한다면 계수 차이는 중요하겠지만 그 이전 단계라면(대략적인 성능을 가늠) 계수 차이는 대부분 무시해도 됩니다. 예를 들어, N^3번 계산 과정이 필요한 알고리즘이 있을 때 계수는 10배이지만 차수는 그보다 작은 $10N^2$회 계산 과정이 필요한 알고리즘을 구했다고 합시다. 이때 $N = 100000$이라면 계산량은 다음과 같습니다.

$$N^3 = 1000000000000000 \tag{2.1}$$
$$10N^2 = 100000000000 \tag{2.2}$$

후자가 계수는 10배 더 크지만 필요한 계산 과정은 만분의 일이라 훨씬 빠릅니다. 즉, 알고리즘 계산 시간을 단축하려면 무엇보다 복잡도를 줄이는 게 중요합니다.

ALGORITHM & DATA STRUCTURES

2.3 복잡도를 구하는 예(1): 짝수 나열

실제로 알고리즘 복잡도를 구하는 몇 가지 예를 살펴보겠습니다. 우선 양의 정수 N을 받아서 N 이하 양의 짝수를 모두 출력하는 알고리즘을 생각해 봅시다. 코드 2-3처럼 구현할 수 있습니다.

코드 2-3 짝수 나열

```
#include <iostream>
using namespace std;

int main() {
    int N;
    cin >> N;
```

```
        for (int i = 2; i <= N; i += 2) {
            cout << i << endl;
        }
    }
```

이 알고리즘 복잡도를 평가해 봅시다. for문 반복 횟수는 $N/2$회(소수점 이하는 버림)입니다. 따라서 계산 시간은 대략 N에 비례하므로 복잡도는 $O(N)$이 됩니다.

2.4 복잡도를 구하는 예(2): 최근접 점쌍 문제

이번에는 계산 시간이 약간 복잡한 다항식이 되는 예로, 2차원 평면에 있는 N개 점 중에서 가장 거리가 가까운 두 점 사이의 거리를 구하는 문제를 살펴봅니다. 우선 전체 탐색 알고리즘을 생각해 봅시다.

> **최근접 두 점의 거리 문제**
>
> 양의 정수 N과 N개의 좌표 (x_i, y_i)(i = 0, 1, ..., N - 1)가 주어졌을 때 가장 가까운 두 점 사이의 거리를 구하라.

이 문제를 모든 점 사이의 거리를 계산하고 그중에서 가장 작은 값을 출력하는 방법으로 풀어 봅시다. 코드 2-4처럼 구현할 수 있습니다.

코드 2-4 최근접 두 점의 거리 문제를 푸는 전체 탐색 방법

```
1   #include <iostream>
2   #include <vector>
3   #include <cmath>
4   using namespace std;
5
6   // 두 점 (x1, y1)과 (x2, y2) 사이 거리를 구하는 함수
7   double calc_dist(double x1, double y1, double x2, double y2) {
8       return sqrt((x1 - x2) * (x1 - x2) + (y1 - y2) * (y1 - y2));
9   }
10
```

```cpp
11  int main() {
12      // 데이터를 입력받음
13      int N; cin >> N;
14      vector<double> x(N), y(N);
15      for (int i = 0; i < N; ++i) cin >> x[i] >> y[i];
16
17      // 결과 값이 들어갈 변수를 초기화(결과 값 후보보다 훨씬 큰 값)
18      double minimum_dist = 100000000.0;
19
20      // 탐색 시작
21      for (int i = 0; i < N; ++i) {
22          for (int j = i + 1; j < N; ++j) {
23              // (x[i], y[i])와 (x[j], y[j]) 사이 거리
24              double dist_i_j = calc_dist(x[i], y[i], x[j], y[j]);
25
26              // 잠정 최솟값 minimum_dist를 dist_i_j와 비교
27              if (dist_i_j < minimum_dist) {
28                  minimum_dist = dist_i_j;
29              }
30          }
31      }
32
33      // 결과 출력
34      cout << minimum_dist << endl;
35  }
```

21번째 줄의 for문은 두 점 중에서 첫 번째 점을 N번 순서대로 확인하는 처리입니다(인덱스는 i). 22번째 줄의 for문은 두 번째 점을 순서대로 확인하는 처리입니다(인덱스는 j). 이때 조사할 인덱스 i, j 범위는 그림 2-3과 같습니다. 인덱스 j가 움직이는 범위는 0에서 $N - 1$이 아니라 $i + 1$에서 $N - 1$이면 충분합니다.

▼ 그림 2-3 탐색해야 할 인덱스 범위

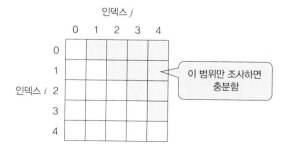

물론 0에서 $N - 1$ 범위를 전부 확인해도 정답을 찾을 수 있지만, 예를 들어,

- $i = 2$, $j = 5$일 때: (x_2, y_2)와 (x_5, y_5) 사이의 거리
- $i = 5$, $j = 2$일 때: (x_5, y_5)와 (x_2, y_2) 사이의 거리

이렇게 같은 점들끼리 중복하여 거리를 구하게 됩니다. 따라서 $i < j$를 만족하는 i, j 범위만 조사하면 충분합니다.

알고리즘의 복잡도를 구해 봅시다. 이를 위해 for문 반복 횟수를 세어 봅니다. 첫 번째 for문에서 사용하는 인덱스 $i = 0$, 1, ..., $N - 1$ 각각에 대해 두 번째 for문 반복 횟수를 생각하면 다음과 같습니다.

- $i = 0$일 때 $N - 1$회($j = 1$, 2, ..., $N - 1$)
- $i = 1$일 때 $N - 2$회($j = 2$, ..., $N - 1$)

  (...)

- $i = N - 2$일 때 1회($j = N - 1$)
- $i = N - 1$일 때 0회

따라서 for문 반복 횟수 $T(N)$은 다음과 같습니다.[8]

$$T(N) = (N - 1) + (N - 2) + \cdots + 1 + 0 = \frac{1}{2}N^2 - \frac{1}{2}N$$

$T(N)$의 최고차항 이외는 무시하고 최고차항 계수도 무시하면 N^2가 되므로 알고리즘 복잡도는 $O(N^2)$입니다.

덧붙여, 최근접 두 점의 거리 문제에 대한 심화 내용으로 **분할 정복법**(divide-and-conquer method)을 사용하는 복잡도 $O(N\log N)$ 알고리즘도 생각할 수 있습니다. 자세한 설명은 생략하지만, 관심 있는 분은 참고 문헌 [5]에서 분할 정복법을 참고하길 바랍니다. 이 책에서는 4.6절과 12.4절에서 간단히 설명합니다.

8　N개 중에서 두 개를 골라 조합 가능한 수가 $_NC_2 = \frac{1}{2}N(N - 1)$이라는 걸 이용해서도 구할 수 있습니다.

2.5 복잡도 사용법

실제 문제에 대해 알고리즘을 설계할 때 복잡도 개념을 어떻게 적용하면 좋을지 설명했습니다. 이번에 살펴볼 내용은 실행 환경에 크게 의존해서 보편적이지 않으므로 주의해야 하지만, 이러한 대략적인 감각을 익히는 건 무척 중요합니다. 알고리즘을 설계하기 전에는 다음 내용을 미리 확인해야 합니다.

- 계산 실행 시간 제약은 어느 정도인가?
- 풀고 싶은 문제 크기는 어느 정도인가?

이 내용을 알고 있으면 복잡도를 어느 정도까지 허용할 수 있는지 역산할 수 있습니다. 예를 들어 계산 실행 제한 시간이 1초라고 합시다.[9] 일반적인 가정용 PC를 사용한다고 가정하면 대략적인 성능은 다음과 같습니다.[10]

> **1초 간 처리 가능한 계산 횟수**
>
> 1초 간 처리 가능한 계산 횟수는 10^9 = 1,000,000,000회 정도입니다.

표 2-1을 보면 for문을 N번 반복하는 데 걸린 시간은 N = 1,000,000,000일 때 2.9초입니다.

알고리즘 복잡도별로 입력 크기 N에 따른 계산 횟수 변화 정도를 표 2-2에 정리했습니다(정수배 차이는 무시합니다). 10^9 이상인 값은 −로 표시하고, 표에 등장하는 $O(\log N)$이나 $O(N \log N)$ 복잡도는 특별한 경우를 제외하고 로그(log) 밑이 2입니다. 다만 $a > 1$인 실수 a에 대해 로그의 밑 변환 공식을 사용하면 다음 수식이 성립하므로 밑을 변경해도 정수배 범위 정도로만 차이가 발생합니다.

$$\log_a N = \frac{\log_2 N}{\log_2 a}$$

따라서 복잡도 표시에서 밑의 차이는 무시할 수 있습니다.

---

9 예시에서는 계산 실행 제한 시간을 1초라고 가정했지만, 검색 쿼리 처리처럼 0.1초 안에 끝내야 하는 경우가 있는가 하면 대규모 시뮬레이션처럼 1개월 이상인 경우도 있습니다.

10 CPU 클럭을 표시하는 단위가 GHz인 이유가 대충 납득되는 숫자입니다.

▼ 표 2-2 입력 크기 N과 계산 단계 횟수의 상관관계

N	$\log N$	$N\log N$	N^2	N^3	2^N	$N!$
5	2	12	25	125	32	120
10	3	33	100	1,000	1,024	3,628,800
15	4	59	225	3,375	32,768	–
20	4	86	400	8,000	1,048,576	–
25	5	116	625	15,625	33,554,432	–
30	5	147	900	27,000	–	–
100	7	664	10,000	1,000,000	–	–
300	8	2,468	90,000	27,000,000	–	–
1,000	10	9,966	1,000,000	–	–	–
10,000	13	132,877	100,000,000	–	–	–
100,000	17	1,660,964	–	–	–	–
1,000,000	20	19,931,568	–	–	–	–
10,000,000	23	232,534,967	–	–	–	–
100,000,000	27	–	–	–	–	–
1,000,000,000 (–)	30	–	–	–	–	–

일단, 모든 입력 데이터를 읽는 작업만 해도 $O(N)$ 복잡도(그리고 메모리 용량)가 됩니다. 따라서 10^9처럼 입력 데이터의 크기가 큰 문제를 다룰 때는 모든 데이터를 한꺼번에 읽는 대신 필요한 만큼만 데이터를 가져와서 처리하는 방식을 주로 사용합니다.

또한, 표 2-2를 보면 $O(\log N)$ 알고리즘이 무척 빠른 걸 알 수 있습니다. N이 아무리 늘어나도 계산 횟수는 거의 늘어나지 않습니다. 이에 비해 $O(N!)$은 계산 횟수가 금방 10^9(– 표시)을 넘어 버립니다. $O(2^N)$도 마찬가지입니다. $O(N!)$나 $O(2^N)$ 같은 복잡도가 필요한 알고리즘은 **지수 시간**(exponential time)이 걸린다고 하고, 반대로 상수 $d > 0$이 존재하고 복잡도가 N^d 상수배로 상한이 제한되면 **다항 시간**(polynomial time)이 걸린다고 합니다. $N\log N$이나 $N\sqrt{N}$은 다항식은 아니지만 $O(N\log N)$이나 $O(N\sqrt{N})$ 같은 복잡도는 다항 시간이 필요한 계산량이므로 주의해야 합니다. $N\log N \leq N^2$, $N\sqrt{N} \leq N^2$이므로 $N\log N$과 $N\sqrt{N}$ 모두 다항식 N^2라는 상한이 정해지기 때문입니다.

지수 시간 알고리즘은 N이 증가함에 따라 계산 시간이 급격히 늘어나는 것이 특징입니다. 예를

들어 $O(2^N)$ 복잡도를 가진 알고리즘은 $N = 100$ 정도만 되어도,

$$2^N = 1267650600228229401496703205376 \simeq 10^{30}$$

이렇게 엄청난 계산 횟수가 필요합니다. 1초에 10^9번을 처리한다고 가정해도 1년이면 약 3×10^7초이므로 3×10^{13}년, 즉 30조 년이 필요합니다. 우주 탄생부터 현재까지가 약 138억 년이라고 하니 말도 안 되는 시간입니다.

$O(N^2)$는 $O(2^N)$ 같은 지수 시간 알고리즘과 비교하면 비교적 큰 N이더라도 현실적인 계산 시간에 동작하지만, $N \geq 10^5$ 정도가 되면 방대한 시간이 필요합니다. 이에 비해 $O(N\log N)$은 아무리 큰 N이라도 큰 문제없이 동작합니다. 현실에서 마주하는 다양한 문제에서는 $O(N\log N)$과 $O(N^2)$의 차이가 결정적인 경우가 많습니다. 예를 들어 10^6 크기의 데이터가 있을 때 $O(N^2)$ 복잡도는 보통 30분 정도 필요하지만, $O(N\log N)$ 복잡도는 3밀리초면 계산이 끝납니다. $O(N^2)$ 알고리즘을 $O(N\log N)$으로 개선하는 예는 12장에서 설명하는 정렬에서 살펴봅니다.

이후 $O(1)$ 복잡도가 등장하는데, 이건 문제 크기에 의존하지 않는 상수 시간 이내에 처리가 끝나는 걸 의미합니다. 이런 복잡도는 **상수 시간**(constant time)이 걸린다고 합니다. $O(1)$ 복잡도 처리는 빠르게 동작할 터이지만 잘못된 자료형을 사용하면 오히려 계산량이 $O(N)$이 되어서 결과 출력이 생각한 것보다 훨씬 느린 경우도 종종 있습니다. 예를 들어, 파이썬에서 데이터 크기가 $10^5 \sim 10^7$ 정도인 list형[11] 변수 S를 사용할 때 리스트 안에 v 값이 존재하는지 확인하는 처리를 다음과 같이 구현하는 걸 가끔 보게 됩니다.

```
S = [1, 2, 3, 4, 5]
if v in S:
    （처리）
```

하지만 이렇게 구현하면 실행에 $O(N)$ 시간이 필요합니다(8장에서 자세히 설명합니다). 이런 문제를 피하려면 8장에서 설명하는 **해시 테이블**(hash table)을 사용하는 게 좋습니다. 파이썬이라면 list형 대신에 set형이나 dict형을 사용합니다. S를 set형 변수로 바꾸고 동일한 처리를 실행하면,

```
S = set([1, 2, 3, 4, 5])
if v in S:
    （처리）
```

평균적인 복잡도는 $O(1)$이 됩니다. S 크기가 커질수록 자료형이 list 형인지 set 형인지에 따라

---

11 8장에서 설명하지만, 파이썬 list형은 연결 리스트가 아니라 가변 길이 배열입니다.

엄청난 효율 차이가 발생합니다. 자료형은 8장에서 자세히 다룹니다.

마지막으로, $O(2^N)$ 같은 지수 시간 알고리즘은 좀 하찮게 여겨져 무시하기 쉽지만 데이터 크기가 $N \leq 20$인 경우처럼 문제 크기가 작은 범위라면 충분히 쓸 만합니다. 복잡하지만 빠른 알고리즘만 무조건 추구하는 게 아니라 풀고 싶은 문제의 크기에 따라 적절한 시간 복잡도를 가진 알고리즘을 판별하는 게 중요합니다.

2.6 복잡도 관련 주의 사항

복잡도와 관련해 이 책에서 몇 가지 주의해야 할 점을 설명합니다.

2.6.1 시간 복잡도와 공간 복잡도

지금까지 논의한 복잡도는 모두 알고리즘 계산 시간에 대한 것입니다. 이 부분을 강조하고 싶을 때는 **시간 복잡도**(time complexity)라고 부릅니다. 반면 알고리즘을 실행할 때 사용하는 메모리 사용량을 가리키는 **공간 복잡도**(space complexity)라는 개념도 알고리즘의 좋고 나쁨을 측정하는 척도로 자주 사용합니다. 이 책에서 복잡도라고 하면 보통 시간 복잡도를 의미합니다.

2.6.2 최악 시간 복잡도와 평균 시간 복잡도

알고리즘 실행 시간은 입력 데이터가 나열되어 있는 방식의 편차에 따라 빠를 수도, 느릴 수도 있습니다. 최악의 경우에 해당하는 시간 복잡도를 **최악 시간 복잡도**(worst case time complexity), 평균적인 경우에 해당하는 시간 복잡도를 **평균 시간 복잡도**(average time complexity)라고 부릅니다. 정확하게 말하자면, 평균 시간 복잡도는 입력 데이터 분포 상태가 이러하다고 가정한 경우의 시간 복잡도 기댓값입니다. 12.5절에서 설명하는 **퀵 정렬**(quick sort)처럼 평균적으로는 빠르지만 최악의 경우에는 느려지는 알고리즘도 있습니다. 이 책에서 단순히 복잡도라고 하면 최악 시간 복잡도를 의미합니다.

2.7 란다우 빅오 표기법 상세 설명(*)

끝으로 란다우 빅오 표기법의 수학적 정의를 설명하고, 관련 정보로 오메가(Ω) 표기법과 세타(Θ) 표기법을 살펴봅니다.

2.7.1 란다우 빅오 표기법

> **란다우 빅오(O) 표기법**
>
> $T(N)$과 $P(N)$을 각각 0 이상의 정수로 이뤄진 집합에 정의된 함수라고 할 때 $T(N) = O(P(N))$이라면 어떤 양의 실수 c와 0 이상의 정수 N_0이 존재하고, N_0 이상의 임의의 정수 N에 대해 다음이 성립한다.
>
> $$\left| \frac{T(N)}{P(N)} \right| \le c$$

이 정의에 따라 계산 시간이 $T(N) = 3N^2 + 5N + 100$인 알고리즘이 $O(N^2)$ 복잡도를 가지는지 확인해 봅시다. 우선 식을 전개하면 다음과 같습니다.

$$\frac{3N^2 + 5N + 100}{N^2} = 3 + \frac{5}{N} + \frac{100}{N^2}$$

N이 충분히 큰 정수라면 $\frac{5}{N} + \frac{100}{N^2} \le 1$이므로 다음도 성립합니다.

$$\frac{3N^2 + 5N + 100}{N^2} \le 4$$

따라서 $T(N) = O(N^2)$로 나타낼 수 있습니다.

주의할 점은 $T(N) = 3N^2 + 5N + 100$에 대해 $T(N) = O(N^3)$이나 $T(N) = O(N^{100})$도 성립한다는 부분입니다. 하지만 $T(N) = 3N^2 + 8N + 100$ 값이 N에 따라 증가하는 속도를 가장 잘 나타내는 함수가 N^2이므로 보통은 $T(N) = O(N^2)$라고 적습니다. 빅오 표기법은 점근적 상한선(asymptotic upper bound)으로 아무리 나쁜 상황이더라도 비교 함수보다 같거나 좋다는 뜻입니다.

2.7.2 오메가 표기법

빅오 표기법은 계산 시간 상한을 평가하는 방법입니다. 예를 들어 $O(N^2)$ 알고리즘은 $O(N^3)$ 알고리즘이기도 합니다. 이 절에서 소개하는 오메가 표기법은 반대로 계산 시간 하한을 평가하는 방법입니다.

오메가 표기법

$T(N)$과 $P(N)$을 각각 0 이상의 정수 전체로 이뤄진 집합에 정의된 함수라고 할 때 $T(N) = \Omega(P(N))$은 어떤 양의 실수 c와 0 이상의 정수 N_0이 존재하고 N_0 이상의 임의의 정수 N에 대해 다음이 성립한다.

$$\left| \frac{T(N)}{P(N)} \right| \geq c$$

오메가 표기법은 알고리즘 복잡도 하한선을 평가할 때 사용합니다. 예를 들어 12.7절에서 비교하는 정렬 알고리즘 복잡도 하한선이 $\Omega(N\log N)$이라는 걸 다룹니다. 오메가 표기법은 점근적 하한선(asymptotic lower bound)으로 아무리 좋은 상황이더라도 비교 함수보다 같거나 나쁘다는 뜻입니다.

2.7.3 세타 표기법

$T(N) = O(P(N))$ 및 $T(N) = \Omega(P(N))$이면 $T(N) = \Theta(P(N))$이라고 표기합니다. 즉, 알고리즘 계산 시간 $T(N)$ 상한과 하한이 $P(N)$ 상수배가 된다는 뜻으로, 세타 표기법은 점근적 상한과 하한 교집합(asymptotic tighter bound)의 평균 범위 개념이며 아무리 좋고 나쁜 상황이더라도 비교 함수 범위 안이라는 뜻입니다.

예를 들어 2.3절에서 살펴본 짝수 나열과 2.4절에서 살펴본 최근접 두 점의 거리 문제에서 다룬 알고리즘 복잡도는 각각 $O(N)$, $O(N^2)$인데, 이건 $\Theta(N)$, $\Theta(N^2)$이기도 합니다. 하지만 복잡도를 표시할 때 세타 표기법으로 표현할 수 있는 경우라도 관습적으로 빅오 표기법을 더 널리 사용합니다. 이 책에서도 복잡도가 해당 범위 안이라고 특별히 강조하고 싶을 때를 제외하면 빅오 표기법을 사용합니다.

2.8 마무리

이 장에서는 알고리즘 성능 평가의 중요한 지표인 복잡도를 설명했습니다. 상수배나 낮은 차수의 항의 영향을 무시한다는 성질 덕분에 for문 반복 횟수를 평가하는 등 대략적인 방법으로 복잡도를 구했습니다. 이렇게 구한 복잡도는 실제로 알고리즘 계산 시간을 평가할 때 좋은 척도가 됩니다.

처음에는 복잡도가 무엇인지 개념을 잡기 어렵겠지만, 앞으로도 계속해서 알고리즘 복잡도를 설명하니 조금씩 익숙해져 봅시다.

2.9 연습 문제

2.1 다음 계산 시간(입력 크기는 N)을 란다우 빅오 표기법으로 나타내라. (난이도 ★)

$$T_1(N) = 1000N$$
$$T_2(N) = 5N^2 + 10N + 7$$
$$T_3(N) = 4N^2 + 3N\sqrt{N}$$
$$T_4(N) = N\sqrt{N} + 5N\log N$$
$$T_5(N) = 2^N + N^{2019}$$

2.2 다음 프로그램의 복잡도를 구하고 란다우 빅오 표기법으로 표현하라. 이 프로그램은 N개 중에서 세 개를 고르는 방법을 모두 나열하는 프로그램이다. (난이도 ★★)

```
for (int i = 0; i < N; ++i) {
    for (int j = i + 1; j < N; ++j) {
        for (int k = j + 1; k < N; ++k) {

        }
    }
}
```

2.3 다음 프로그램의 복잡도를 구하고 란다우 빅오 표기법으로 표현하라. 이 함수는 양의 정수 N 이 소인수인지 판정한다. (난이도 ★★★)

```
bool is_prime(int N) {
    if (N <= 1) return false;
    for (int p = 2; p * p <= N; ++p) {
        if (n % p == 0) return false;
    }
    return true;
}
```

2.4 나이 맞히기 게임에서 A 씨 나이가 0세 이상 2^k세 미만일 때 이진 탐색법으로 k회에 맞힐 수 있는지 확인하라. (난이도 ★★)

2.5 나이 맞히기 게임에서 A 씨 나이가 0세 이상 N세 미만일 때 이진 탐색법으로 $O(\log N)$회에 맞힐 수 있다는 것을 증명하라. (난이도 ★★★)

2.6 $1 + \dfrac{1}{2} + \cdots + \dfrac{1}{N} = O(\log N)$이 성립하는 것을 증명하라. (난이도 ★★★)

3 장

설계 기법(1): 전체 탐색

3장에서 7장까지는 알고리즘을 설계하는 기법을 설명합니다. 이런 설계 기법을 잘 배우고 익히는 것이 이 책의 가장 큰 목적입니다. 배운 설계 기법은 8장 이후 이곳저곳에서 활용합니다.

이 장에서는 우선 각종 알고리즘을 설계할 때 중요한 기초가 되는 전체 탐색을 설명합니다. **전체 탐색**은 풀고 싶은 문제가 있을 때 생각해 볼 수 있는 모든 값을 전부 조사해서 해결하는 방법입니다. 성능 좋은 알고리즘을 설계하려는 경우라도 일단 단순 무식한 전체 탐색 방법을 먼저 확인해 보는 건 꽤 유용한 접근법입니다.

3.1 전체 탐색을 배우는 의미

원리적으로, 이 세상에 존재하는 문제 중 대부분은 가능한 경우의 수를 모두 조사해 보면 해결할 수 있습니다. 예를 들어, 현재 위치에서 목적지까지 가장 빠르게 도착하는 방법을 구하는 문제는 현재 위치에서 목적지에 도달하는 경로를 모두 조사하면 풀 수 있습니다.[1] 장기나 바둑에서 이기는 수를 구하는 문제도 가능한 모든 국면과 국면 전이를 모두 조사하면 해결할 수 있습니다.[2]

이렇듯 해결하고 싶은 문제를 푸는 알고리즘을 설계할 때 우선 어떻게 하면 모든 경우를 고려할 수 있는지 검토해 보면 무척 유용합니다. 2.5절 마지막에서 설명한 것처럼 전체 탐색을 하면 지수 시간이 필요한 문제도 문제의 크기가 작은 경우 충분히 유효합니다. 예를 들어 3.5절에서 소개한 부분합 문제를 푸는 전체 탐색 알고리즘은 가능한 경우의 수가 2^N개 존재하므로 $O(N2^N)$이라는 지수 시간 복잡도가 필요하지만, $N \leq 20$ 정도라면 1초 이내에 처리가 끝납니다. 게다가 전체 탐색 알고리즘을 생각하다 보면 풀고 싶은 문제가 어떤 구조로 되어 있는지 훨씬 깊이 이해하게 됩니다. 따라서 결과적으로 빠른 알고리즘을 설계하는 일도 드물지 않습니다. 이렇게 유용한 전체 탐색 방법을 이 장에서 알아봅시다.

---

1   실제로는 교차점 개수에 따라 경로 개수가 지수적으로 증가하기 때문에 경로를 모두 찾아서 조사하는 건 어렵고, 좀 더 효율적인 방법을 사용합니다(14장 참조).
2   장기나 바둑의 국면(장기나 바둑 돌이 놓인 모양) 개수는 지구에 존재하는 원자 개수보다 많아서 단순한 전체 탐색 방법을 사용하면 현재의 컴퓨터로는 현실적인 시간 내에 해석이 불가능합니다. 또한, 다른 효율적인 해석 방법도 현재로서는 알려져 있지 않습니다.

3.2 전체 탐색(1): 선형 탐색법

우선 다양한 탐색 문제 중에서도 가장 간단하고 일반적인 예로, 수많은 데이터에서 특정 데이터를 찾아내는 문제를 살펴봅니다. 사전에서 영어 단어를 찾아보는 행동처럼 데이터베이스에서 특정 데이터를 탐색하는 문제는 아주 흔한 것입니다. 이 문제를 다음과 같이 정식으로 정의해 두겠습니다.

> **기본적인 탐색 문제**
>
> N개의 정수 a_0, a_1, $\cdots$, a_{N-1}과 정수 v 값이 주어질 때 $a_i = v$인 값이 존재하는지 판정하라.

이 문제를 푸는 무난한 접근법으로 **선형 탐색법**(linear search method)을 설명합니다.[3] 선형 탐색법은 요소를 하나하나 순서대로 조사하는 탐색법입니다. 예를 들어 그림 3-1은 수열 $a = (4, 3, 12, 7, 11)$에 값 $v = 7$이 포함되는지 선형 탐색법을 사용해서 판정하는 절차입니다.

▼ 그림 3-1 선형 탐색법 개념도

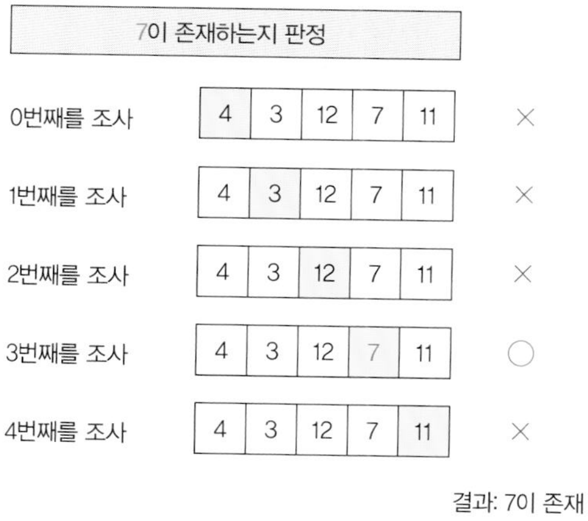

결과: 7이 존재

선형 탐색법은 이처럼 단순하지만 모든 일의 기반이 되는 중요한 알고리즘이므로 구현 방법을 포함해서 완벽하게 학습해 봅시다.

$a_i = v$인 데이터가 존재하는지 여부를 조사하는 선형 탐색법의 절차는 코드 3-1처럼 구현할 수

---

3 다른 책에서 이런 문제를 소개할 때는 보통 '선형 탐색법은 이러해서 효율이 나쁘므로 이진 탐색법이나 해시법처럼 효율 좋은 알고리즘이 있다'라는 식으로 설명합니다. 이 책에서도 6.1절에서 이진 탐색법, 8.6절에서 해시를 사용하는 탐색법을 설명하는데, 이진 탐색법이나 해시법을 단순히 배열 탐색을 하는 방법으로만 보는 게 아니라 더 널리 응용 가능한 설계 수단으로 보는 좀 색다른 방법으로 설명할 것입니다.

있습니다. for문을 사용해서 변수 a의 각 요소를 순서대로 조사합니다. 이때 exist라는 변수에 지금까지 조사한 값 중에 v가 있었는지 여부를 저장합니다. 시작할 때 false를 값으로 주고, v를 찾으면 true로 지정합니다. 이렇게 이벤트에 따라 온(on), 오프(off)를 전환하는 변수를 **플래그**(flag)라고 부릅니다.

코드 3-1 선형 탐색법

```cpp
#include <iostream>
#include <vector>
using namespace std;

int main() {
    // 입력
    int N, v;
    cin >> N >> v;
    vector<int> a(N);
    for (int i = 0; i < N; ++i) cin >> a[i];

    // 선형 탐색
    bool exist = false;    // false가 초깃값
    for (int i = 0; i < N; ++i) {
        if (a[i] == v) {
            exist = true;  // 발견하면 플래그 설정
        }
    }

    // 결과 출력
    if (exist) cout << "Yes" << endl;
    else cout << "No" << endl;
}
```

이 알고리즘의 복잡도는 N개 값을 순서대로 조사하므로 $O(N)$입니다.

코드 3-1은 탐색 중에 v를 찾으면 탐색을 그만두고 break하는 방법도 생각해 볼 수 있는데, 이 경우 조건을 만족하는 값을 빨리 찾으면 그만큼 계산이 빨리 끝나는 장점이 있습니다. 하지만 이렇게 해도 복잡도라는 의미에서 알고리즘의 좋고 나쁨 자체는 변함이 없습니다. 2.6절에서 봤듯이 복잡도는 최악의 경우를 가정합니다. 수열 안에 조건을 만족하는 값이 존재하지 않으면 수열 전체를 탐색하기 때문에 결국 최악 시간 복잡도는 $O(N)$입니다.

3.3 선형 탐색법의 응용

선형 탐색법을 설명할 때 등장한 플래그 변수와 관련된 몇 가지 내용을 설명하겠습니다. 이 내용은 앞으로 다양한 알고리즘을 구현하는 데 중요한 토대가 될 것입니다.

3.3.1 조건을 만족하는 위치 파악 가능

수열에 조건을 만족하는 값이 있는지 판정할 뿐만 아니라 위치를 알고 싶을 때도 사용합니다. a_i = v를 만족하는 데이터가 존재하는지 여부뿐만 아니라 구체적으로 $a_i = v$를 만족하는 인덱스 i가 무엇인지 알고 싶을 때가 많습니다. 코드 3-2처럼 프로그램을 조금만 수정하면 구할 수 있는데 조건을 만족하는 인덱스 i를 찾으면 found_id라는 변수에 저장합니다. 이때 13번째 줄에서 found_id = -1;로 지정한 것처럼 변수 found_id를 정답이 될 수 없는 값으로 초기화해야 합니다.[4] 이러면 변수 found_id 자체가 조건을 만족하는 값의 존재 여부를 나타내는 플래그 변수 역할도 겸할 수 있습니다. 만약 선형 탐색을 종료한 시점에 found_id == -1이라면 수열에 조건을 만족하는 값이 존재하지 않는다는 의미니까요.

코드 3-2 특정 요소가 존재하는 위치도 취득하기

```
 1   #include <iostream>
 2   #include <vector>
 3   using namespace std;
 4
 5   int main() {
 6       // 입력
 7       int N, v;
 8       cin >> N >> v;
 9       vector<int> a(N);
10       for (int i = 0; i < N; ++i) cin >> a[i];
11
12       // 선형 탐색
13       int found_id = -1; // 존재할 수 없는 값인 -1로 초기화
```

---

4   -1이라는 값이 매직 넘버(magic number)처럼 느껴져서 거부감이 든다면 상수로 정의하는 방법도 있습니다. [역주] 매직 넘버란 '-1이라면 존재하지 않음을 뜻함'처럼 그냥 단순한 숫자나 문자가 아니라 처리에서 어떤 특정한 의미를 지니는 값을 말합니다. 이런 값은 코드를 읽기 어렵게 하므로 const int NOT_FOUND = -1;처럼 상수로 정의해 코드 내부에서는 -1 대신에 NOT_FOUND를 사용하라는 뜻입니다. 그러면 -1이 어떤 뜻인지 찾아보지 않아도 코드가 읽기 편해지겠죠.

```
14      for (int i = 0; i < N; ++i) {
15          if (a[i] == v) {
16              found_id = i; // 발견하면 인덱스를 저장
17              break; // 반복문 종료
18          }
19      }
20
21      // 결과 출력(-1이라면 값이 존재하지 않음을 뜻함)
22      cout << found_id << endl;
23  }
```

3.3.2 최솟값 구하기

이번에는 수열의 최솟값을 구하는 문제를 살펴봅시다. 같은 방법으로 코드 3-3처럼 구현합니다. for문으로 반복할 때 min_value 변수에 지금까지 확인한 값 중 가장 작은 값을 저장합니다. min_value보다 작은 값 a[i]가 오면 min_value를 그 값으로 갱신합니다. min_value를 초기화할 때는 무한대를 나타내는 상수 INF를 문제에 따라 적절하게 정해서 그 값으로 초기화합니다.[5] 구체적으로는 a[i] 값이 될 수 있는 최대 범위보다 더 큰 값을 설정해야 합니다. 코드 3-3은 a[i] 값이 반드시 20000000 미만이라는 보증이 있다고 전제합니다.

코드 3-3 최솟값 구하기

```
#include <iostream>
#include <vector>
using namespace std;
const int INF = 20000000;    // 충분히 큰 값을 설정

int main() {
    // 입력
    int N;
    cin >> N;
    vector<int> a(N);
    for (int i = 0; i < N; ++i) cin >> a[i];
```

---

5 이 문제에서는 min_value = a[0];으로 초기화해서 INF 값으로 무엇을 써야 할지 고민할 필요가 없지만, 등장할 수 있는 값의 범위를 어림잡아 보는 건 무척 중요합니다. 이번 문제는 INF = INT_MAX 값을 설정하면 되지만, 만약 INF에 값을 더하는 처리가 존재하는 프로그램이라면 INF로 INT_MAX를 사용할 경우 오버플로가 발생해서 문제가 생기므로 주의해야 합니다.

```
// 선형 탐색
int min_value = INF;
for (int i = 0; i < N; ++i) {
    if (a[i] < min_value) min_value = a[i];
}

// 결과 출력
cout << min_value << endl;
}
```

3.4 전체 탐색(2): 쌍 전체 탐색

ALGORITHM & DATA STRUCTURES

앞에서 다룬 문제는 주어진 데이터 중에서 특정 값을 찾는 가장 기초적인 탐색 문제였습니다. 이번에는 조금 발전한 다음과 같은 문제를 생각해 봅시다.

- 주어진 데이터 안에서 최적의 쌍을 탐색하는 문제
- 주어진 두 쌍의 데이터에서 각각의 요소를 추출하는 방법을 최적화하는 문제

이런 문제는 이중 for문을 사용하면 풀 수 있습니다. 첫 번째 경우는 2.4절의 최근접 점쌍 문제를 예로 들 수 있습니다. 여기서는 두 번째 경우의 예로 다음 문제를 생각해 봅시다.

쌍의 합이 K 이상인 값 중에서 최소인 값

N개의 정수 a_0, a_1, ..., a_{N-1}과 N개의 정수 b_0, b_1, ..., b_{N-1}이 주어졌을 때 두 정수 나열에서 각각 정수를 하나씩 골라 더한다. 더한 값이 정수 K 이상의 범위에서 최소인 값을 구하라. 단, $a_i + b_j \geq K$를 만족하는 (i, j) 조합이 적어도 하나 이상 존재한다.

예를 들어 $N = 3$, $K = 10$, $a = (8, 5, 4)$, $b = (4, 1, 9)$일 때 a에서 8, b에서 4를 고르면 $8 + 4 = 12$이므로 요소를 더해 만들 수 있는 10 이상인 값 중에서 최소가 됩니다. 이 문제는 다음 방법으로 모든 경우의 수를 조사하면 풀 수 있습니다.

- a_0, a_1, ..., a_{N-1}에서 a_i를 고름($i = 0$, ..., $N - 1$)
- b_0, b_1, ..., b_{N-1}에서 b_j를 고름($j = 0$, ..., $N - 1$)

이걸 구현하면 코드 3-4가 되는데, 경우의 수는 N^2개이므로 복잡도는 $O(N^2)$입니다.

또한, 이 문제는 이진 탐색법을 사용하면 $O(N\log N)$으로 풀 수 있는데, 이에 대해서는 6.6절에서 설명합니다.

코드 3-4 쌍의 합이 최소인 값 찾기(K 이상 범위)

```cpp
#include <iostream>
#include <vector>
using namespace std;
const int INF = 20000000;    // 충분히 큰 값

int main() {
    // 입력
    int N, K;
    cin >> N >> K;
    vector<int> a(N), b(N);
    for (int i = 0; i < N; ++i) cin >> a[i];
    for (int i = 0; i < N; ++i) cin >> b[i];

    // 선형 탐색
    int min_value = INF;
    for (int i = 0; i < N; ++i) {
        for (int j = 0; j < N; ++j) {
            // 값이 K 미만이면 건너뛰기
            if (a[i] + b[j] < K) continue;

            // 최솟값 갱신
            if (a[i] + b[j] < min_value) {
                min_value = a[i] + b[j];
            }
        }
    }

    // 결과 출력
    cout << min_value << endl;
}
```

3.5 전체 탐색(3): 조합 전체 탐색(*)

지금부터는 본격적인 탐색 문제를 생각해 봅시다.

> **부분합 문제**
>
> N개 양의 정수 a_0, a_1, ..., a_{N-1}과 양의 정수 W가 주어졌을 때 a_0, a_1, ..., a_{N-1}에서 정수를 몇 개 골라 그 합이 W가 될 수 있는지 판정하라.

예를 들어 $N = 5$, $W = 10$, $a = \{1, 2, 4, 5, 11\}$ 일 때 $a_0 + a_1 + a_3 = 1 + 4 + 5 = 10$이므로 답은 참이 됩니다. $N = 4$, $W = 10$, $a = \{1, 5, 8, 11\}$이면 a 안에서 어떤 값을 고르더라도 총합이 10이 되는 조합은 존재하지 않습니다.

N개 정수로 만들 수 있는 부분 집합은 2^N개입니다. 예를 들어 $N = 3$이라면 $\{a_0, a_1, a_2\}$의 부분 집합은 Ø, $\{a_0\}$, $\{a_1\}$, $\{a_2\}$, $\{a_0, a_1\}$, $\{a_1, a_2\}$, $\{a_0, a_2\}$, $\{a_0, a_1, a_2\}$ 이렇게 여덟 개입니다. 이걸 모두 탐색하는 방법을 생각해 봅시다. 여기서는 정수의 2진법 표현인 비트 연산[6]을 사용하는 방법을 소개합니다. 좀 더 범용적인 전체 탐색법으로 **재귀 함수**(recursive function)를 활용하는 방법도 있지만, 이 내용은 4.5절에서 다시 다룹니다. 재귀 함수를 사용한 전체 탐색법은 5장에서 설명하는 동적 계획법과 깊이 관련된 무척 중요한 내용입니다.[7]

정수의 2진법 표현으로 돌아가 봅시다. N개 요소로 만들어지는 집합 $\{a_0, a_1, ..., a_{N-1}\}$의 부분 집합은 정수의 2진법 표현을 사용해서 각 자리 수마다 부분 집합을 대응시켜 N 자릿수로 표현 가능합니다. 예를 들어 $N = 8$일 때 $\{a_0, a_1, a_2, a_3, a_4, a_5, a_6, a_7\}$의 부분 집합 $\{a_0, a_2, a_3, a_6\}$은 2진법 정수 01001101(0번째 자리 수, 두 번째 자리 수, 세 번째 자리 수, 여섯 번째 자리 수가 1)에 대응합니다. 또한, 2진법으로 N 자릿수 이하인 정수는 10진법으로는 0 이상 2^N 미만인 값이 됩니다. $N = 3$이면 표 3-1처럼 됩니다.

부분합 문제로 돌아갑시다. 부분합 문제는 집합 $\{a_0, a_1, ..., a_{N-1}\}$의 부분 집합 2^N개를 모두 조사하면 풀 수 있습니다. 이런 부분 집합은 0 이상 2^N 미만의 정수에 대응합니다. 따라서 C++에서는

---

6   정수의 비트 연산은 정수를 2진수로 표현했을 때 각 행마다 비트 연산을 하는 것을 뜻합니다. 예를 들어 45, 25를 2진법으로 표현하면 각각 00101101, 00011001입니다. 이걸 각 행마다 AND 연산하면 000010001이 되므로 45 AND 25 = 9가 되는 걸 알 수 있습니다. C++에서는 이런 연산에 & 연산자를 사용합니다.

7   5.4절에서는 냅색(knapsack) 문제로 동적 계획법을 공부합니다. 냅색 문제는 부분합 문제를 본질적으로 포함합니다.

int형이나 unsinged int형을 사용해 0 이상 2^N 미만 정수로 나타낼 수 있습니다.[8]

▼ 표 3-1 부분 집합을 2진법 정수에 대응하기

부분 집합	2진법 값	10진법 값
$\varnothing$	000	0
$\{a_0\}$	001	1
$\{a_1\}$	010	2
$\{a_0, a_1\}$	011	3
$\{a_2\}$	100	4
$\{a_0, a_2\}$	101	5
$\{a_1, a_2\}$	110	6
$\{a_0, a_1, a_2\}$	111	7

다음으로 0 이상 2^N 미만 정수 bit가 주어졌을 때 대응하는 부분 집합을 복원하는 방법을 생각해 봅시다. 이건 정수 bit가 나타내는 부분 집합에서 각 $i = 0, 1, ..., N - 1$에 대해 i번째 요소 a_i가 포함되는지 여부를 확인하면 되므로, 코드 3-5처럼 정수 bit를 2진법으로 변환하고 bit의 i번째 자리 수가 1인지 확인하도록 작성합니다.

코드 3-5 정수 bit가 나타내는 부분 집합에 i번째 요소가 포함되는지 판단하기

```
// bit가 나타내는 부분 집합에 i번째 요소가 포함되는 경우
if (bit & (1 << i)) {

}
// 포함되지 않는 경우
else {

}
```

예를 들어 $N = 8$일 때 부분 집합 $\{a_0, a_2, a_3, a_6\}$에 대응하는 정수 bit = 01001101(2진법)을 생각해 봅시다. 이때 $i = 0, 1, ..., N - 1$에 대해 bit & (1 << i) 값을 구하면 표 3-2와 같습니다. 코드 3-5에서 본 것처럼 정수 bit가 나타내는 부분 집합에 i번째 요소가 포함되는지 여부를 확인할 수 있습니다.[9]

---

8 std::bitset이나 std::vector<bool>을 사용할 수도 있습니다.

9 C++라면 0 이외 정숫값은 true, 0이라면 false를 뜻합니다.

▼ 표 3-2 부분 집합 {a_0, a_2, a_3, a_6}에 i번째 요소 a_i가 포함되는지 여부

i	1 《 i	bit & (1 《 i)
0	00000001	01001101 & 00000001 = 00000001 (true)
1	00000010	01001101 & 00000010 = 00000000 (false)
2	00000100	01001101 & 00000100 = 00000100 (true)
3	00001000	01001101 & 00001000 = 00001000 (true)
4	00010000	01001101 & 00010000 = 00000000 (false)
5	00100000	01001101 & 00100000 = 00000000 (false)
6	01000000	01001101 & 01000000 = 01000000 (true)
7	10000000	01001101 & 10000000 = 00000000 (false)

지금까지 본 내용을 바탕으로 부분합 문제를 푸는 전체 탐색법은 코드 3-6처럼 구현합니다. 14 번째 줄의 (1 《 N)은 시프트 연산으로 연산 결과는 2^N이 됩니다.

즉, 14번째 줄의 for문은 정수 변수 bit가 0 이상 2^N 미만인 정수를 순서대로 찾아보는 처리입니다. 크기가 N인 집합 {a_0, a_1, ..., a_{N-1}}의 부분 집합을 모두 조사하는 것과 같습니다. 다음은 19 번째 줄 bit & (1 《 i)로 i번째 요소 a_i가 정수 bit로 나타내는 부분 집합에 포함되는지 확인합니다. 따라서 16번째 줄에서 정의한 변수 sum에는 정수 bit로 표현한 집합에 포함되는 값의 총합이 저장됩니다. 정리하면, 코드 3-6은 크기가 N인 집합 {a_0, a_1, ..., a_{N-1}}의 부분 집합 전체에 대해 요소의 총합이 W와 일치하는 경우가 있는지 조사하는 것입니다.

마지막으로 코드 3-6의 복잡도를 평가해 봅시다. 이 알고리즘은 2^N가지 존재하는 경우에 대해 인덱스 i가 i = 0, 1, ..., N - 1 범위에서 동작하므로(17번째 줄) 복잡도는 $O(N2^N)$입니다. 지수 시간이 필요하니 효율적이라고 말하기는 어렵습니다.

5장에서 설명하는 동적 계획법을 사용하면 복잡도를 $O(NW)$로 만들 수 있습니다. W 크기에는 영향을 받지만, N은 선형 시간이 되므로 극적으로 빨라집니다.

코드 3-6 부분합 문제를 비트를 사용해서 푸는 전체 탐색법

```
1   #include <iostream>
2   #include <vector>
3   using namespace std;
4
5   int main() {
6       // 입력
7       int N, W;
```

```
 8      cin >> N >> W;
 9      vector<int> a(N);
10      for (int i = 0; i < N; ++i) cin >> a[i];
11
12      // bit는 2^N개 존재하는 부분 집합 전체를 대상으로 동작
13      bool exist = false;
14      for (int bit = 0; bit < (1 << N); ++bit)
15      {
16          int sum = 0; // 부분 집합에 포함된 요소의 합
17          for (int i = 0; i < N; ++i) {
18              // i번째 요소 a[i]가 부분 집합에 포함되는지 여부
19              if (bit & (1 << i)) {
20                  sum += a[i];
21              }
22          }
23
24          // sum이 W와 일치하는지 여부
25          if (sum == W) exist = true;
26      }
27
28      if (exist) cout << "Yes" << endl;
29      else cout << "No" << endl;
30  }
```

3.6 정리

이 장에서 설명한 전체 탐색법은 생각해 볼 수 있는 모든 가능성을 조사해서 문제를 해결하는 방법입니다. 앞으로 등장하는 모든 내용의 기초가 되는 무척 중요한 내용이지만, 좀 더 복잡한 대상을 탐색하려면 훨씬 정밀한 탐색 기법이 필요합니다. 우선 4장에서 설명하는 **재귀**(recursion)를 배우면 복잡한 대상에 대해서도 명쾌한 탐색 알고리즘을 작성할 수 있습니다. 3.5절에서 다룬 부분합 문제도 재귀 함수를 사용한 풀이 방법으로 다시 설명할 예정입니다.

그리고 10장에서는 **그래프**(graph) 개념을 설명합니다. 그래프는 그림 3-2처럼 사물의 관계성을 **꼭짓점**(vertex)과 **변**(edge)으로 표현합니다. 예를 들어 어떤 집단의 관계를 사람은 꼭짓점, 친구 관

계는 변에 대응시켜 그래프로 생각해 볼 수 있습니다.

▼ 그림 3-2 그래프 개념도

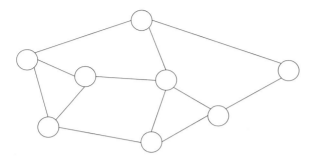

여러 가지 일을 그래프로 나타내면, 다양한 문제를 그래프에서 일어나는 탐색 문제로 취급할 수 있게 되어 전체 흐름을 잘 파악할 수 있습니다. 13장 이후에 자세히 설명하겠습니다.

3.7 연습 문제

3.1 다음은 N개의 정수 a_0, a_1, ..., a_{N-1}에서 정수 $a_i = v$를 만족하는 i를 찾는 코드다. 코드 3-2에서 break 문을 생략한 코드인데, 조건을 만족하는 i가 여러 개 존재할 때 변수 found_id에는 가장 큰 i 값이 저장되는 것을 확인하라. (난이도 ★)

```
int found_id = -1; // -1처럼 존재하지 않는 값으로 초기화
for (int i = 0; i < N; ++i) {
    if (a[i] == v) {
        found_id = i; // 발견하면 인덱스를 저장
    }
}
```

3.2 N개의 정수 a_0, a_1, ..., a_{N-1}에서 정수 v가 몇 개 포함되는지 구하는 $O(N)$ 복잡도 알고리즘을 설계하라. (난이도 ★)

3.3 $N(\geq 2)$개의 서로 다른 정수 a_0, a_1, ..., a_{N-1}이 주어졌을 때 두 번째로 작은 값을 구하는 $O(N)$ 복잡도 알고리즘을 설계하라. (난이도 ★★)

3.4 N개의 정수 a_0, a_1, ..., a_{N-1}이 주어졌을 때 두 정수를 골라 뺄셈한 결과(차)가 최대인 값을 구하는 $O(N)$ 복잡도 알고리즘을 설계하라. (난이도 ★★)

3.5 N개의 양의 정수 a_0, a_1, ..., a_{N-1}이 주어졌을 때 N개의 정수가 모두 짝수라면 2로 나눈 값으로 치환하는 작업을 더 이상 할 수 없을 때까지 반복한다. 이런 작업을 몇 번 해야 하는지 구하는 알고리즘을 설계하라. (출처: AtCoder Beginner Contest 081 B – Shift Only, 난이도 ★★)

3.6 두 개의 양의 정수 K, N이 주어졌을 때 $0 \leq X, Y, Z \leq K$를 만족하는 정수 (X, Y, Z) 조합에서 $X + Y + Z = N$을 만족하는 경우가 얼마나 존재하는지 구하는 $O(N^2)$ 복잡도 알고리즘을 설계하라. (출처: AtCoder Beiginner Contest 051 B – Sum of Three Integers, 난이도 ★★)

3.7 "1927359"처럼 모든 글자가 1 이상 9 이하의 숫자로 된 길이가 N인 문자열 S가 주어졌을 때 문자 사이사이에 +를 넣을 수 있다고 하자. +는 0개 이상 가능하나 연속한 +는 넣을 수 없다. 이런 조건으로 만들 수 있는 모든 문자열을 산술식으로 보고 총합을 계산하는 $O(N2^N)$ 복잡도 알고리즘을 설계하라. 예를 들어 $S =$ "125"라면 만들 수 있는 문자열은 125, 1 + 25($= 26$), 12 + 5($= 17$), 1 + 2 + 5($= 8$)이고 이걸 모두 더한 176이 답이다. (출처: AtCoder Beginner Contest 045 C – 수많은 산술식, 난이도 ★★★)

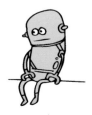

4^장

설계 기법(2): 재귀와 분할 정복법

작업 중에 자기 자신을 호출하는 것을 재귀 호출이라고 합니다. 재귀는 이후 거의 모든 장에서 사용하는 중요한 개념입니다. 재귀를 사용하면 다양한 문제에서 간결하고 명쾌한 알고리즘을 작성할 수 있습니다. 이 장에서는 재귀 호출을 사용하는 실제 예제로 재귀 개념을 배워 봅시다. 또한, 재귀를 활용한 알고리즘 설계 기법으로 분할 정복법도 설명합니다.

4.1 재귀란 무엇인가?

작업 중에 자기 자신을 호출하는 것을 **재귀 호출**(recursive call)이라 하고, 재귀 호출을 하는 함수를 **재귀 함수**(recursive function)라 부릅니다. 처음에는 자기 자신을 다시 호출한다는 추상적인 개념이 잘 이해되지 않을 것입니다. 우선은 간단한 예를 살펴보며 '재귀란 이런 것이구나'라는 정도로만 이해해 봅시다. 코드 4-1을 보면 함수 func 내부에서 func를 호출하고 있습니다.

코드 4-1 1부터 N까지 모두 더한 합을 계산하는 재귀 함수

```c
int func(int N) {
    if (N == 0) return 0;
    return N + func(N - 1);
}
```

위 코드의 재귀 함수 func에서 func(5)를 호출할 때 어떻게 동작하는지 자세히 살펴보겠습니다. 그림 4-1을 봐주세요.

❤ 그림 4-1 재귀 함수 개념도

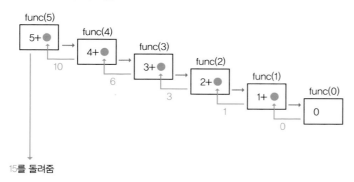

우선 func(5)를 호출할 때 코드 4-1 두 번째 줄의 if문 조건 N == 0을 만족하지 않으므로 세 번째 줄로 넘어갑니다. 세 번째 줄은 5 + func(4)를 계산한 값을 돌려주는 처리입니다. 즉, func(5) = 5 + func(4)가 됩니다.

여기서 func(4)를 재귀적으로 호출하므로 다음은 func(4)를 봅시다. func(4)도 두 번째 줄의 if문 조건을 만족하지 않으므로 세 번째 줄로 넘어가서 4 + func(3)을 계산해 돌려줍니다. 즉, func(4) = 4 + func(3)이 됩니다. 마찬가지로 func(3), func(2), func(1)도 순서대로 재귀적으로 호출되어서 func(3) = 3 + func(2), func(2) = 2 + func(1), func(1) = 1 + func(0)이라는 관계가 성립합니다. 최종적으로 func(0)이 호출되면, 드디어 두 번째 if문 조건 N == 0을 만족하므로 func(0)은 0을 돌려줍니다. 정리하면,

0. func(0)은 0을 돌려줌

1. func(1)은 1 + func(0) = 1을 돌려줌

2. func(2)는 2 + func(1) = 2 + 1 = 3을 돌려줌

3. func(3)은 3 + func(2) = 3 + 2 + 1 = 6을 돌려줌

4. func(4)는 4 + func(3) = 4 + 3 + 2 + 1 = 10을 돌려줌

5. func(5)는 5 + func(4) = 5 + 4 + 3 + 2 + 1 = 15를 돌려줌

제일 처음에 호출하는 건 func(5)이지만, 최초로 값을 돌려주는 건 func(0)이란 점을 주의하길 바랍니다. func(0)이 값을 돌려주고, func(1)이 그 값을 사용해 다시 값을 돌려주며, func(2)가 그 값을 사용해 다시 값을 돌려주고... 이 과정을 반복해 마지막으로 func(5)가 최종 값을 돌려줍니다.

이와 같은 동작을 확인할 겸 코드 4-2를 실행해 봅시다. 코드 4-2는 재귀 함수가 도중에 무엇을 하고 있는지 확인할 수 있도록 N + func(N - 1) 값을 변수 result에 임시 저장해서 출력합니다.

코드 4-2 1에서 N까지 총합을 계산하는 재귀 함수

```cpp
#include <iostream>
using namespace std;

int func(int N) {
    // 재귀 함수를 호출한다고 출력
    cout << "func(" << N << ") 호출함" << endl;

    if (N == 0) return 0;
```

```
    // 재귀적으로 답을 구해서 출력
    int result = N + func(N - 1);
    cout << N << "까지의 합 = " << result << endl;

    return result;
}

int main() {
    func(5);
}
```

실행하면 다음과 같이 출력됩니다.

```
func(5) 호출함
func(4) 호출함
func(3) 호출함
func(2) 호출함
func(1) 호출함
func(0) 호출함
1까지의 합 = 1
2까지의 합 = 3
3까지의 합 = 6
4까지의 합 = 10
5까지의 합 = 15
```

여기서 재귀 함수 구성 요소를 정리해 봅시다. 재귀 함수의 형태는 대부분 다음과 같습니다. 여기서 베이스 케이스(base case)란 재귀 함수 안에서 재귀 함수를 부르지 않고 return하는 경우를 뜻합니다.

재귀 함수 템플릿

```
(반환값형) func(인수) {
    if (베이스 케이스) {
        return 베이스 케이스에 대응하는 값;
    }

    // 재귀 호출
    func(다음 인수);
    return 응답;
}
```

앞에서 다룬 $1 + \cdots + N$을 계산하는 재귀 함수라면 $N = 0$인 경우가 베이스 케이스입니다. $N = 0$이면 재귀 호출을 하지 않고 직접 0을 돌려줍니다. 이런 베이스 케이스에 대한 처리가 무척 중요한데, 만약 베이스 케이스일 때 0을 반환하거나 빠져나가는 처리를 하지 않으면 재귀 호출을 무한 반복하게 되기 때문입니다.[1]

또 다른 주의점은 재귀 호출을 할 때 인수가 베이스 케이스에 점점 가까워지는지 여부입니다. 예를 들어 코드 4-3을 살펴봅시다. 방금 전에 본 함수와 닮았지만, 이 함수는 func(5)를 호출했을 때 재귀 호출하는 인수가 6, 7, 8, …로 점점 늘어나 버립니다.

코드 4-3 재귀 호출이 멈추지 않는 재귀 함수

```
int func(int N) {
    if (N == 0) return 0;
    return N + func(N + 1);
}
```

4.2 재귀 사용 예(1): 유클리드 호제법

ALGORITHM & DATA STRUCTURES

재귀 함수를 사용해서 명쾌하게 서술 가능한 알고리즘의 예로 **유클리드 호제법**(Euclidean algorithm)을 살펴봅시다. 유클리드 호제법은 두 정수 m, n의 최대 공약수(GCD(m, n)이라고 표기합니다)를 구하는 알고리즘입니다. 다음 성질을 활용합니다.

> **최대 공약수 성질**
>
> m을 n으로 나눈 나머지 r은 GCD(m, n) = GCD(n, r)을 만족한다.

이 성질을 활용하면 다음 절차에 따라 두 정수 m, n의 최대 공약수를 구할 수 있습니다. 이 절차를 유클리드 호제법이라고 부릅니다.

1. m을 n으로 나눈 나머지를 r이라고 한다.

---

1 실제로는 재귀 함수 인수 등이 스택(stack) 영역이라고 하는 장소에 저장되는데, 이런 값은 재귀 호출을 할 때마다 점점 스택 영역이 쌓여서 메모리를 소모하게 됩니다. 따라서 호출 횟수가 너무 늘어나면 한정된 자원을 모두 소모해서 스택 오버플로(stack overflow)를 일으킵니다.

2. $r = 0$이면 이 시점에서 n이 구하는 최대 공약수이므로 n을 출력하고 종료한다.

3. $r \neq 0$이면 $m \leftarrow n$, $n \leftarrow r$로 지정하고 1로 돌아간다.

예를 들어 $m = 51$과 $n = 15$의 최대 공약수는 다음과 같이 구합니다.

- $51 = 15 \times 3 + 6$이므로 (51, 15)를 (15, 6)으로 치환

- $15 = 6 \times 2 + 3$이므로 (15, 6)을 (6, 3)으로 치환

- $6 = 3 \times 2$로 나뉘므로 최대 공약수는 3

이 절차를 재귀 함수를 사용해서 구현해 봅시다. 앞에서 본 최대 공약수 성질의 수식을 그대로 구현하면 코드 4-4와 같습니다. 그리고 유클리드 호제법의 복잡도는 $m \geq n > 0$이면 $O(\log n)$입니다. 즉, 로그 시간이라서 무척 빠른 알고리즘이라 할 수 있습니다. 로그 시간이 되는 증명은 생략하지만, 관심이 있다면 참고 문헌 [9]에서 정수론적 알고리즘을 참조하길 바랍니다.

코드 4-4 유클리드 호제법으로 최대 공약수 구하기

```cpp
#include <iostream>
using namespace std;

int GCD(int m, int n) {
    // 베이스 케이스
    if (n == 0) return m;

    // 재귀 호출
    return GCD(n, m % n);
}

int main() {
    cout << GCD(51, 15) << endl; // 3이 출력됨
    cout << GCD(15, 51) << endl; // 3이 출력됨
}
```

4.3 재귀 사용 예(2): 피보나치 수열

앞에서 살펴본 재귀 함수 예제에서는 재귀 호출을 한 번만 했는데, 여기서는 재귀 함수 안에서 재

귀 호출을 여러 번 하는 예를 살펴봅시다. **피보나치**(Fibonacci) **수열**을 구하는 재귀 함수를 생각해 봅시다. 피보나치 수열은 다음과 같이 정의됩니다.

- $F_0 = 0$
- $F_1 = 1$
- $F_N = F_{N-1} + F_{N-2} (N = 2, 3, \cdots)$

이 함수식은 0, 1, 1, 2, 3, 5, 8, 13, 21, 34, 55, …로 이어진 값을 의미합니다. 피보나치 수열의 N항 F_N을 계산하는 재귀 함수는 위에서 본 점화식을 참조해 코드 4-5처럼 작성할 수 있습니다 (재귀 함수의 함수명은 fibo라고 정의합니다).

코드 4-5 피보나치 수열을 구하는 재귀 함수

```
int fibo(int N) {
    // 베이스 케이스
    if (N == 0) return 0;
    else if (N == 1) return 1;

    // 재귀 호출
    return fibo(N - 1) + fibo(N - 2);
}
```

이번에는 재귀 함수 안에서 재귀 호출을 두 번 하므로 흐름이 복잡합니다. fibo(6)을 호출했을 때 함수 fibo 인수의 흐름을 정리하면 그림 4-2와 같습니다.

❤ 그림 4-2 피보나치 수열을 구하는 재귀 호출

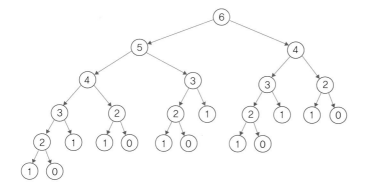

코드 4-6을 실행해서 재귀 호출 흐름이 어떻게 복잡해지는지 확인해 봅시다. 재귀 호출이 일어난 순간과 재귀 함수가 값을 돌려주는 순간을 각각 출력합니다.

```cpp
#include <iostream>
using namespace std;

int fibo(int N) {
    cout << "fibo(" << N << ") 호출" << endl;

    // 베이스 케이스
    if (N == 0) return 0;
    else if (N == 1) return 1;

    // 재귀적으로 답을 구해서 출력
    int result = fibo(N - 1) + fibo(N - 2);
    cout << N << " 번째 = " << result << endl;

    return result;
}

int main() {
    fibo(6);
}
```

실행 결과는 다음과 같습니다.

```
fibo(6) 호출
fibo(5) 호출
fibo(4) 호출
fibo(3) 호출
fibo(2) 호출
fibo(1) 호출
fibo(0) 호출
2 번째 = 1
fibo(1) 호출
3 번째 = 2
fibo(2) 호출
fibo(1) 호출
fibo(0) 호출
2 번째 = 1
4 번째 = 3
fibo(3) 호출
fibo(2) 호출
```

```
fibo(1) 호출
fibo(0) 호출
2 번째 = 1
fibo(1) 호출
3 번째 = 2
5 번째 = 5
fibo(4) 호출
fibo(3) 호출
fibo(2) 호출
fibo(1) 호출
fibo(0) 호출
2 번째 = 1
fibo(1) 호출
3 번째 = 2
fibo(2) 호출
fibo(1) 호출
fibo(0) 호출
2 번째 = 1
4 번째 = 3
6 번째 = 8
```

ALGORITHM & DATA STRUCTURES

4.4 메모이제이션 동적 계획법

사실 앞에서 소개한 피보나치 수열의 N번째 항을 구하는 재귀 함수는 같은 계산을 몇 번이나 계속 실행하는 탓에 효율이 무척 나쁩니다. 그림 4-2를 보면 fibo(6)을 계산하는데 함수를 25번이나 호출합니다. 25회 정도라면 아직 괜찮지만, fibo(50)이 되면 계산량도 폭발적으로 늘어나서 현실적인 시간 안에 결과를 구할 수가 없습니다. 자세한 내용은 연습 문제 4.3과 4.4에서 다루지만, fibo(N) 계산의 복잡도는 $O\left(\left(\frac{1+\sqrt{5}}{2}\right)^N\right)$입니다. 계산 시간이 N에 대한 지수 시간입니다. 그러나 한편으로 피보나치 수열의 계산은 코드 4-7처럼 $F_0 = 0$, $F_1 = 1$에서 출발해 앞의 두 항을 순서대로 더해가면 간단히 계산할 수 있습니다.

코드 4-7 피보나치 수열을 for 반복문으로 구하기

```
#include <iostream>
```

```cpp
#include <vector>
using namespace std;

int main() {
    vector<long long> F(50);
    F[0] = 0, F[1] = 1;
    for (int N = 2; N < 50; ++N) {
        F[N] = F[N - 1] + F[N - 2];
        cout << N << " 항째: " << F[N] << endl;
    }
}
```

for 반복문으로 반복법을 사용하면 피보나치 수열의 N번째 항을 구할 때까지 실시하는 덧셈 횟수는 겨우 $N - 1$회입니다. 재귀 함수를 사용한 방법은 지수 시간 $O\left(\left(\frac{1+\sqrt{5}}{2}\right)^N\right)$이 필요한 반면, for 반복문을 사용한 방법은 $O(N)$의 복잡도입니다.

재귀 함수를 사용한 피보나치 수열 계산의 계산량이 폭발적으로 늘어나는 이유는 무엇일까요? 그림 4-3과 같이 불필요한 처리가 있기 때문입니다.

❤ 그림 4-3 피보나치 수열을 구하는 재귀 함수에서 발생하는 낭비

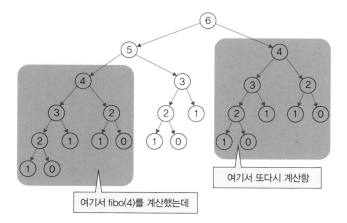

fibo(4)뿐만 아니라 fibo(3)도 세 번이나 중복해서 계산합니다. 이런 낭비를 줄이려면, 매번 다시 계산하는 게 아니라 이전에 계산한 값을 메모리에 저장해두고 같은 인수라면 저장해 둔 값을 돌려주는 **메모이제이션**(memoization) 방법이 유용합니다.

> 재귀 함수가 동일한 계산을 반복하는 낭비를 줄이는 메모이제이션
>
> memo[v] ← fivo(v)의 답을 저장함(아직 계산하지 않은 곳은 −1을 저장)

좀 더 자세히 설명하면, 이런 배열을 준비해 재귀 함수에서 이미 계산이 끝나 결과를 아는 값이 있으면 재귀 호출을 하는 대신에 메모한 값을 바로 돌려줍니다. 이른바 **캐시**(cache)라고 부르는 방식이며 무척 빠르게 동작합니다. 메모이제이션을 사용하면 복잡도는 $O(N)$이 되며, for문을 사용한 방법과 동일한 복잡도입니다. 이런 방식을 코드로 구현하면 코드 4–8과 같습니다.[2]

코드 4-8 피보나치 수열을 구하는 재귀 함수를 메모이제이션하기

```cpp
#include <iostream>
#include <vector>
using namespace std;

// fibo(N)의 답을 메모하는 배열
vector<long long> memo;

long long fibo(int N) {
    // 베이스 케이스
    if (N == 0) return 0;
    else if (N == 1) return 1;

    // 메모 확인(이미 계산한 값이면 반환)
    if (memo[N] != -1) return memo[N];

    // 답을 메모하면서 재귀 호출
    return memo[N] = fibo(N - 1) + fibo(N - 2);
}

int main() {
    // 메모이제이션할 배열을 -1로 초기화
    memo.assign(50, -1);

    // fibo(49) 호출
    fibo(49);

    // memo[0], ..., memo[49]에 답이 저장됨
```

---

2 여기서는 간단히 배열 memo를 전역 변수로 사용하지만, 이런 전역 변수를 남용하면 코드 가독성이 떨어지고 값이 언제 변할지 알 수 없는 등의 문제가 발생하므로 권장하지 않습니다. 대신에 배열 memo를 재귀 함수의 참조 인수로 사용하는 방법 등이 있습니다.

```
    for (int N = 2; N < 50; ++N) {
        cout << N << " 항째: " << memo[N] << endl;
    }
}
```

메모이제이션은 **동적 계획법**(dynamaic programming)이라고 하는 프레임워크를 재귀 함수를 사용해서 실현한 것이라고 할 수 있습니다. 동적 계획법은 강력하고 범용적인 알고리즘이며, 5장에서 자세히 설명합니다.

4.5 재귀 사용 예(3): 재귀 함수를 사용한 전체 탐색

3장에서 전체 탐색은 다양한 알고리즘의 기초가 되므로 중요하다고 강조했습니다. 복잡한 대상이라도 재귀 함수를 사용하면 명쾌한 탐색 알고리즘을 작성할 수 있습니다. 예로 3.5절에서 설명했던 부분합 문제를 다시 다뤄 봅시다.

4.5.1 부분합 문제

부분합 문제를 다시 보겠습니다.

부분합 문제

N개 양의 정수 a_0, a_1, ..., a_{N-1}과 양의 정수 W가 주어졌을 때 a_0, a_1, ..., a_{N-1}에서 정수를 몇 개 골라 그 합이 W가 될 수 있는지 확인하라.

3.5절에서는 정수의 2진법 표현과 비트 연산을 사용한 전체 탐색 알고리즘을 설계했습니다. 이번에는 재귀 함수를 사용하는 전체 탐색 알고리즘을 설계해 봅시다.

어떤 식으로 부분합 문제를 푸는 재귀적 알고리즘을 만들 수 있을지 대략적으로 이해하기 위해 우

선 다음 두 가지 경우를 나눠서 생각합니다.[3]

- a_{N-1}을 고르지 않을 때
- a_{N-1}을 고를 때

첫 번째 경우는 a_0, a_1, $\cdots$, a_{N-1}에서 a_{N-1}을 제외하고 남은 $N - 1$개 정수에서 몇 개를 골라 더한 합이 W가 될 수 있는가라는 부분 문제가 됩니다. 두 번째 경우도 마찬가지로 a_0, a_1, $\cdots$, a_{N-1}에서 a_{N-1}을 제외하고 남은 $N - 1$개 정수에서 몇 개를 골라 더한 합이 $W - a_{N-1}$이 될 수 있는지를 묻는 부분 문제가 됩니다. 정리하면 그림 4-4처럼,

- $N - 1$개의 정수 a_0, a_1, $\cdots$, a_{N-2}에서 W를 만들 수 있는지 여부
- $N - 1$개의 정수 a_0, a_1, $\cdots$, a_{N-2}에서 $W - a_{N-1}$을 만들 수 있는지 여부

둘로 나뉜 부분 문제에서 적어도 한쪽이 Yes라면 원래 문제의 답도 Yes이고, 둘 다 No라면 원래 문제의 답도 No가 됩니다.

▼ 그림 4-4 부분합 문제를 재귀적으로 풀기

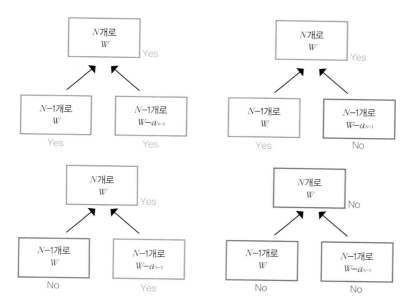

---

3 여기서는 a_{N-1}을 선택하는 경우와 그렇지 않은 경우를 나눠서 생각하는데, a_0 선택 여부로 나누는 게 자연스럽다고 생각할 수도 있습니다. 둘 다 답을 구할 수 있지만, 여기서는 5장에서 배울 동적 계획법과의 연관성을 의식하여 a_{N-1} 선택 여부를 사용합니다.

이렇게 하면 원래 문제는 N개의 정수 a_0, a_1, $\cdots$, a_{N-1}에 관한 문제에서 $N - 1$개의 정수 a_0, a_1, $\cdots$, a_{N-2}에 관한 두 가지 문제로 바뀝니다. 같은 방법으로 $N - 1$개의 정수에 관한 문제가 $N - 2$개의 정수에 관한 문제가 되고, 이건 다시 $N - 3$개의 정수에 관한 문제⋯ 이렇게 재귀적으로 반복됩니다.

예를 들어 $N = 4$, $a = (3, 2, 6, 5)$, $W = 14$라는 입력 데이터를 가지고 그림 4-5처럼 재귀적으로 풀 수 있습니다.

❤ 그림 4-5 부분합 문제를 재귀적으로 푸는 모습. 그림의 각 노드에서 두 숫자 중 위는 대상인 정수 개수를 뜻하고, 아래는 만들고 싶은 값을 뜻한다. 꼭대기의 원래 문제는 네 개의 정수를 가지고 14를 만들고 싶다는 것을 뜻하며, 그 문제는 다시 세 개의 정수를 가지고 14를 만들고 싶다는 부분 문제와 세 개의 정수를 가지고 9를 만들고 싶다는 부분 문제로 분해된다.

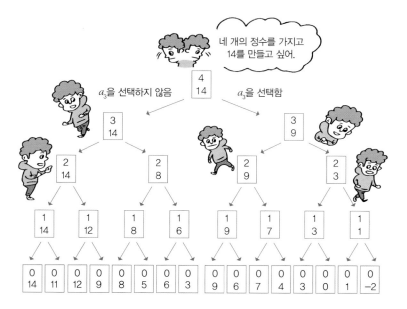

처음에는 네 개의 정수를 가지고 14를 만드는 문제가 세 개의 정수를 가지고 14 또는 9를 만드는 문제로 바뀝니다. 이건 다시 두 개의 정수를 가지고 14, 8, 9, 3 중에 하나를 만들고 싶다는 문제로 환원됩니다. 최종적으로 0개의 정수를 가지고 14, 11, 12, 9, 8, 5, 6, 3, 9, 6, 7, 4, 3, 0, 1, -2 중에 하나를 만들고 싶다는 문제에 도달합니다. 0개의 정수의 총합은 늘 0이므로 16개 정수 중에서 0이 포함되어 있으면 Yes가 되고, 그렇지 않으면 No가 됩니다. 이번에는 만들고 싶은 값에 0이 포함되어 있으므로 원래 문제의 답도 Yes입니다(그림 4-6).

❤️ 그림 4-6 부분합 문제의 베이스 케이스에서 답을 찾아 올라가는 모습. 구체적으로 a_3 선택, a_2 선택, a_1을 선택하지 않음, a_0 선택의 경로를 택하면, 선택한 정수 총합이 W가 되는 걸 알 수 있다.

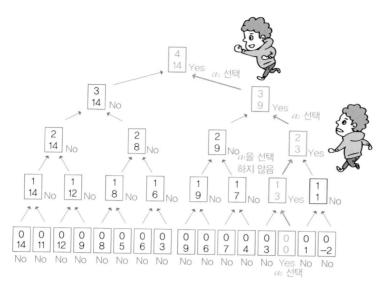

그러면 이제 부분합 문제를 해결하는 재귀적 알고리즘을 구현해 봅시다. 재귀 함수를 다음과 같이 정의합니다.

부분합 문제를 푸는 재귀 함수

`bool func(int i, int w)` ← a_0, a_1, $\cdots$, a_{N-1} 범위에서 최초 i개(a_0, a_1, $\cdots$, a_{i-1}) 중 몇 개를 골라 총합이 w가 되는지 여부를 불형으로 돌려주는 함수

이때 최종 답은 func(N, W)입니다. 일반적으로 func(i, w) 값은 func($i-1$, w) 또는 func($i-1$, $w-a_{i-1}$) 값이 true일 때 true가 됩니다. 마지막으로, 베이스 케이스로 func(0, w)가 호출되는 상태를 생각해 보면 이건 0개의 정수로 w가 만들어지는지 여부를 뜻하는 문제입니다. 0개의 정수 총합은 늘 0이므로 $w = 0$이라면 true를 돌려주고, 그 외에는 false를 돌려줍니다. 베이스 케이스가 호출되는 횟수는 최악의 경우 2^N회입니다. 이러한 베이스 케이스는 N개의 정수 a_0, a_1, $\cdots$, a_{N-1} 각각에 대해 선택과 비선택이라는 두 가지 경우를 반복하는 방법에 대응합니다. 그런 방법이 2^N가지 존재하므로 베이스 케이스도 최악의 경우 2^N가지가 됩니다.

위 내용을 정리하면 코드 4-9처럼 구현할 수 있습니다. 재귀 함수 func의 인수로 입력 배열 a를 전달합니다. 주의할 점은 다음과 같습니다. func(i, w) 처리에서 만약 func($i-1$, w) 값이 true라면 func($i-1$, $w-a_{i-1}$)을 조사할 필요 없이 func(i, w)가 true라는 것이 확정이므로 그 시

점에 true를 돌려줍니다(13번째 줄). 이 재귀적 알고리즘 복잡도는 $O(2^N)$입니다. 자세한 내용은 다음 절에서 설명하겠습니다.

코드 4-9 부분합 문제를 재귀 함수를 사용해서 전체 탐색으로 풀기

```cpp
1   #include <iostream>
2   #include <vector>
3   using namespace std;
4
5   bool func(int i, int w, const vector<int> &a) {
6       // 베이스 케이스
7       if (i == 0) {
8           if (w == 0) return true;
9           else return false;
10      }
11
12      // a[i - 1]을 선택하지 않음
13      if (func(i - 1, w, a)) return true;
14
15      // a[i - 1]을 선택
16      if (func(i - 1, w - a[i - 1], a)) return true;
17
18      // 둘 다 false라면 false
19      return false;
20  }
21
22  int main() {
23      // 입력
24      int N, W;
25      cin >> N >> W;
26      vector<int> a(N);
27      for (int i = 0; i < N; ++i) cin >> a[i];
28
29      // 재귀적으로 풀기
30      if (func(N, W, a)) cout << "Yes" << endl;
31      else cout << "No" << endl;
32  }
```

4.5.2 부분합 문제에 대한 재귀적 전체 탐색 복잡도(*)

코드 4-9의 복잡도를 분석해 봅시다. 최악의 경우로 답이 모두 No인 경우, 즉 2^N가지 선택지를 모두 조사해야 하는 경우를 생각합니다. 이때 재귀 호출하는 상태가 그림 4-5이므로 함수 func가 호출되는 횟수는 다음과 같습니다.

$$1 + 2 + 2^2 + \cdots + 2^N = 2^{N+1} - 1 = O(2^N)$$

또한, 함수 func(i, w) 처리를 주의해서 살펴보면 재귀 호출 부분을 제외한 부분의 복잡도는 상수로 볼 수 있습니다. 따라서 전체 복잡도는 $O(2^N)$입니다.

4.5.3 부분합 문제에 대한 메모이제이션(*)

이렇게 해서 부분합 문제를 푸는 재귀적 전체 탐색 알고리즘의 복잡도는 $O(2^N)$이라는 걸 알았습니다. 지수 시간이 필요하므로 효율적이라고 보기는 힘듭니다. 하지만 실제로는 4.4절에서 본 것처럼 메모이제이션을 사용하면 $O(NW)$ 복잡도로 개선할 수 있습니다. 연습 문제 4.6에서도 나오므로 이 부분을 꼭 생각해 보길 바랍니다. 이 방법도 동적 계획법이라는 방법을 재귀 함수를 사용해서 실현한 것이라고 볼 수 있습니다. 또한, 5.4절에서는 부분합 문제를 본질적으로 포함하는 냅색 문제를 동적 계획법에 따른 $O(NW)$ 복잡도의 알고리즘으로 살펴봅니다.

ALGORITHM & DATA STRUCTURES

4.6 분할 정복법

마지막으로, 재귀를 활용한 알고리즘 설계 기법으로 분할 정복법을 설명합니다. 우선 4.5절에서 다룬 부분합 문제에 재귀를 사용하는 해법을 복습해 보겠습니다. N개의 정수 $a_0, a_1, \ldots, a_{N-1}$에 대한 문제를 $N - 1$개 정수 $a_0, a_1, \ldots, a_{N-2}$에 관한 두 가지 부분 문제로 분해했습니다. 마찬가지로 $N - 1$개의 정수에 관한 문제를 $N - 2$개의 정수에 대한 부분 문제로 나누고, 이걸 다시 $N - 3$개의 정수에 대한 부분 문제로 만드는 과정을 재귀적으로 반복했습니다. 이와 같이 주어진 문제를 몇 가지 부분 문제로 분해한 후 각 부분 문제를 재귀적으로 풀고 그 답을 조합해 원래 문제의 답을 구성하는 알고리즘 기법을 통칭해서 **분할 정복법**(divide-and-conquer method)이라고 부릅니다.

분할 정복법은 무척 기초적인 개념으로 많은 상황에서 무의식적으로 사용하고 있습니다. 앞에서 본 부분합 문제를 재귀로 푸는 $O(2^N)$ 복잡도 알고리즘도 분할 정복법 적용 사례 중 하나입니다. 분할 정복법이 진가를 발휘하는 건 이미 다항식 시간이 걸리는 알고리즘을 구한 문제에 대해 좀 더 빠른 알고리즘을 설계하기 위해 의식적으로 분할 정복법을 사용할 때입니다. 그러한 예제로, 12.4절에서는 $O(N^2)$ 복잡도인 단순한 정렬 알고리즘을 분할 정복법을 바탕으로 좀 더 빠른 병합 정렬 알고리즘($O(N\log N)$ 복잡도)으로 설계합니다.

그리고 분할 정복법에 기반한 알고리즘 복잡도를 분석할 때는 종종 입력 크기 N에 관한 계산 시간 $T(N)$과 관련된 점화식을 생각해 봅니다. 이 복잡도 분석 방법론은 12.4.3절에서 설명합니다.

4.7 정리

재귀는 이후 대부분의 장에서 등장하는 중요한 내용이므로 잘 익혀두길 바랍니다.

4.4절은 피보나치 수열 제N항을 구하는 재귀적 알고리즘에 대해 메모이제이션을 사용해서 속도를 높였습니다. 이런 발상은 **동적 계획법**의 일종으로 볼 수 있습니다. 동적 계획법은 5장에서 자세히 설명합니다.

또한, 재귀 함수를 사용하는 본래 목적이던, 문제를 좀 더 작은 문제로 분할해서 푸는 사고방식에 기반한 프레임워크로 **분할 정복법**을 소개했습니다. 분할 정복법을 유용하게 적용한 예로 12장에서 병합 정렬 알고리즘을 설명하고 복잡도를 살펴보겠습니다.

4.8 연습 문제

4.1 트리보나치 수열은 다음과 같이 정의된 수열이다.

- $T_0 = 0$
- $T_1 = 0$

- $T_2 = 1$

- $T_N = T_{N-1} + T_{N-2} + T_{N-3}$ $(N = 3, 4, \cdots)$

0, 0, 1, 1, 2, 4, 7, 13, 24, 44, ...로 이어질 때 트리보나치 수열의 제N항 값을 구하는 재귀 함수를 설계하라. (난이도 ★)

4.2 연습 문제 4.1에서 설계한 재귀 함수에 대해 메모이제이션을 사용해서 효율을 개선하라. 그리고 메모이제이션 실시 후의 복잡도를 평가하라. (난이도 ★★)

4.3 피보나치 수열의 일반항이 $F_N = \dfrac{1}{\sqrt{5}}\left(\left(\dfrac{1+\sqrt{5}}{2}\right)^N - \left(\dfrac{1-\sqrt{5}}{2}\right)^N\right)$인 것을 증명하라. (난이도 ★★★)

4.4 코드 4-5의 알고리즘 복잡도가 $O\left(\left(\dfrac{1+\sqrt{5}}{2}\right)^N\right)$인 것을 증명하라. (난이도 ★★★)

4.5 10진수 표기로 각 자리 수가 7, 5, 3 중 하나이고 7, 5, 3이 모두 한 번은 등장하는 정수를 '753수'라고 부르기로 하자. 양의 정수 K가 주어졌을 때 K 이하의 753수가 몇 개 존재하는지 구하는 알고리즘을 설계하라. 단, K의 자릿수를 d라고 할 때 $O(3^d)$ 복잡도가 허용 범위다.
(출처: AtCoder Beginner Contest 114 C-755, 난이도 ★★★)

4.6 부분합 문제에서 재귀 함수를 사용한 복잡도 $O(2^N)$의 코드 4-9에 대해 메모이제이션을 사용하여 $O(NW)$ 복잡도로 개선하라. (난이도 ★★★, 5장에서 설명하는 동적 계획법과 연결됨)

memo

5^장

설계 기법(3):
동적 계획법

드디어 이 책 전반부의 핵심인 동적 계획법입니다. 동적 계획법은 범용성이 무척 높아서 컴퓨터 과학의 중요한 문제부터 실제 다양한 현장에서 필요한 최적화 문제까지 광범위하게 응용할 수 있습니다. 동적 계획법은 해법 패턴이 수없이 많고, 특별한 기법도 많이 알려져 있습니다. 하지만 하나하나 구조를 풀어 보면 의외로 몇 가지 정형적인 패턴이 존재하는 걸 알 수 있습니다. 이 장에서는 말보다 행동으로 동적 계획법 세계에 발을 디뎌 봅시다.

5.1 동적 계획법이란?

4.4절과 4.5.3절에서는 재귀 함수를 사용한 알고리즘에 메모이제이션을 사용하여 효율을 개선했습니다. 이건 **동적 계획법**(dynamic programming, DP)을 재귀 함수를 사용해 실현했다고 할 수 있습니다. 하지만 재귀 함수를 사용한 방법 이외에도 다양한 동적 계획법 실현 방법이 있습니다.

이처럼 동적 계획법은 시점에 따라 견해가 다양해서 '동적 계획법이란 이것이다'라고 한마디로 설명하기 어렵습니다. 조금 추상적으로 정리해 보면, 주어진 문제 전체를 일련의 부분 문제로 잘 분해해 각 부분 문제의 답을 메모이제이션하면서 작은 부분 문제에서 큰 부분 문제로 순서대로 답을 구하는 방법입니다. 이때 생각해 볼 수 있는 무수히 많은 상태를 얼마나 잘 정리해 부분 문제로 구성하는지가 관건입니다.

예를 들어 4.5절에서 다룬 부분합 문제를 생각해 봅시다. 4.5절에서는 N개의 정수 a_0, a_1, ..., a_{N-1}에 관한 문제를 최초의 i개 정수 a_0, a_1, ..., a_{i-1}에 대한 부분 문제로 바꿔서, 그 부분 문제를 푸는 재귀 함수 $func(i, w)(w = 0, 1, ..., W)$를 정의하고 그에 대한 답을 $func(i - 1, w)(w = 0, 1, ..., W)$를 사용해 나타냈습니다. 그렇게 해서 $i = 0, 1, ..., N$ 순서로 답을 구성할 수 있었습니다.[1] 이 일련의 흐름이 바로 동적 계획법 사고방식인데, 다른 문제에 어떻게 적용해야 할지 구체적인 이미지가 떠오르지 않을 수 있으니 이 장에서는 다양한 예제 문제를 통해 동적 계획법에 대한 다양한 사고방식을 유기적으로 연결해 보겠습니다.

동적 계획법을 사용해서 효율적으로 풀 수 있는 문제는 다음과 같이 많습니다. 분야를 넘나들며 다양하게 적용할 수 있다는 점이 큰 특징입니다. 실제 문제를 해결하는 실전 알고리즘 설계 능력을 단련하는 것이 이 책의 핵심 목표입니다.

---

1   고등학교 수학에서 배우는 점화식이나 수학적 귀납법을 떠올리면 됩니다.

- 냅색 문제

- 스케줄링 문제

- 발전 계획 문제

- 편집 거리(diff 명령어)

- 음성 인식 패턴 매칭 문제

- 문장 띄어쓰기

- 은닉 마르코프 모델

해결 가능한 문제의 폭이 넓은 대신, 방법을 적용하는 패턴이 다양해서 습득하기 어렵다는 문제도 있습니다. 하지만 동적 계획법이 일련의 부분 문제로 분해하는 방법이란 점에 주목하면 알려진 패턴은 그다지 많지 않습니다. 연습을 충실히 거듭하면 몇몇 패턴을 의식하기만 해도 많은 문제를 해결할 수 있을 것입니다.

5.2 동적 계획법 예제

처음에는 간단한 예제로 동적 계획법의 여러 개념을 정리해 봅시다. 출처는 AtCoder Educational DP Contest의 A 문제(Frog 1)입니다.

AtCoder Educational DP Contest A – Frog 1

그림 5-1처럼 N개의 발판이 있을 때 $i(= 0, 1, ..., N - 1)$번째 발판 높이가 b_i라고 하자. 처음 0번째 발판에 개구리가 있고, 다음과 같은 행동을 반복해서 $N - 1$번째 발판으로 이동하려고 한다.

- 발판 i에서 발판 $i + 1$로 이동(비용은 $|b_i - b_{i+1}|$)
- 발판 i에서 발판 $i + 2$로 이동(비용은 $|b_i - b_{i+2}|$)

개구리가 $N - 1$번째 발판에 도착할 때까지 필요한 비용 총합의 최솟값을 구하라.

개구리는 각 단계에서 '바로 옆 발판으로 이동', '한 개 건너뛴 발판으로 이동'이라는 두 가지 선택지 중 하나를 골라서 이동합니다.

구체적으로 $N = 7$이고 높이가 $h = (2, 9, 4, 5, 1, 6, 10)$인 상황을 생각해 봅시다. 여기서 발판을 이동한다는 문제의 특수한 상황을 추상화해서 순수한 수학적 문제로 바꿔 봅시다. 그림 5-2처럼 발판을 동그라미로 표시하고 발판 사이 이동을 화살표로 나타냅니다. 화살표는 발판 사이 이동에 필요한 비용을 가중치로 표기합니다. 예를 들어 $N = 7$, $h = (2, 9, 4, 5, 1, 6, 10)$일 때 발판 0에서 발판 1로 이동하는 비용은 $|2 - 9| = 7$이고, 발판 0에서 발판 2로 이동하는 비용은 $|2 - 4| = 2$입니다.

▼ 그림 5-2 개구리 문제를 나타낸 그래프

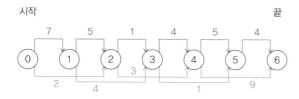

이렇게 추상화한 관계성을 동그라미와 화살표로 표시하면 그것이 바로 **그래프**입니다. 동그라미를 **꼭짓점**이라 부르고 화살표를 **변**이라 부릅니다. 그래프는 10장과 13장 이후에 자세히 설명합니다. 그래프 용어로 표현하면 $N = 7$, $h = (2, 9, 4, 5, 1, 6, 10)$일 때 개구리 문제는 다음과 같이 바꿔 쓸 수 있습니다.

> 개구리 문제를 그래프 문제로 바꿔 보기
>
> 그림 5-2 그래프에서 꼭짓점 0에서 꼭짓점 6까지 변을 따라 이동하는 방법 중 이동한 변의 가중치 합이 최소가 되는 값을 구하라.

이렇게 풀고 싶은 문제를 그래프 문제로 공식화해서 바꿔 쓰면 어떤 내용인지 바로 파악이 됩니다. 그러면 개구리가 꼭짓점 0, 1, 2, 3, ..., 6에 도달할 때까지 최소 비용을 각각 순서대로 구해 봅시다. 최종적으로 꼭짓점 6에 도착할 때까지의 최소 비용을 구하고 싶지만, 갑자기 꼭짓점 6에 가는 방법을 떠올리긴 힘듭니다. 그러므로 꼭짓점 0, 1, 2, ...에 가는 최소 비용을 순서대로 생각해 봅시다. 우선 꼭짓점 0은 출발 지점이므로 비용은 0입니다. 따라서 dp[0] = 0입니다.

▼ 그림 5-3 DP 초기 조건

dp 값	0						

다음으로 꼭짓점 1에 도착하는 최소 비용을 생각해 봅시다. 꼭짓점 1에 도착하는 방법은 그림 5-4에 나온 것처럼 꼭짓점 0에서 가는 방법밖에 없습니다. 그 비용은 0 + 7 = 7이고, 따라서 dp[1] = 7입니다.

▼ 그림 5-4 꼭짓점 1에 도착하는 최소 비용

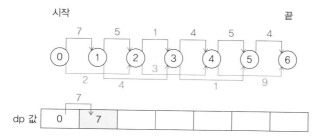

다음은 꼭짓점 2에 도착하는 최소 비용입니다. 꼭짓점 2에 도착 가능하기 직전 상태를 살펴보면 다음 두 패턴이 있습니다.

- 꼭짓점 1에서 우측에 있는 꼭짓점 2로 이동하는 방법
- 꼭짓점 0에서 하나 건너뛰어서 꼭짓점 2로 이동하는 방법

첫 번째 방법을 사용하면 최소 비용은 dp[1] + 5 = 12입니다. 두 번째 방법을 사용하면 최소 비용은 dp[0] + 2 = 2입니다. 두 번째 방법이 비용이 더 작으므로 dp[2] = 2(그림 5-5)입니다.

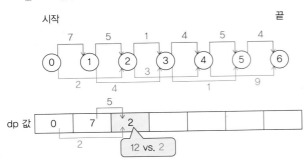

다음으로 꼭짓점 3에 도착하는 최소 비용을 생각해 봅시다. 역시 직전 상태를 나눠 보면 다음 두 패턴이 있습니다.

- 꼭짓점 2에서 우측 꼭짓점 3으로 이동하는 방법
- 꼭짓점 1에서 하나 건너뛰어 꼭짓점 3으로 이동하는 방법

첫 번째 방법의 최소 비용은 dp[2] + 1 = 3, 두 번째 방법의 최소 비용은 dp[1] + 4 = 11입니다. 이 중 두 번째가 작으므로 dp[3] = 3입니다.

같은 방법으로 꼭짓점 4, 5, 6도 순서대로 실시하면 dp[4] = 5, dp[5] = 4가 되어서 최종적으로 dp[6] = 8이 되는 걸 알 수 있습니다(그림 5-6).

▼ 그림 5-6 꼭짓점 3, 4, 5, 6에 도착하는 최소 비용

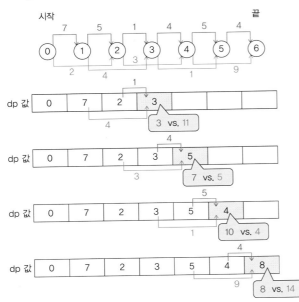

지금까지 본 처리 과정은 코드 5-1과 같이 구현합니다. 각 꼭짓점에 대해 상수 시간에 처리를 실시하므로 복잡도는 $O(N)$입니다.

코드 5-1 개구리 문제를 동적 계획법으로 풀기

```cpp
#include <iostream>
#include <vector>
using namespace std;
const long long INF = 1LL << 60; // 충분히 큰 값을 설정(여기서는 2^60)

int main() {
    // 입력
    int N; cin >> N;
    vector<long long> h(N);
    for (int i = 0; i < N; ++i) cin >> h[i];

    // 배열 dp를 정의(배열 전체를 무한대를 의미하는 값으로 초기화)
    vector<long long> dp(N, INF);

    // 초기 조건
    dp[0] = 0;

    // 반복
    for (int i = 1; i < N; ++i) {
        if (i == 1) dp[i] = abs(h[i] - h[i - 1]);
        else dp[i] = min(dp[i - 1] + abs(h[i] - h[i - 1]),
                    dp[i - 2] + abs(h[i] - h[i - 2]));
    }

    // 답
    cout << dp[N - 1] << endl;
}
```

지금까지 본 흐름에서 중요한 부분을 정리해 봅시다. 이번에는 꼭짓점 i에 도달하는 최소 비용을 구하는 큰 문제를,

- 꼭짓점 $i - 1$에 도달하는 최소 비용을 구한다(꼭짓점 $i - 1$에서 i로 이동하는 경우)
- 꼭짓점 $i - 2$에 도달하는 최소 비용을 구한다(꼭짓점 $i - 2$에서 i로 이동하는 경우)

이런 작은 부분 문제 두 개로 분해했습니다. 첫 번째 최소 비용을 구하는 과정은 $dp[i - 1]$이라는 값에 집약되고, 두 번째 최소 비용을 구하는 과정은 $dp[i - 2]$라는 값에 집약됩니다. 이때 예를

들어 첫 번째 과정에서 꼭짓점 $i-1$에 도달하는 방법이 수없이 많더라도 그중에서 비용이 최소인 경로만 신경 쓰면 된다는 점이 핵심입니다. 즉, 만약 꼭짓점 i에 도달하는 최소 비용 경로 P가 존재하고 P 직전의 이동이 꼭짓점 $i-1$에서 꼭짓점 i로 이동하는 것이라면 경로 P에서 꼭짓점 $i-1$까지의 부분도 최소 비용 경로여야 합니다. 이렇듯 원래 문제가 최적의 답이라면 작은 부분 문제도 마찬가지로 최적이 되는 구조를 **최적 하위 구조** 또는 **최적 부분 구조**(optimal substructure)라고 부릅니다. 이런 구조를 이용해서 각 부분 문제에 대한 최적값을 순서대로 결정하는 방법이 **동적 계획법**입니다. 최적 부분 구조란 합칠 수 있는 처리를 합쳐서 중복 계산을 피해 속도를 높이는 동적 계획법 사고방식을 표현한 것이라고 할 수 있습니다.

5.3 동적 계획법 관련 개념도

다음으로 동적 계획법과 관련된 여러 개념을 정리해 봅시다.

5.3.1 완화

우선 동적 계획법의 핵심 개념인 **완화**(relaxation)(이완)를 소개합니다. 완화의 의미는 14장에서 다시 자세히 설명하므로, 이 장에서는 배열 dp에서 각 값이 점점 작아지는 값으로 갱신되어 가는 분위기만 파악하면 충분합니다.

동적 계획법을 구현한 코드 5-1에서 꼭짓점 3과 관련된 dp 값을 갱신하는 모습을 자세히 살펴보면 다음과 같습니다(그림 5-7).

▼ 그림 5-7 꼭짓점 3 관련 갱신 상태 살펴보기

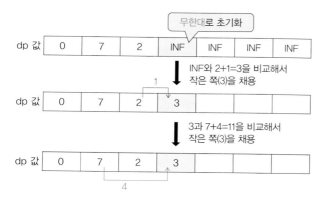

- dp[3] 값을 INF(무한대)로 초기화

- 꼭짓점 2에서 이동한 경우의 비용 dp[2] + 1(= 3)을 dp[3](= 무한대)과 비교하면 dp[2] + 1(= 3)이 작으므로 dp[3] 값을 무한대에서 3으로 교체

- 꼭짓점 1에서 이동한 경우의 비용 dp[1] + 4(= 11)를 dp[3](= 3)과 비교하면 dp[3](= 3)이 작으므로 dp[3] 값은 그대로 3

비유하자면 dp[3] 자리에는 '현시점에 알고 있는 가장 작은 값'이라는 챔피언이 존재하고, dp[2] + 1이나 dp[1] + 4 같은 도전자가 차례로 나타나는 상황입니다. 도전자가 챔피언보다 작은 값이면 dp[3] 값은 도전자의 값으로 교체됩니다.

이런 처리를 구현할 때는 코드 5-2처럼 함수 chmin을 사용합니다.[2] 함수의 제1인수 a는 챔피언에 해당하는 값이고 제2인수는 도전자를 가리킵니다. a나 b는 정수형이나 부동소수점형 같은 다양한 자료형을 지정할 수 있도록 **템플릿 함수**(template function)로 만듭니다.

코드 5-2 완화 처리를 구현하는 함수 chmin

```
template<class T> void chmin(T& a, T b) {
    if (a > b) {
        a = b;
    }
}
```

---

2   chmin은 choose minimum의 약어입니다.

함수 chmin을 사용하면 앞서 dp[3] 값을 갱신하는 처리는,

- dp[3] ← 무한대로 초기화
- chmin(dp[3], dp[2] + 1)
- chmin(dp[3], dp[1] + 4)

이렇게 간결하게 작성할 수 있습니다. 일반적으로 그래프에서 꼭짓점 u에서 꼭짓점 v로 전이하는 변이 있고 그 전이 비용이 c일 때,

$$\mathrm{chmin}(\mathrm{dp}[v], \mathrm{dp}[u] + c)$$

이러한 처리를 그 변에 대한 **완화**라고 합니다. chmin 함수의 제1인수를 **참조형**으로 사용하므로 주의하길 바랍니다. 그러면 chmin(dp[v], dp[u] + c)를 실행할 때 갱신 시에는 dp[v] 값이 변하는 걸 알 수 있습니다.[3]

이제 개구리 문제를 '완화'를 의식한 동적 계획법으로 구현하면 코드 5-3처럼 됩니다.[4] 각 항목에 상수 시간 처리를 실시하므로 복잡도는 $O(N)$이 됩니다.

코드 5-3 개구리 문제를 완화를 의식한 동적 계획법으로 풀기

```cpp
#include <iostream>
#include <vector>
using namespace std;

template<class T> void chmin(T& a, T b) {
    if (a > b) {
        a = b;
    }
}

const long long INF = 1LL << 60; // 충분히 큰 값(여기서는 2^60)

int main() {
    // 입력
    int N; cin >> N;
    vector<long long> h(N);
```

---

3 참조가 무엇인지 잘 모르는 분은 AtCoder Programming Guide for beginners(APG4b) 참조 항목(일본어)을 읽어 보길 바랍니다 (https://atcoder.jp/contests/APG4b).

4 29번째 줄 if(i > 1)은 배열 dp에서 배열 범위 밖을 참조하지 않도록 방어하는 코드입니다. i = 1이면 dp[i-2]에서 인덱스 값이 −1이 되므로 주의해야 합니다.

```
17        for (int i = 0; i < N; ++i) cin >> h[i];
18
19        // 초기화(최소화 문제이므로 무한대로 초기화)
20        vector<long long> dp(N, INF);
21
22        // 초기 조건
23        dp[0] = 0;
24
25        // 반복
26        for (int i = 1; i < N; ++i) {
27            chmin(dp[i], dp[i - 1] + abs(h[i] - h[i - 1]));
28            if (i > 1) {
29                chmin(dp[i], dp[i - 2] + abs(h[i] - h[i - 2]));
30            }
31        }
32
33        // 답
34        cout << dp[N - 1] << endl;
35    }
```

5.3.2 끌기 전이 형식과 밀기 전이 형식

또 다른 풀이 방법으로 동적 계획법의 완화 방법을 조금 바꿔서 구현해 봅시다. 지금까지의 완화 처리는 그림 5-8의 왼쪽 그림처럼 꼭짓점 i를 향해 다가가는 전이 형식(pull-based)(끌기 전이 형식)을 다뤘습니다. 이에 비해 그림 5-8의 오른쪽 그림처럼 꼭짓점 i에서 뻗어가는 전이 형식(push-based)(밀기 전이 형식)도 생각해 볼 수 있습니다.

▼ 그림 5-8 끌기 전이 형식과 밀기 전이 형식

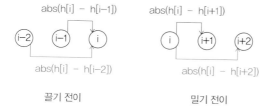

끌기 전이 형식은 $dp[i - 2]$나 $dp[i - 1]$ 값이 확정일 때 $dp[i]$ 값을 갱신하는 방법이지만, 밀기 전이 형식은 $dp[i]$ 값이 확정일 때 그 값을 이용해서 $dp[i + 1]$이나 $dp[i + 2]$ 값을 갱신하는 방

법입니다. 밀기 전이 형식을 사용한 동적 계획법을 구현한 것이 코드 5-4입니다. 복잡도는 끌기 전이 형식과 마찬가지로 $O(N)$입니다.

코드 5-4 개구리 문제를 밀기 전이 형식으로 풀기

```cpp
#include <iostream>
#include <vector>
using namespace std;

template<class T> void chmin(T& a, T b) {
    if (a > b) {
        a = b;
    }
}

const long long INF = 1LL << 60; // 충분히 큰 값(여기서는 2^60)

int main() {
    // 입력
    int N; cin >> N;
    vector<long long> h(N);
    for (int i = 0; i < N; ++i) cin >> h[i];

    // 초기화(최소화 문제이므로 무한대로 초기화)
    vector<long long> dp(N, INF);

    // 초기 조건
    dp[0] = 0;

    // 반복
    for (int i = 0; i < N; ++i) {
        if (i + 1 < N) {
            chmin(dp[i + 1], dp[i] + abs(h[i] - h[i + 1]));
        }
        if (i + 2 < N) {
            chmin(dp[i + 2], dp[i] + abs(h[i] - h[i + 2]));
        }
    }

    // 답
    cout << dp[N - 1] << endl;
}
```

5.3.3 끌기 전이 형식과 밀기 전이 형식 비교

끌기 전이 형식과 밀기 전이 형식 양쪽을 모두 살펴봤습니다. 둘 다 그림 5-2처럼 그래프의 모든 변에 대해 완화 처리를 1회씩 실시합니다. 끌기 전이 형식과 밀기 전이 형식은 완화할 변 순서만 다릅니다. 두 형식에 있어서 중요한 건 다음 내용입니다.

> **완화 처리 순서 포인트**
>
> 꼭짓점 u에서 꼭짓점 v로 전이하는 변에 관한 완화 처리가 성립하려면 dp[u] 값이 확정이어야 한다.

14장에서는 좀 더 일반적인 그래프와 관련된 최단 경로 문제를 다룹니다. 거기서 설명하는 벨만-포드 알고리즘이나 다익스트라 알고리즘(Dijkstra algorithm)은 이런 전제 조건을 얼마만큼 만족하는 상태로 만들 수 있는지가 포인트입니다.

5.3.4 전체 탐색 메모이제이션을 이용한 동적 계획법

개구리 문제를 푸는 또 다른 방법을 설명합니다. 동적 계획법은 가끔 단순한 전체 탐색 알고리즘을 설계할 때 지수 시간 복잡도인 듯한 문제에 대해서도 다항식 시간 복잡도인 알고리즘을 유도할 수 있는 강력한 도구입니다. 실제로 개구리 문제에서도 그림 5-2와 같은 그래프가 있을 때 꼭짓점 0에서 꼭짓점 $N-1$에 도착하는 경로의 개수는 지수 오더입니다.[5] 그러면 이런 경로를 모두 전체 탐색하는 방법으로 개구리 문제를 풀어 봅시다. 4장에서 설명한 재귀 함수를 사용해 코드 5-5처럼 구현할 수 있습니다.[6]

코드 5-5 개구리 문제에 재귀 함수를 사용한 단순한 전체 탐색

```
// rec(i): 발판 0에서 발판 i까지 가는 최소 비용
long long rec(int i) {
    // 발판 0의 비용은 0
    if (i == 0) return 0;

    // 답을 저장할 변수를 INF로 초기화
```

---

5 대략적으로 해석하면, 단계마다 두 가지 선택지가 존재하므로 전체적으로 2^N가지 정도의 경로가 있을 것입니다. 좀 더 제대로 해석하면, 피보나치 수열 일반항을 구하는 문제가 되어서 $O\left(\left(\frac{1+\sqrt{5}}{2}\right)^N\right)$가지가 존재합니다.

6 재귀 함수명에 사용한 rec는 recursive function의 약어입니다.

```
    long long res = INF;

    // 꼭짓점 i-1에서 온 경우
    chmin(res, rec(i - 1) + abs(h[i] - h[i - 1]));

    // 꼭짓점 i-2에서 온 경우
    if (i > 1) chmin(res, rec(i - 2) + abs(h[i] - h[i - 2]));

    // 답을 반환
    return res;
}
```

이 재귀 함수를 사용해서 rec(N - 1)을 호출하면 최소 비용을 구할 수 있습니다. 하지만 이대로라면 지수 시간 알고리즘이므로 엄청난 계산 시간이 필요합니다. 이렇게 되는 원인은 4.4절에서 본 피보나치 수열을 구하는 재귀 함수처럼 같은 계산을 계속 반복해 발생하는 낭비 때문입니다(그림 5-9).

❤ 그림 5-9 피보나치 수열을 구하는 재귀 함수의 낭비

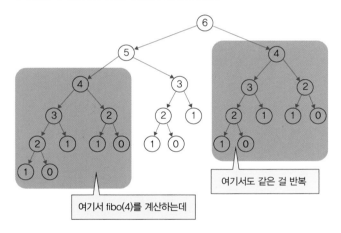

이런 문제를 해결하는 방법도 4.4절에서 이미 설명했습니다. 다음과 같이 메모이제이션하는 방법이 유효합니다.

재귀 함수 메모이제이션

rec(i)가 한 번 호출되어서 답을 알고 있다면 그 시점에 답을 메모이제이션한다.

그리고 이런 메모이제이션에 기반한 재귀를 **메모이제이션 재귀**라고 부릅니다. 메모이제이션 재귀를 사용하면 개구리 문제는 코드 5-6처럼 풀 수 있습니다. 여기서 메모이제이션을 사용한 배열명을 dp라고 합시다. 또한, 복잡도는 끌기 전이 형식과 밀기 전이 형식이 $O(N)$으로 같습니다.

코드 5-6 개구리 문제를 메모이제이션 재귀로 풀기

```cpp
#include <iostream>
#include <vector>
using namespace std;

template<class T> void chmin(T& a, T b) {
    if (a > b) {
        a = b;
    }
}

const long long INF = 1LL << 60; // 충분히 큰 값(여기서는 2^60)

// 입력 데이터와 메모용 DP 테이블
int N;
vector<long long> h;
vector<long long> dp;

long long rec(int i) {
    // DP 값이 갱신되어 있으면 그대로 반환
    if (dp[i] < INF) return dp[i];

    // 베이스 케이스: 발판 0의 비용은 0
    if (i == 0) return 0;

    // 답을 나타내는 변수를 INF로 초기화
    long long res = INF;

    // 발판 i-1에서 온 경우
    chmin(res, rec(i - 1) + abs(h[i] - h[i - 1]));

    // 발판 i-2에서 온 경우
    if (i > 1) {
        chmin(res, rec(i - 2) + abs(h[i] - h[i - 2]));
    }

    // 결과를 메모하고 반환
    return dp[i] = res;
```

```
    }

int main() {
    // 입력
    cin >> N;
    h.resize(N);
    for (int i = 0; i < N; ++i) cin >> h[i];

    // 초기화(최소화 문제이므로 INF로 초기화)
    dp.assign(N, INF);

    // 답
    cout << rec(N - 1) << endl;
}
```

코드 5-6의 재귀 함수 rec 안에서 재귀 호출하는 부분을 살펴보겠습니다.

- chmin(res, rec(i - 1) + abs(h[i] - h[i - 1]));
- chmin(res, rec(i - 2) + abs(h[i] - h[i - 2]));

이를 코드 5-3에서 본 동적 계획법(끝기 전이 형식 버전)의 완화 처리와 비교해 봅시다. 변수 res를 dp[i]로 바꾸고 rec(i - 1), rec(i - 2)를 각각 dp[i - 1], dp[i - 2]로 바꾸면 사실 완전히 같은 완화 처리라는 걸 알 수 있습니다. 즉, 메모이제이션 재귀는 동적 계획법을 재귀 함수를 사용해서 실현한 것이라고 봐도 무방합니다.

메모이제이션 재귀에서 메모용으로 사용한 배열 dp가 어떤 의미인지 다시 생각해 봅시다. 배열 dp는 재귀 함수로 전체 탐색을 해서 얻은 결과를 메모이제이션한 것입니다. 즉, dp[i] 값에는 발판 0에서 발판 i까지의 탐색 결과가 농축되어 있습니다. 따라서 탐색 과정 중에 합칠 수 있는 건 합쳐서 같은 계산을 반복하지 않도록 하여 성능을 상당히 개선할 수 있습니다. 이렇게 탐색 과정을 합친다는 사고방식이 동적 계획법 그 자체입니다.

5.4 동적 계획법 예제(1): 냅색 문제

지금부터는 동적 계획법을 배울 때 반드시 등장하는 **냅색**(knapsack) **문제**를 살펴보겠습니다. 참고로 냅색 문제를 실제로 푸는 방법에는 동적 계획법만 있는 게 아니라 다양한 선택지가 있다는 점을 유의해야 합니다. 예를 들어 18장에서는 냅색 문제를 분기 한정법에 따른 방법과 탐욕법을 사용한 근사 해법으로도 다룹니다.

냅색 문제는 3.5절(조합 전체 탐색)이나 4.5절(재귀 함수를 사용하는 전체 탐색과 메모이제이션)에서 반복해 설명했던 부분합 문제와 무척 닮았습니다.

> **냅색 문제**
>
> N개의 물건이 있을 때 $i(= 0, 1, ..., N - 1)$번째 물건 무게는 weight$_i$, 가격은 value$_i$라고 하자.
>
> N개의 물건에서 무게의 총합이 W를 넘지 않도록 몇 가지 물건을 선택할 때 고른 물건의 가격 총합이 가지는 최댓값을 구하라(단, W와 weight$_i$는 0 이상의 정수).

동적 계획법으로 해결 가능한 문제 중 많은 문제가 다음 내용에 주의하면서 부분 문제를 구성하면 부분 문제 사이의 전이 관계를 고찰해서 답을 찾을 수 있습니다. 이런 패턴은 4.5절에서 설명한 재귀 함수를 사용한 전체 탐색에서도 찾아볼 수 있습니다.

> **동적 계획법 부분 문제를 만드는 기본 패턴**
>
> N개의 대상물 $\{0, 1, ..., N - 1\}$과 관련된 문제에 있어, 최초 i개의 대상물 $\{0, 1, ..., i - 1\}$과 관련된 문제는 N개를 대상으로 한 문제의 부분 문제라고 볼 수 있다.

앞서 개구리 문제도 N개의 발판 문제에서 처음 i개의 발판을 대상으로 하는 부분 문제로 생각해서 풀었습니다. 그리고 개구리 문제에서는 각 발판에 개구리가 있을 때 '한 개 앞 발판으로 이동' 또는 '두 개 앞 발판으로 이동'이라는 두 가지 선택지가 있었습니다. 이번 냅색 문제도 0, 1, ..., i - 1번째 물건에서 몇 개를 고른 후 i번째 물건을 고르거나 고르지 않는 두 가지 선택지가 있습니다. 이렇게 단계마다 몇 가지 선택지가 존재하는 상황은 동적 계획법을 유효하게 적용할 수 있는 상태입니다. 우선 시험 삼아 동적 계획법의 부분 문제를 다음과 같이 정의해 봅시다.

$$\text{dp}[i] \leftarrow \text{최초 } i\text{개의 물건 } \{0, 1, ..., i - 1\} \text{ 중에서}$$
$$\text{무게가 } W\text{를 넘지 않도록 고른 가격 총합의 최댓값}$$

하지만 이 내용뿐이라면 부분 문제 사이의 전이를 만들 수 없어서 풀이가 막힙니다. $\text{dp}[i]$에서

dp[i + 1]로 전이할 때 물건 i의 선택 여부는 확인 가능해도 물건 i를 추가했을 때 무게 합계가 W를 넘을지 여부는 알 수 없습니다. 따라서 동적 계획법의 부분 문제(테이블) 정의를 다음과 같이 변경합니다.

냅색 문제에 대한 동적 계획법

dp[i][w] ← 최초 i개의 물건 $\{0, 1, ..., i - 1\}$ 중에서 무게가 w를 넘지 않도록 고른 가격 총합의 최댓값

지금 본 것처럼, 일단 만들어 본 테이블 설계로 전이가 제대로 되지 않을 것 같으면 점점 인덱스를 추가해서 전이가 성립하도록 하는 작업을 반복합니다. 인덱스를 추가하는 작업은 선택지가 점점 꼼꼼해지는 정도에 비례합니다. 원래 동적 계획법은 가능한 경우의 수를 그룹별로 합치는 기법입니다. 그룹 개수와 그룹 사이의 전이 개수가 최종적인 복잡도가 됩니다. 따라서 가능한 한 큰 단위로 그룹별로 합치고 싶지만, 그렇다고 해서 너무 크게 잡으면 전이가 만들어지지 않는 경향이 있습니다. 그룹 사이의 전이에 문제가 없으면서도 지나치게 세밀하지 않은, 아슬아슬한 그룹 크기를 파악하는 것이 동적 계획법의 묘미입니다. 냅색 문제는 원래라면 전부 $O(2^N)$가지의 선택지가 존재하는데, 이걸 $O(NW)$개 그룹으로 합칠 수 있습니다.

이제 드디어 냅색 문제를 푸는 동적 계획법의 세부 내용을 살펴볼 차례입니다. 우선 초기 조건은 물건이 전혀 없는 상태라서 무게도 가격도 0입니다.

$$\text{dp}[0][w] = 0 \ (w = 0, 1, ..., W)$$

그리고 dp[i][w](w = 0, 1, ..., W) 값을 구한 상태에서 dp[i + 1][w](w = 0, 1, ..., W)를 구하는 걸 생각해 봅시다. 경우를 나눠서 생각하는데, 5.3.1절에서는 함수 chmin을 정의했지만 냅색 문제는 최대화 문제이므로 대소 관계를 바꾼 chmax 함수를 사용합니다.

i번째 물건을 골랐을 때:

고른 후에 (i + 1, w) 상태가 된다면 고르기 전에는 (i, w − weight[i]) 상태이고 그 상태에 가격 value[i]를 더하므로 다음과 같습니다(단, w − weight[i] <= 0인 경우만).

```
chmax(dp[i+1][w], dp[i][w-weight[i]] + value[i])
```

i번째 물건을 고르지 않았을 때:

고르지 않으면 무게도 가격도 변하지 않으므로 다음과 같습니다.

$$chmax(dp[i+1][w], dp[i][w])$$

이런 전이를 순서대로 완화하면서 배열 dp 각 칸에 들어갈 값을 순서대로 구합니다. 구현하면 코드 5-7처럼 됩니다. 구체적인 예를 들어 보면, 물건이 여섯 개고 (weight, value)={(2, 3), (1, 2), (3, 6), (2, 1), (1, 3), (5, 85)}인 경우의 완화 상태가 그림 5-10입니다. 예를 들어 다음과 같은 상황이라고 할 수 있습니다.

- 그림 5-10 빨간 칸은 해당 물건을 선택한 쪽이 가격이 높음
- 그림 5-10 파란 칸은 해당 물건을 선택하지 않은 쪽이 가격이 높음

마지막으로 알고리즘 복잡도를 구합시다. 부분 문제가 $O(NW)$개 존재하고 각각 부분 문제에 관한 완화 처리는 $O(1)$로 실시할 수 있으므로 전체는 $O(NW)$입니다.

▼ 그림 5-10 냅색 문제에 대한 동적 계획법 테이블 갱신 상황

i/w	0	1	2	3	4	5	6	7	8	9	10	11	12	13	14	15
0	0	0	0	0	0	0	0	0	0	0	0	0	0	0	0	0
1	0	0	3	3	3	3	3	3	3	3	3	3	3	3	3	3
2	0	2	3	5	5	5	5	5	5	5	5	5	5	5	5	5
3	0	2	3	6	8	9	11	11	11	11	11	11	11	11	11	11
4	0	2	3	6	8	9	11	11	12	12	12	12	12	12	12	12
5	0	3	5	6	9	11	12	14	14	15	15	15	15	15	15	15
6	0	3	5	6	9	85	88	90	91	94	96	97	99	99	100	100

코드 5-7 냅색 문제에 대한 동적 계획법

```cpp
#include <iostream>
#include <vector>
using namespace std;

template<class T> void chmax(T& a, T b) {
    if (a < b) {
        a = b;
    }
}

int main() {
    // 입력
```

```cpp
    int N;
    long long W;
    cin >> N >> W;
    vector<long long> weight(N), value(N);
    for (int i = 0; i < N; ++i) cin >> weight[i] >> value[i];

    // DP 테이블 정의
    vector<vector<long long>> dp(N + 1, vector<long long>(W + 1, 0));

    // DP 반복
    for (int i = 0; i < N; ++i) {
        for (int w = 0; w <= W; ++w) {

            // i번째 물건을 선택한 경우
            if (w - weight[i] >= 0) {
                chmax(dp[i + 1][w], dp[i][w - weight[i]] + value[i]);
            }

            // i번째 물건을 선택하지 않은 경우
            chmax(dp[i + 1][w], dp[i][w]);
        }
    }

    // 최적값 출력
    cout << dp[N][W] << endl;
}
```

5.5 동적 계획법 예제(2): 편집 거리

지금까지 다룬 문제는 N개의 대상물에 관한 문제를 최초의 i개에 관한 부분 문제로 바꿔 i를 진행하면서 갱신하는 동적 계획법 방식으로 답을 찾았습니다. 이 절에서는 이런 문제의 발전형으로 계열과 인덱스가 여러 개인 동적 계획법을 살펴봅시다.

구체적인 예로 **편집 거리**(edit distance)를 생각해 봅시다. 편집 거리는 두 문자열 S, T가 얼마나 닮았는지 그 유사성을 측정하는 방법입니다. 두 계열의 유사성을 계측하는 문제는 다양하게 응용 가능하므로 무척 중요합니다.

- diff 명령어

- 문법 검사

- 공간 인식, 화상 인식, 음성 인식 같은 패턴 매칭

- 바이오인포매틱스(두 DNA 사이의 유사도 측정 용도, **서열 정렬**(sequence alignment)이라고 부르기도 함)

예를 들어 S = "bag", T = "big"은 중간 문자(a와 i)만 다르므로 유사성은 1이라고 볼 수 있습니다. 다른 예로 S = "korean", T = "reanri"는 S에서 앞 두 문자 'ko'를 삭제하고 끝에 'ri' 두 문자를 더하면 T와 일치하므로, 유사성은 2 + 2 = 4라고 생각할 수 있습니다. 이런 내용에 기반해서 다음 최적화 문제를 생각해 봅시다.

편집 거리

두 문자열 S, T가 주어졌을 때 다음 세 가지 작업을 반복해서 S를 T로 변환하려고 한다. 작업 횟수가 최소가 되는 값을 구하라. 이런 최소 횟수를 S와 T의 편집 거리라고 한다.

- 대체: S 안에서 문자를 하나 골라 임의의 문자로 대체함

- 삭제: S 안에서 문자를 하나 골라 삭제

- 삽입: S 안에서 원하는 위치에 문자 하나를 삽입

조금 억지스러운 예지만 S = "logistic", T = "algorithm"이라면 그림 5-11처럼 편집 거리는 6입니다.[7]

▼ 그림 5-11 S = "logistic"과 T = "algorithm" 사이의 편집 거리

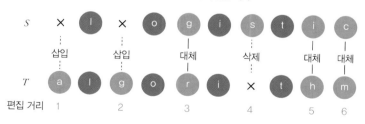

먼저 다음 두 작업이 동일한 가치라는 점에 주목합니다.

---

7 두 문자열 S, T의 길이가 달라도 편집 거리를 정의할 수 있다는 점에 주목하길 바랍니다.

- *S* 중 아무 위치에 문자를 하나 삽입하기
- *T* 문자를 하나 골라서 삭제하기

따라서 *S* 중 아무 위치에 문자를 하나 삽입하는 삽입 작업은 *T*에서 문자를 하나 골라 삭제하는 작업으로 바꿔서 생각할 수 있습니다.

편집 거리를 구하는 문제는 냅색 문제 등과 비교해 계열이 여러 개라는 점은 다르지만, 비슷한 알고리즘으로 풀 수 있습니다. 동적 계획법의 부분 문제(테이블)를 다음과 같이 정의해 봅시다.

편집 거리를 구하는 동적 계획법

dp[i][j] ← *S*의 i번째까지의 문자열과 *T*의 j번째까지의 문자열 사이의 편집 거리

우선 초기 조건은 dp[0][0] = 0입니다. 이건 *S*의 최초 0 문자와 *T*의 최초 0 문자가 둘 다 빈 문자열이므로 빈 문자열끼리는 특별한 변경 작업을 실시하지 않아도 일치합니다.

다음 전이를 생각해 봅시다. *S*의 i번째까지의 문자열과 *T*의 j번째까지의 문자열 사이에 각각 마지막 한 문자[8]를 어떻게 대응시키는지에 따라 경우가 나뉩니다.

대체 작업(S의 i번째 문자와 T의 j번째 문자를 대응시킴):

$S[i-1] = T[j-1]$일 때: 비용 증가 없이 끝나므로 chmin(dp[i][j], dp[i-1][j-1])

$S[i-1] \neq T[j-1]$일 때: 대체 작업이 필요하므로 chmin(dp[i][j], dp[i-1][j-1]+1)

삭제 작업(S의 i번째 문자를 삭제):

*S*의 i번째 문자를 삭제하는 작업을 하므로 chmin(dp[i][j], dp[i-1][j]+1)

삽입 작업(T의 j번째 문자를 삭제):

*T*의 j번째 문자를 삭제하는 작업을 하므로 chmin(dp[i][j], dp[i][j-1]+1)

이런 전이식을 사용한 완화 처리를 구현하면 코드 5-8과 같습니다. 또한, *S* = "logistic", *T* = "algorithm"을 가지고 완화 처리한 모습이 그림 5-12입니다. 이번에 다룬 편집 거리를 구하는

---

8 *S*의 최초 i 문자 분량의 마지막 한 문자는 C++ 프로그램에서는 S[i-1]로 표현합니다(첫 글자는 S[0]입니다).

문제는 그림 5-12에서 나타낸 그래프로 보면, 좌측 상단의 꼭짓점에서 우측 하단의 꼭짓점을 향하는 최단 경로를 구하는 문제라고 하겠습니다.

▼ 그림 5-12 편집 거리를 구하는 동적 계획법 전이 모습. 꼭짓점 사이를 연결하는 화살표 중에서 실선은 전이 비용이 1, 점선은 전이 비용이 0이며 빨간색 경로가 최소 비용 경로다. 오른쪽 이동은 S에 문자를 삽입하는 처리. 아래쪽 이동은 S에서 문자를 삭제하는 처리다. 오른쪽 아래 이동 중에서 비용이 1이라면 S에서 문자 대체를 뜻한다.

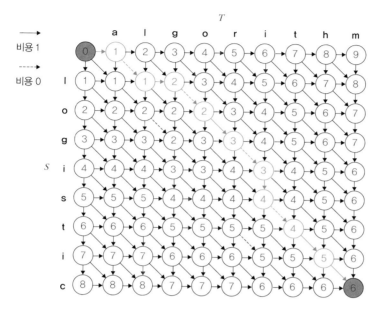

이 알고리즘 복잡도는 $O(|S||T|)$입니다. 그리고 코드 5-8은 배열 dp의 인덱스가 음수가 되지 않도록 if (i > 0)이라는 if문을 사용합니다.

코드 5-8 편집 거리를 동적 계획법을 사용해서 구하기

```
#include <iostream>
#include <string>
#include <vector>
using namespace std;

template<class T> void chmin(T& a, T b) {
    if (a > b) {
        a = b;
    }
}

const int INF = 1 << 29; // 충분히 큰 값(여기서는 2^29)
```

```
int main() {
    // 입력
    string S, T;
    cin >> S >> T;

    // DP 테이블 정의
    vector<vector<int>> dp(S.size() + 1, vector<int>(T.size() + 1, INF));

    // DP 초기 조건
    dp[0][0] = 0;

    // DP 반복
    for (int i = 0; i <= S.size(); ++i) {
        for (int j = 0; j <= T.size(); ++j) {
            // 대체
            if (i > 0 && j > 0) {
                if (S[i - 1] == T[j - 1]) {
                    chmin(dp[i][j], dp[i - 1][j - 1]);
                }
                else {
                    chmin(dp[i][j], dp[i - 1][j - 1] + 1);
                }
            }

            // 삭제
            if (i > 0) chmin(dp[i][j], dp[i - 1][j] + 1);

            // 삽입
            if (j > 0) chmin(dp[i][j], dp[i][j - 1] + 1);
        }
    }

    // 답 출력
    cout << dp[S.size()][T.size()] << endl;
}
```

편집 거리는 '길이가 다른 서열의 유사도를 어떻게 구하는가'라는 질문에 대한 지침 중 하나입니다. 보통은 길이가 다른 두 계열 사이에서 유사도를 구할 때 그림 5-13처럼 각각 몇 번째와 몇 번째를 대응시킬지 최적화하거나(왼쪽), 각 요소끼리 순서를 유지하면서 매칭하는 방법을 최적화하는(오른쪽) 방법을 자주 사용합니다. 둘 다 동적 계획법으로 최적화할 수 있습니다. 편집 거리는 왼쪽의 경우에 해당합니다. 오른쪽과 같은 최적화 문제는 **최소 비용 탄성 매칭 문제**(minimum cost elastic matching)라 부르고 음성 인식 등에서 사용합니다. 최소 비용 탄성 매칭 문제를 동적 계획법으로 푸는 방법은 부록(참고 문헌 [1])에서 소개하는 책을 참조하길 바랍니다.

▼ 그림 5-13 길이가 다른 두 계열 사이의 유사도를 측정하는 방법

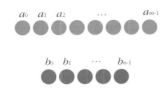

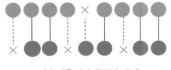

(1) 대응시키기(편집 거리)　　(2) 매칭시키기(최소 비용 탄성 매칭 문제)

ALGORITHM & DATA STRUCTURES

5.6 동적 계획법 예제(3): 구간 분할 최적화

마지막으로, 일렬로 나열한 N개의 대상물을 구간으로 나눠서 분할하는 방법을 최적화하는 문제를 생각해 봅시다(그림 5-14).

▼ 그림 5-14 N개의 대상물을 각 구간으로 분할하는 문제

적절한 분할 방법 구하기

앞에서 편집 거리를 구하는 문제와 마찬가지로 구간 분할 방법을 최적화하는 문제도 다음과 같이

다양하게 응용할 수 있습니다.

- 형태소 분석

- 발전 계획 문제(전원을 온/오프하는 타이밍을 최적화)

- 최소제곱법(부분 선형 함수(piecewise linear function)로 피팅)

- 각종 스케줄링 문제

여기서 형태소 분석은,

나는너를사랑해

이런 문장이 주어졌을 때,

나/는/너/를/사랑/해

이런 방식으로 단어마다 구분하는 작업을 말합니다. 이 절에서는 형태소 분석을 최적화하는 문제를 다룹니다.

▼ 그림 5-15 구간 표시법

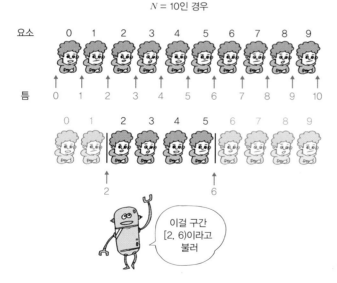

구간 분할 방법을 최적화하는 문제를 생각해 보기 전에 우선 구간을 표현하는 방법부터 살펴봅시다. 그림 5-15처럼 N개의 요소 a_0, a_1, ..., a_{N-1}을 일렬로 나열했을 때 이런 요소의 양쪽 끝과 중간중간에 있는 '틈'을 셈하면 모두 $N + 1$개 존재합니다. 이걸 왼쪽에서부터 순서대로 0, 1, ..., N

이라고 번호를 붙입니다. 구간은 이 번호에서 두 개를 선택하는 방법입니다. 여기서 구간 왼쪽 끝에 해당하는 번호를 l, 오른쪽 끝에 해당하는 번호를 r이라고 하면 구간은 $[l, r)$로 표시합니다. 이 때 구간 $[l, r)$에 포함된 요소는 $a_l, a_{l+1}, ..., a_{r-1}$ 범위로 $r - l$개가 됩니다. a_r은 구간 $[l, r)$에 포함되지 않으므로 주의합시다.[9]

그러면 이제 구간 분할 방법을 최적화하는 문제를 추상화해서 정의해 봅시다.

구간 분할 방법을 최적화하는 문제

N개의 요소를 일렬로 나열하고 몇 개의 구간으로 분할하려고 한다. 각 구간 $[l, r)$에는 스코어 $c_{l, r}$이 존재한다.

N 이하의 양의 정수 K가 있을 때, $K + 1$개의 정수 $t_0, t_1, ..., t_K$가 $0 = t_0 < t_1 < ... \ T_K = N$을 만족하면 구간 분할 $[t_0, t_1), [t_1, t_2), ..., [t_{K-1}, t_K)$ 스코어를 다음과 같이 정의한다.

$$c_{t_0, t_1} + c_{t_1, t_2} + ... + c_{t_{K-1}, t_K}$$

가능한 모든 N 요소의 구간 분할 방법 중에서 스코어가 최소가 되는 값을 구하라.

예를 들어 그림 5-16처럼,

- $N = 10$
- $K = 4$
- $t = (0, 3, 7, 8, 10)$

이런 경우 스코어는 $c_{0, 3} + c_{3, 7} + c_{7, 8} + c_{8, 10}$이 됩니다.

▼ 그림 5-16 구간 분할 스코어

스코어: $c_{0,3} + c_{3,7} + c_{7,8} + c_{8,10}$

9　구간을 $[l, r)$이라고 표현할 때 좌측은 닫힌 구간(a_l이 구간에 포함됨)이고, 우측은 열린 구간(a_r은 구간에 포함되지 않음)입니다. 이렇게 좌측은 닫힌 구간, 우측은 열린 구간인 형식은 C++나 파이썬 표준 라이브러리에서 널리 쓰입니다. 예를 들어 파이썬에서 list 슬라이스 기능으로 a=[0, 1, 2, 3, 4]의 첫 번째 요소(1)와 두 번째 요소(2)를 추출하려면 a[1:2]가 아니라 a[1:3]이라고 기술합니다.

그런데 이 문제를 풀기 위한 동적 계획법의 부분 문제 추출법은 지금까지와 크게 다르지 않습니다.

구간을 분할하는 동적 계획법

$dp[i]$ ← 구간 $[0, i)$에 대해 구간을 분할하는 최소 비용

우선 초기 조건은 dp[0] = 0입니다. 다음으로 완화를 생각해 봅시다. 구간 $[0, i)$를 분할하는 방법 중에서 마지막으로 나뉘는 장소에 따라 경우가 나뉩니다(그림 5-17).

▼ 그림 5-17 구간을 분할하는 동적 계획법의 전이 사고방식

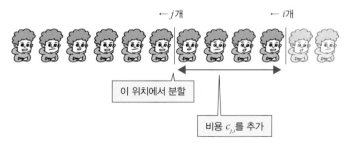

마지막으로 분할한 위치가 $j(= 0, 1, \ldots, i - 1)$라면 구간 $[0, i)$ 분할은 '구간 $[0, j)$ 분할에 대해 새로운 구간 $[j, i)$를 추가한 것'이라고 볼 수 있습니다. 따라서 완화식은 다음과 같습니다.

$$\text{chmin(dp[i], dp[j] + c[j][i])}$$

지금까지의 내용을 정리하면 코드 5-9처럼 구현할 수 있습니다. 또한, 이번 알고리즘 복잡도는 주의가 필요합니다. 지금까지 봤던 동적 계획법의 복잡도는 배열 dp의 크기가 그대로 복잡도가 되었지만, 이번에는 배열 크기가 $O(N)$이더라도 각각에 대해 $O(N)$번 완화 처리를 해서 전체는 $O(N^2)$가 됩니다. 즉, 동적 계획법의 복잡도는 배열 dp의 크기뿐만 아니라 완화 처리 대상이 되는 전이 개수에도 의존하므로 주의합시다.

코드 5-9 구간마다 분할하는 방법을 최적화하기

```
#include <iostream>
#include <vector>
using namespace std;

template<class T> void chmin(T& a, T b) {
    if (a > b) {
        a = b;
```

```cpp
        }
    }
}

const long long INF = 1LL << 60; // 충분히 큰 값(여기서는 2^60)

int main() {
    // 입력
    int N;
    cin >> N;
    vector<vector<long long>> c(N + 1, vector<long long>(N + 1));
    for (int i = 0; i < N + 1; ++i) {
        for (int j = 0; j < N + 1; ++j) {
            cin >> c[i][j];
        }
    }

    // DP 테이블 정의
    vector<long long> dp(N + 1, INF);

    // DP 초기 조건
    dp[0] = 0;

    // DP 반복
    for (int i = 0; i <= N; ++i) {
        for (int j = 0; j < i; ++j) {
            chmin(dp[i], dp[j] + c[j][i]);
        }
    }

    // 답 출력
    cout << dp[N] << endl;
}
```

5.7 정리

동적 계획법은 여러 문제에 유용하게 쓰입니다. 지금까지 고안된 기법이나 패턴이 워낙 다양해서 전부를 배우긴 어려울 것이란 선입견에 빠지기 쉽지만, 동적 계획법의 테이블 설계 패턴에 주목하면 생각보다 알려진 패턴이 적은 걸 알 수 있습니다. 이 장에서 소개한 내용은 모두 다소 차이는 있지만 N개를 대상으로 하는 문제에 대해 최초 i개를 대상으로 하는 부분 문제로 만드는 패턴이었습니다. 물론 이런 패턴에 해당하지 않는 경우도 많겠지만(연습 문제 5.9), 이 패턴만 잘 배워도 놀랄 만큼 많은 문제를 해결할 수 있습니다.

그리고 '말보다 행동'이란 정신으로 다양한 문제를 풀어 보는 게 중요합니다. 그러다 보면 색다른 문제라도 대국적인 패턴과 해당하는 문제만의 특징으로 나눠서 생각할 수 있게 됩니다.

5.8 연습 문제

5.1 N일간 여름 방학을 보낼 때 i일의 바다에서 수영하는 행복도가 a_i, 곤충 채집하는 행복도가 b_i, 숙제를 하는 행복도가 c_i라고 하자. 날마다 이런 세 가지 행동 중 하나를 하는데, 다만 2일 연속으로 같은 행동을 할 수는 없다. N일간의 행복도가 최대가 되는 값을 $O(N)$ 복잡도로 구하는 알고리즘을 설계하라. (출처: AtCoder Educational DP Contest C – Vacation, 난이도 ★★)

5.2 N개의 양의 정수 a_0, a_1, ..., a_{N-1}에서 몇 개를 골라 총합이 W가 될 수 있는지 여부를 판정하는 문제를 $O(NW)$ 복잡도로 푸는 알고리즘을 설계하라. (**부분합 문제**(3.5절, 4.5절), 난이도 ★★)

5.3 N개의 양의 정수 a_0, a_1, ..., a_{N-1}과 양의 정수 W가 주어졌을 때 이 중에서 몇 개를 골라 총합이 1 이상 W 이하인 정수가 몇 개 존재하는지 $O(NW)$ 복잡도로 구하는 알고리즘을 설계하라. (출처: AtCoder Typical DP Contest A, 난이도 ★★)

5.4 N개의 양의 정수 a_0, a_1, ..., a_{N-1}과 양의 정수 W가 주어졌을 때 N개의 정수에서 k개 이하의 정수를 골라 총합이 W가 될 수 있는지 여부를 판정하는 문제를 $O(NW)$ 복잡도로 푸는 알고리즘을 설계하라. (난이도 ★★★)

5.5 N개의 양의 정수 a_0, a_1, ..., a_{N-1}과 양의 정수 W가 주어졌을 때 N개의 정수에서 각각을 몇 번이라도 더해도 된다면 총합이 W가 될 수 있는지 여부를 판정하는 문제를 $O(NW)$ 복잡도로 푸는 알고리즘을 설계하라. (**개수 제한 없는 부분합 문제**, 난이도 ★★★★)

5.6 N개의 양의 정수 a_0, a_1, ..., a_{N-1}과 양의 정수 W가 주어졌을 때 N개의 각 정수를 m_0, m_1, ..., m_{N-1}회까지 더해도 된다면 총합이 W가 될 수 있는지 여부를 판정하는 문제를 $O(NW)$ 복잡도로 푸는 알고리즘을 설계하라. (**개수 제한 있는 부분합 문제**, 난이도 ★★★★)

5.7 두 문자열 S, T가 있을 때 문자열에서 일부 문자를 추출해 순서를 바꾸지 않고 연결한 문자열을 부분 문자열이라고 한다. S의 부분 문자열에도, T의 부분 문자열에도 존재하는 문자열 중에서 가장 긴 것을 $O(|S||T|)$ 복잡도로 구하는 알고리즘을 설계하라. (출처: AtCoder Educational DP Contest F – LCS, **최장 공통 부분열 문제**, 난이도 ★★★)

5.8 N개의 양의 정수 a_0, a_1, ..., a_{N-1}을 M개 연속 구간으로 나누려고 할 때 각 구간의 평균값 합 중 최대가 되는 값을 $O(N^2M)$ 복잡도로 구하는 알고리즘을 설계하라. (출처: 리츠메이칸 대학 프로그래밍 콘테스트 2018 Day1 D – 수조, 난이도 ★★★)

5.9 N마리의 슬라임을 일렬로 나열했을 때 각각의 슬라임 크기를 a_0, a_1, ..., a_{N-1}이라고 하자. 좌우로 인접한 슬라임을 골라서 합체시키는 작업을 슬라임이 하나 남을 때까지 반복한다. 크기가 x, y인 슬라임을 합체시키면 크기가 $x + y$인 슬라임이 되고 이 작업에 필요한 비용은 $x + y$이다. 슬라임이 한 마리가 될 때까지 필요한 비용 총합 중 최소가 되는 값을 $O(N^3)$ 복잡도로 구하라. (출처: AtCoder Educational DP Contest N – Slimes, **최적 이진 탐색 트리 문제**, 난이도 ★★★★)

memo

6장

설계 기법(4): 이진 탐색법

이진 탐색법이라고 하면 정렬된 배열에서 목표를 빠르게 탐색하는 알고리즘을 많이 떠올리겠지만, 탐색 범위를 반으로 줄여가면서 답을 찾는 방법이라고 생각하면 이진 탐색법을 훨씬 광범위하게 적용할 수 있습니다. 이 장에서는 다양한 문제에 이진 탐색법을 적용해 보면서 어떻게 효율적인 알고리즘을 설계할 수 있는지 살펴봅니다.

6.1 배열 이진 탐색

1.1절에서는 나이 맞히기 게임에서 승리하기 위해 이진 탐색법에 기초한 방법을 소개했습니다. 원래 이진 탐색법을 설계 기법으로 다루는 경우는 거의 없습니다. 보통 우리가 이진 탐색법이라고 부르는 건 좁은 의미로 정렬된 배열에서 목표를 빠르게 탐색하는 알고리즘을 뜻합니다. 하지만 이 진 탐색법은 다양한 문제를 해결하는 데 도움이 되는 범용적인 사고방식입니다. 따라서 이 책에서 는 이진 탐색법을 배열 탐색 수단으로만 보지 않고, 좀 더 광범위하게 응용 가능한 알고리즘 설계 방법으로 설명합니다.

이 절에서는 먼저 지금까지 알고 있던 방식대로 '정렬된 배열에서 목표를 빠르게 탐색하는 알고리 즘' 측면에서 이진 탐색법을 설명합니다. 이후에는 좀 더 많은 문제에 적용할 수 있도록 이진 탐색 법을 추상화해서 생각해 봅니다.

6.1.1 배열 이진 탐색

배열에 이진 탐색을 수행하려면 정렬된 배열이 필요합니다. 만약 정렬되지 않았다면 일단 정렬부 터 합시다. 정렬 알고리즘은 12장에서 자세히 설명합니다. 지금은 배열의 각 요소를 오름차순으 로 나열하는 처리는 $O(N \log N)$ 복잡도로 실시 가능하다는 것만 알면 됩니다(N은 배열 크기).

예를 들어 크기가 $N = 8$이고 정렬이 끝난 배열 $a = \{3, 5, 8, 10, 14, 17, 21, 39\}$에서 값 key = 9가 존재하는지 검색해 봅시다. 우선 그림 6-1처럼 left = 0, right = $N - 1 (= 7)$로 초기화하고 key 값과 $a[(\text{left} + \text{right}) / 2](= 10)$를 비교합니다.

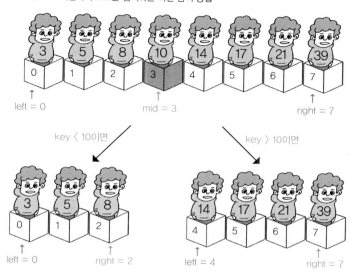

❤ 그림 6-1 배열에서 요소를 검색하는 이진 탐색 방법

여기서 left = 0, right = 7이므로 (left + right) / 2를 하면 7/2로 나머지가 생깁니다. 소수점 이하는 버리고 7/2 = 3을 사용합니다. key 값과 a[(left + right) / 2]를 비교해서 조건에 따라 다음과 같이 처리합니다.

- key = a[(left + right) / 2]이면 Yes를 반환하고 탐색을 종료
- key 〈 a[(left + right) / 2]이면 배열 왼쪽 반만 남기기
- key 〉 a[(left + right) / 2]이면 배열 오른쪽 반만 남기기

예를 들어 key = 9는 a[(left + right) / 2] = 10보다 작으므로 왼쪽 반만 남깁니다. 배열의 어느쪽이 남든지 탐색 범위는 반 이하로 줄어듭니다. 이렇게 탐색 범위를 반으로 줄이는 처리를 배열 크기가 1 이하가 될 때까지 반복합니다.

각 key 값에 따른 이진 탐색 동작을 흐름도로 정리한 것이 그림 6-2입니다. 예를 들어 key = 17일 때 우선 배열의 한가운데에 있는 요소 10과 비교하면 17이 크므로 오른쪽으로 진행합니다. 남은 배열의 가운데에 있는 요소 17과 비교하면 같은 값이므로 Yes를 반환합니다. key = 15라면 처음은 마찬가지로 오른쪽으로 진행하고, 다음은 17과 비교해서 작으므로 왼쪽으로 진행합니다. 이때 남은 배열 크기가 1이므로 남은 값(14)과 같은지 여부를 판정하고 처리를 종료합니다. 값은 서로 다르므로 No를 반환합니다.

이진 탐색법을 코드로 구현하면 코드 6-1과 같습니다. 배열 안에 key가 존재하는지 여부뿐만 아니라 $a[i]$ = key가 되는 인덱스 i도 반환합니다.

그러면 배열 이진 탐색의 복잡도를 간단히 살펴봅시다. 배열 크기가 한 단계마다 반으로 줄어든다는 점에 주목하면 $N = 2^{10}(= 1024)$일 때,

$$1024 \rightarrow 512 \rightarrow 256 \rightarrow 128 \rightarrow 64 \rightarrow 32 \rightarrow 16 \rightarrow 8 \rightarrow 4 \rightarrow 2 \rightarrow 1$$

이런 식으로 열 단계를 거치면 배열 크기가 1이 됩니다. $N = 2^k$일 때 배열 크기는 k번째 단계에 1이 되므로 $k = \log N$에서 복잡도는 $O(\log N)$입니다. 좀 더 엄밀하게 따져보는 건 다음 절에서 설명하겠습니다.

코드 6-1 배열에서 값을 탐색하는 이진 탐색법

```cpp
#include <iostream>
#include <vector>
using namespace std;

const int N = 8;
const vector<int> a = {3, 5, 8, 10, 14, 17, 21, 39};

// 찾고 싶은 key 값의 인덱스 반환(존재하지 않으면 -1)
```

```
int binary_search(int key) {
    int left = 0, right = (int)a.size() - 1; // 배열 a의 왼쪽과 오른쪽
    while (right >= left) {
        int mid = left + (right - left) / 2; // 구간의 중간
        if (a[mid] == key) return mid;
        else if (a[mid] > key) right = mid - 1;
        else if (a[mid] < key) left = mid + 1;
    }
    return -1;
}

int main() {
    cout << binary_search(10) << endl; // 3
    cout << binary_search(3) << endl; // 0
    cout << binary_search(39) << endl; // 7

    cout << binary_search(-100) << endl; // -1
    cout << binary_search(9) << endl; // -1
    cout << binary_search(100) << endl; // -1
}
```

6.1.2 배열 이진 탐색 복잡도(*)

배열의 이진 탐색 복잡도를 좀 더 엄밀하게 구해 봅시다. 이번에도 단계마다 배열 크기가 반으로 줄어드는 점에 주목합니다. 좀 더 정확하게 따지면 배열 크기 m이 짝수이면 어느 쪽이 남는지에 따라 배열 크기가 달라지는데, 최악의 경우(오른쪽이 남음)를 따르면 배열 크기는 $m/2$가 됩니다. 배열 크기 m이 홀수이면, 좌우 어느 쪽이 남는지에 관계없이 배열 크기는 $m/2$(소수점 이하 버림)입니다.

여기서 원래 배열 크기 N에 대해 다음과 같이,

$$2^k \leq N < 2^{k+1}$$

표시 가능한 0 이상의 정수 k가 단 하나 존재합니다. k는 $\log N$의 소수점 이하를 버린 값입니다. 이때 최악의 경우 k 단계를 거치면 배열 크기가 1이 되므로 배열의 이진 탐색법 복잡도는 $O(\log N)$인 걸 알 수 있습니다.

6.2 C++의 std::lower_bound()

앞에서 설명한 '배열의 이진 탐색'의 범용성을 한 단계 더 높여 봅시다. 검색하고 싶은 값이 배열에 존재하는지 여부를 확인하는 것은 물론 같은 계산량으로 더 풍부한 정보를 얻을 수 있습니다. 예를 들어 C++ 표준 라이브러리에 있는 std::lower_bound() 사양은 다음과 같습니다.[1]

C++의 std::lower_bound() 사양

정렬된 배열 a에서 $a[i] \geq$ key인 조건을 만족하는 최소 인덱스 i를 돌려줍니다(정확하게는 이터레이터(iterator)). 처리에 필요한 복잡도는 배열 크기가 N일 때 $O(\log N)$입니다.

---

std::lower_bound()를 사용하면 배열 a에 key 값이 존재하는지 여부 외에도 다양한 정보를 얻을 수 있습니다.

- 배열 a에 key 값이 존재하지 않아도 key 값 이상의 범위에서 최솟값을 알 수 있습니다.
- 배열 a에 key 값이 여러 개 존재해도 처음으로 나오는 인덱스를 알 수 있습니다.

또한, 그림 6-3처럼 구간이 여러 수직선으로 나뉘어 있을 때 key 값이 어디에 속하는지 특정하는 응용법도 있습니다. std::lower_bound() 처리를 실현하는 방법은 다음 절에서 좀 더 일반화해 설명합니다.

❤ 그림 6-3 std::lower_bound()를 사용해서 key 값이 속한 구간을 특정하기

key가 $(-\infty, 3)$, $[3, 8)$, $[8, 11)$, $[11, 18)$, $[18, 27)$, $[27, 31)$, $[31, \infty)$ 중 어느 구간에 속하는지 판정

---

1 비슷한 함수인 std::upper_bound()도 표준 라이브러리입니다. 이건 $a[i] >$ key 조건을 만족하는 최소 인덱스 i를 돌려줍니다.

6.3 일반화한 이진 탐색법

C++의 std::lower_bound()에서 본 내용을 가지고 이진 탐색법 적용 범위를 넓혀 봅시다. 좀 더 일반화하면, 이진 탐색법은 다음과 같은 일을 하는 기법입니다(그림 6-4).

▼ 그림 6-4 일반화한 이진 탐색법

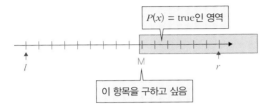

> **일반화한 이진 탐색법**
>
> 각 정수 x에 대해 true/false로 판정하는 조건 P가 주어졌을 때 어떤 정수 l, $r(l < r)$이 존재하고 다음이 성립한다고 하자.
>
> - $P(l)$ = false
> - $P(r)$ = true
> - 어떤 정수 $M(l < M \le r)$이 존재하고 $x < M$인 x에 대해 $P(x)$ = false이고, $x \ge M$인 x에 대해 $P(x)$ = true이다.
>
> 이때 $D = r - l$이라면, 이진 탐색법은 M을 $O(\log D)$ 복잡도로 구할 수 있는 알고리즘이라고 한다.

일반화한 이진 탐색법을 실현하려면 우선 두 변수 left, right를 준비하고 다음과 같이 초기화합니다.

- left ← l
- right ← r

이때 P(left) = false, P(right) = true를 만족해야 합니다. 그리고 그림 6-5처럼 right − left = 1이 될 때까지 범위를 좁혀 갑니다.

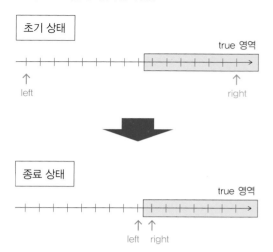

구체적인 예로 mid = (left + right) / 2일 때,

- P(mid) = true이면 right ← mid
- P(mid) = false이면 left ← mid

이렇게 갱신됩니다. 이때 중요한 성질은 알고리즘 초기 상태에서 종료 상태까지 변수 left는 늘 false 쪽에 있고, 변수 right는 늘 true 쪽에 있다는 것입니다. 그리고 알고리즘 처리가 끝나면 다음과 같이 됩니다.

- right는 P(right) = true를 만족하는 최소 정수
- left는 P(left) = false를 만족하는 최대 정수

이 처리는 코드 6-2처럼 구현 가능합니다. 이렇게 일반화한 이진 탐색법은 현실 세계에서 프로그램을 디버깅할 때 사용해 본 적이 있을 정도로 친숙합니다. 만약 프로그램의 l행과 r행 사이에 버그가 존재한다면 버그가 발생한 장소를 특정할 때 이진 탐색 방법이 유용합니다.

코드 6-2 일반화한 이진 탐색의 기본형

```cpp
#include <iostream>
using namespace std;

// x가 조건을 만족하는지 여부
bool P(int x) {

}
```

```
// P(x) = true가 되는 최소 정수 x를 반환
int binary_search() {
    // P(left) = false, P(right) = true가 되도록 함
    int left, right;

    while (right - left > 1) {
        int mid = left + (right - left) / 2;
        if (P(mid)) right = mid;
        else left = mid;
    }
    return right;
}
```

끝으로 실수를 사용한 이진 탐색법도 언급해 두겠습니다. 지금까지 본 이진 탐색법은 모두 정수를 대상으로 한 문제에 적용했지만, 이진 탐색법은 실수에도 적용 가능합니다. 정수일 때와 마찬가지로 false/true 경계를 좁혀가는 형태로 탐색 범위를 줄이는 방법입니다. 정수라면 종료 조건이 탐색 범위 길이가 1이 될 때지만, 실수는 원하는 정밀도에 따라 종료 조건이 정해집니다. 이러한 실수를 대상으로 하는 이진 탐색법은 (이진 탐색법과 구분하여) 이분법이라고 부르는 경우도 있습니다.

ALGORITHM & DATA STRUCTURES

6.4 좀 더 일반화한 이진 탐색법(*)

이진 탐색법을 좀 더 일반화해 봅시다. 지금까지는 그림 6-6처럼 영역 전체가 false 영역과 true 영역으로 양분되어 있어(이런 가정을 단조성(單調性)이라고 부릅니다), 해당 경계를 구하는 방법이었습니다.

▼ 그림 6-6 false 영역과 true 영역으로 나뉜 상황

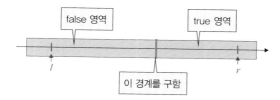

false 영역과 true 영역이 둘로 나뉘는 게 아니라 여러 개 존재하는 경우도 생각해 볼 수 있습니다.[2] 영역 전체가 false를 나타내는 영역과 true를 나타내는 영역으로 나뉘고 $x = l$, $r(l < r)$은 서로 다른 쪽에 존재한다고 합시다. 이때 이진 탐색법은 그림 6-7처럼 l의 색상에서 r의 색상으로 변화하는 경계 중 하나를 구하는 알고리즘이라고 생각할 수 있습니다.

단조성 가정을 버렸기 때문에 경계가 하나가 아닌 여러 개 존재하겠지만, 그중 어떤 하나를 이진 탐색법으로 구하는 것입니다.

▼ 그림 6-7 단조성 가정을 버린 이진 탐색법

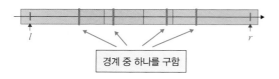

다음은 이런 일반화가 무척 유용한 예시입니다.

> **일반화한 실수의 이진 탐색법**
>
> 어떤 실수 구간에서 연속한 함수 $f(x)$가 주어졌을 때 해당 구간에 속한 두 점 l, $r(l < r)$에 대해 $f(l)$, $f(r)$ 중 어느 한쪽이 양수이고 다른 한쪽은 음수라고 하자. 이때 이진 탐색법(이분법)으로 $f(x) = 0$을 만족하는 실수 $x(l < x < r)$ 중 하나를 어떤 높은 정밀도라도 구할 수 있다.

단조성 가정을 버리는 대신에 함수 f에 연속성을 부과하게 되었습니다. 이때 $f(x) = 0$을 만족하는 실수 $x(l < x < r)$가 존재하는 건 **중간값 정리**(intermediate value theorem)에 따라 보장됩니다.

6.5 응용 예(1): 나이 맞히기 게임

확장한 이진 탐색법을 사용해서 몇 가지 문제를 풀어 봅시다. 우선 1.1절에서 등장한 나이 맞히기 게임입니다.

---

2 단, 이러한 가정이 없으면 'x가 유리수인 경우와 무리수인 경우에 따라 색상이 달라진다'와 같은 무리한 예도 만들 수 있으므로 이번에는 색상의 경계가 유한하다고 가정합니다.

> **나이 맞히기 게임**
>
> 처음 만난 A 씨의 나이를 맞혀 봅시다. A 씨가 20세 이상 36세 미만이라는 건 알고 있습니다.
>
> A 씨에게 '예, 아니오로 대답할 수 있는 질문'을 네 번 할 수 있습니다. 질문이 끝나면 A 씨가 몇 살인지 추측해서 대답합니다. 맞히면 당신의 승리, 틀리면 당신의 패배입니다.
>
> 과연 나이 맞히기 게임에서 이길 수 있을까요?

left, right 변수를 준비하고,

- $x = $ left는 A 씨 나이가 x 미만이라는 조건을 늘 만족하지 않음
- $x = $ right는 A 씨 나이가 x 미만이라는 조건을 늘 만족함

이런 상태를 유지하면서 탐색 범위를 좁혀가는 처리를 코드 6-3처럼 구현합니다.

코드 6-3 나이 맞히기 게임 구현

```cpp
#include <iostream>
using namespace std;

int main() {
    cout << "Start Game!" << endl;

    // A 씨 나이 후보 구간을 [left, right)로 표시
    int left = 20, right = 36;

    // 후보가 하나가 될 때까지 반복
    while (right - left > 1) {
        int mid = left + (right - left) / 2; // 구간 한가운데

        // mid 이상인지 물어서 yes/no로 답 받기
        cout << "Is the age less than " << mid << " ? (yes / no)" << endl;
        string ans;
        cin >> ans;

        // 입력값에 따라 범위 줄이기
        if (ans == "yes") right = mid;
        else left = mid;
    }

    // 정답
```

```
    cout << "The age is " << left << "!" << endl;
}
```

예를 들어 A 씨가 31살이라면 게임은 다음과 같이 진행됩니다.

```
Start Game!
Is the age less than 28 ? (yes / no)
no
Is the age less than 32 ? (yes / no)
yes
Is the age less than 30 ? (yes / no)
no
Is the age less than 31 ? (yes / no)
no
The age is 31!
```

6.6 응용 예(2): std::lower_bound() 활용

std::lower_bound( )를 활용하는 예로 3.4절에서 본 문제를 다시 생각해 봅시다. 3.4절에서는 전체 탐색에 기반한 복잡도 $O(N^2)$ 해법을 만들었지만, 이걸 $O(N\log N)$으로 개선할 수 있습니다.

> **쌍의 합이 K 이상인 값 중에서 최소인 값**
>
> N개의 정수 a_0, a_1, ..., a_{N-1}과 N개의 정수 b_0, b_1, ..., b_{N-1}이 주어졌을 때 두 정수 나열에서 각각 정수를 하나씩 골라 더한다. 더한 값이 정수 K 이상의 범위에서 최소인 값을 구하라. 단, $a_i + b_j \geq K$를 만족하는 (i, j) 조합이 적어도 하나 이상 존재한다.

우선 a_0, a_1, ..., a_{N-1}에서 하나를 고정해 선택한다고 생각해 봅시다. a_i를 고른다고 하면 쌍의 합을 최적화하는 문제는 다음과 같이 생각할 수 있습니다. 이 문제는 std::lower_bound( )를 그대로 적용할 수 있는 형태라는 것을 알 수 있습니다.

a_i로 고정했을 때의 문제

a_i로 고정했을 때의 문제

N개의 양의 정수 b_0, b_1, ..., b_{N-1}이 주어졌을 때 $K - a_i$ 이상의 범위 안에서 최소가 되는 값을 구하라.

정수열 b_0, b_1, ..., b_{N-1}을 미리 정렬해야 하므로 이 처리는 $O(N\log N)$ 복잡도 계산이 필요합니다. 그 후 a_i를 고정하는 방법은 N가지이고, 각각 $O(\log N)$ 복잡도로 풀 수 있으므로 문제 전체는 $O(N\log N)$ 복잡도로 해결 가능합니다.

이 풀이 방법은 코드 6-4처럼 구현할 수 있습니다. 코드에서 사용한 std::sort()나 std::lower_bound()가 어떤 동작을 하는지는 코드를 보면 대충 알 수 있겠지만, 자세한 내용은 공식 홈페이지[3] 등을 참조하길 바랍니다.

코드 6-4 쌍의 합을 최적화하는 문제의 전체 탐색법을 이진 탐색법으로 고속화하기

```cpp
#include <iostream>
#include <vector>
#include <algorithm> // sort(), lower_bound()용
using namespace std;
const int INF = 20000000; // 충분히 큰 값

int main() {
    // 입력
    int N, K;
    cin >> N >> K;
    vector<int> a(N), b(N);
    for (int i = 0; i < N; ++i) cin >> a[i];
    for (int i = 0; i < N; ++i) cin >> b[i];

    // 임시 최솟값을 저장하는 변수
    int min_value = INF;

    // b를 정렬
    sort(b.begin(), b.end());

    // b에 무한대를 추가
    // 그 결과 iter = b.end()가 되지 않음
    b.push_back(INF);
```

---

3   역주 한국에서는 https://ko.cppreference.com/w/ 등을 참조할 수 있습니다.

```
    // a를 고정해서 풀기
    for (int i = 0; i < N; ++i) {
        // b에서 K - a[i] 이상 범위의 최솟값을 가리키는 이터레이터
        auto iter = lower_bound(b.begin(), b.end(), K - a[i]);

        // 이터레이터가 가리키는 값을 추출
        int val = *iter;

        // min_value와 비교
        if (a[i] + val < min_value) {
            min_value = a[i] + val;
        }
    }
    cout << min_value << endl;
}
```

6.7 응용 예(3): 최적화 문제를 판정 문제로 바꾸기

지금까지 계속해서 어떤 조건을 만족하는 최솟값을 구하는 형태의 최적화 문제를 살펴봤습니다. 이런 문제는 어떤 경계값 v가 존재하며, v 이상은 조건을 만족하고 v 미만은 조건을 만족하지 않는 상태입니다. 이 최적화 문제를 다음과 같이 판정 문제로 바꾸면 유용할 때가 많습니다.

> **최적화 문제를 판정 문제로 바꾸기**
>
> x가 조건을 만족하는지 여부를 판정하라.

이런 판정 문제를 풀 수 있다면, 이진 탐색법을 써서 대수 오더 횟수로 판정 문제도 풀 수 있으므로 원래 최적화 문제도 해결 가능합니다.[4] 예제로 AtCoder Beginner Contest 023 D – 사격왕 문제를 풀어 봅시다.

---

4 이렇게 최적화 문제를 판정 문제로 환원하는 사고방식은 17.2절에서도 등장합니다.

> **AtCoder Beginner Contest 023 D – 사격왕**
>
> N개의 풍선이 초기 상태에는 각각 H_i 위치에 있고 1초마다 S_i만큼 상승한다고 하자. 그리고 모든 풍선을 쏘아서 터트리려고 한다. 단, H_i나 S_i는 양의 정수다.
>
> 경기 시작과 동시에 풍선 하나를 터트릴 수 있고 그 후 1초마다 풍선을 하나씩 터트릴 수 있다. 최종적으로 모든 풍선을 터트리는데, 어떤 풍선부터 쏠지 순서를 정하는 것은 자유다.
>
> 풍선이 터질 때 발생하는 페널티는 그 풍선의 현재 높이로, 최종적인 페널티는 각 풍선을 터트렸을 때 발생한 페널티 중 최대인 값이다. 최종 페널티가 가장 작은 값을 구하라.

이진 탐색법 사고방식을 따르면 '정수 x가 주어졌을 때 최종적인 페널티를 x 이하로 만들 수 있는지 판정하는 문제'라고 볼 수 있습니다. 바꿔 말하면, N개의 모든 풍선에 대해 페널티를 x 이하로 만들 수 있는지 확인하는 문제입니다.

우선 각 풍선의 페널티를 x 이하로 만들기 위해 각 풍선을 몇 초 이내에 터트려야 하는지 알 수 있습니다. 시간 제한이 가장 촉박한 곳부터 우선 터트리고, 그 결과 모든 풍선을 제한 높이(x) 이내에 터트렸다면 Yes, 도중에 높이가 x를 넘는 풍선이 나타나면 No라고 판정합니다. 이 내용을 구현한 것이 코드 6-5입니다.

복잡도를 평가해 봅시다. 이진 탐색법 반복 횟수는 $M = \max(H_0 + NS_0, \ldots, H_{N-1} + NS_{N-1})$가 되므로 $O(\log M)$입니다. 각 반복에서 판정 문제에 필요한 계산량은 제한 시각의 오름차순으로 정렬하는 처리 때문에 $O(N\log N)$입니다. 정리해 보면 전체 복잡도는 $O(N\log N\log M)$입니다.

코드 6-5 사격왕 문제를 푸는 이진 탐색법

```cpp
#include <iostream>
#include <algorithm>
#include <vector>
using namespace std;

int main() {
    // 입력
    int N;
    cin >> N;
    vector<long long> H(N), S(N);
    for (int i = 0; i < N; i++) cin >> H[i] >> S[i];

    // 이진 탐색 상한값을 구함
    long long M = 0;
```

```
    for (int i = 0; i < N; ++i) M = max(M, H[i] + S[i] * N);

    // 이진 탐색
    long long left = 0, right = M;
    while (right - left > 1) {
        long long mid = (left + right) / 2;

        // 판정
        bool ok = true;
        vector<long long> t(N, 0);  // 각 풍선이 터질 때까지의 제한 시간
        for (int i = 0; i < N; ++i) {
            // mid가 초기 높이보다 낮으면 false
            if (mid < H[i]) ok = false;
            else t[i] = (mid - H[i]) / S[i];
        }
        // 시간 제한이 얼마 남지 않은 순서로 정렬
        sort(t.begin(), t.end());
        for (int i = 0; i < N; ++i) {
            // 제한 시간 초과가 발생하면 false
            if (t[i] < i) ok = false;
        }

        if (ok) right = mid;
        else left = mid;
    }

    cout << right << endl;
}
```

사격왕 문제를 판정 문제로 바꿔서 이진 탐색법으로 풀면 왜 좋은지 생각해 봅시다. 문제를 되짚어 보면, N개의 최댓값 중에서 가장 작은 값을 구하고 싶다는 형식의 최적화 문제라는 걸 알 수 있습니다. 이런 최댓값의 최소화를 구하는 최적화 문제는 실생활에 넘치게 많습니다. 예를 들어 업무 평준화를 충족하기 위한, 인원의 최대 근무 시간을 최소로 하는 일정표 작성 같은 경우입니다. 최적화 문제를 이진 탐색법 판정 문제로 바꿔보면 다음과 같이 명쾌하고 다루기 쉬운 질문이 됩니다.

> **최댓값의 최소화 문제에서 환원한 판정 문제**
>
> N개의 모든 값을 x 이하로 만들 수 있는지 여부를 판정하라.

6.8 응용 예(4): 중앙값 구하기

간단히 설명하기 위해 N은 홀수라고 가정합니다. N개의 값 a_0, a_1, ..., a_{N-1}의 **중앙값**(median)은 오름차순으로 $\frac{N-1}{2}$번째 값입니다(최소는 0번). 예를 들어 $N = 7$, $a = (1, 7, 2, 6, 5, 4, 3)$일 때 a의 중앙값은 4입니다.

이 절에서는 이진 탐색법으로 중앙값을 쉽게 구하는 경우를 소개하겠습니다. 중앙값을 구하는 방법 중에서 a를 정렬해 $a[(N-1) / 2]$를 구하는 방법이 간단하고 알기 쉬운데, 정렬 처리가 $O(N\log N)$ 복잡도이므로 중앙값도 $O(N\log N)$ 복잡도로 구할 수 있습니다.[5] 또 다른 방법으로 a_0, a_1, ..., a_{N-1} 값이 음수가 아닐 때 $A = \max(a_0, a_1, ..., a_{N-1})$을 사용해서 $O(N\log A)$ 복잡도로 중앙값을 구하는 방법을 소개합니다. 다음 판정 문제를 생각해 봅시다.

중앙값을 구하는 문제에서 환원한 판정 문제

N개의 음수가 아닌 정수 a_0, a_1, ..., a_{N-1} 중에서 x 미만인 정수가 $\frac{N-1}{2}$개 이상 존재하는지 여부를 판정하라.

이런 판정 문제에서 답이 Yes인 가장 작은 정수 x가 바로 중앙값입니다. 따라서 이 판정 문제를 풀 수 있다면 이진 탐색법을 써서 $O(\log A)$ 복잡도로 중앙값을 구할 수 있습니다. 판정 문제는 선형 탐색법을 사용해서 N개의 정수를 대상으로 그 값이 x 이하인지 조사하면 풀 수 있습니다. 따라서 판정 문제는 $O(N)$ 복잡도 문제입니다. 이걸 합치면 중앙값을 구하는 문제의 복잡도는 $O(N\log A)$입니다.

6.9 정리

이 장에서는 이진 탐색법이 단순히 정렬된 배열에서 값을 검색하는 방법이라는 기존 틀에서 벗어나 훨씬 범용적이고 응용 범위가 넓은 기법이라는 걸 확인했습니다. 특히 최적화 문제를 판정 문

---

[5] 그 외에 12장 연습 문제 12.5에서 소개하는 방법도 있습니다. 이 방법을 사용하면 $O(N)$ 복잡도로 중앙값을 구할 수 있어서 이론적으로는 흥미롭지만, $O(N)$ 복잡도 안에 생략된 상수 부분이 무척 커서 그다지 실용적이라고 볼 수 없습니다.

제로 바꿔 생각해 보는 방법은 무척 실용적이고 강력한 기법입니다.

어떤 값이 존재하는지 검색하려면 이진 탐색법 외에 해시 테이블을 사용하는 방법도 강력합니다. 해시 테이블은 8.6절에서 설명하겠습니다.

6.10 / 연습 문제

6.1 모든 요소가 서로 다른 N개의 요소로 이뤄진 정수열 a_0, a_1, ..., a_{N-1}이 주어졌을 때 $i = 0$, 1, ..., $N - 1$에 대해 a_i가 전체에서 몇 번째로 작은 값인지 $O(N\log N)$ 복잡도로 구하는 알고리즘을 설계하라. 예를 들어 a = 12, 43, 7, 15, 9일 때 답은 (2, 4, 0, 3, 1)이다. (유명 문제[6], 난이도 ★★)

6.2 N개 요소로 만든 세 가지 정수열 a_0, ..., a_{N-1}, b_0, ..., b_{N-1}, c_0, ..., c_{N-1}이 주어졌을 때 $a_i \langle b_j \langle c_k$를 만족하는 i, j, k 조합이 몇 개 존재하는지 $O(N\log N)$ 복잡도로 구하는 알고리즘을 설계하라. (출처: AtCoder Beginner Contest 077 C – Snuke Festival, 난이도 ★★★)

6.3 N개의 양의 정수 a_0, a_1, ..., a_{N-1}이 주어졌을 때 네 개의 정수를 골라서 총합을 구하는데, 중복을 허용한다고 하자. 합계가 M을 넘지 않는 범위 중 가장 큰 값을 $O(N^2\log N)$ 복잡도로 구하는 알고리즘을 설계하라. (출처: 제7회 일본 정보 올림픽 본선 문제 3 – 다트, 난이도 ★★★★)

6.4 일직선으로 나열된 N개의 방이 있고 각 좌표는 a_0, a_1, ..., a_{N-1}이다($0 \leq a_0 \leq a_1 \leq ... \leq a_{N-1}$). 이 중에서 $M(\leq N)$개 방을 고르는데, 방 사이의 거리는 최대한 멀리 떨어져 있길 원한다고 하자. 선택한 M개의 방에서 두 방 사이 거리가 가장 작은 값 중 최대가 되는 값을 구하는 알고리즘을 설계하라. 복잡도는 $A = a_{N-1}$일 때 $O(N\log A)$까지 허용한다. (출처: POJ No. 2456 Aggressive cows, 난이도 ★★★)

6.5 N개의 요소로 만든 두 가지 양의 정수열 a_0, ..., a_{N-1}, b_0, ..., b_{N-1}이 주어졌을 때 각 수열에서 하나씩 골라 곱한 값으로 만들 수 있는 N^2개 정수 중에서 K번째로 작은 값을 구하는 알고

6　프로그래밍 콘테스트 참가자는 이런 처리를 좌표 압축이라고 부릅니다.

리즘을 설계하라. 단, 곱한 값의 최대가 C라고 하면 $O(N\log N\log C)$ 수준의 복잡도로 구현한다. (출처: AtCoder Regular Contest 037 C – 억 단위 행렬 계산, 난이도 ★★★★)

6.6 양의 정수 A, B, C가 주어졌을 때 $At + B\sin(Ct\pi) = 100$을 만족하는 0 이상의 실수 t 하나를 10^{-6} 이하 정밀도로 구하라. (출처: AtCoder Beginner Contest 026 D – 타카하시군 볼 1호, 난이도 ★★★)

6.7 N개의 음수가 아닌 정수로 만든 정수열 a_0, ..., a_{N-1}(최댓값은 A)이 주어졌을 때 정수열의 연속 구간은 $\dfrac{N(N+1)}{2}$개 존재하는데, 각각에 대해 구간에 속한 값의 중앙값을 계산한다. 이렇게 만든 $\dfrac{N(N+1)}{2}$개 정수의 중앙값을 구하는 알고리즘을 설계하라. 단, $O(N\log N\log A)$ 복잡도로 구현한다. (출처: AtCoder Regular Contest 101 D – Median of Medians, 난이도 ★★★★★)

memo

7장

설계 기법(5): 탐욕법

최적화 문제 해법을 구할 때 동적 계획법에서 본 것처럼 여러 선택지 중 하나를 선택하는 단계를 순서대로 실행하는 형태의 알고리즘을 고안하는 경우가 많습니다. 선택 과정에서 나중은 생각하지 않고 바로 다음 단계만 봤을 때 가장 유리한 선택지를 고르는 행위를 반복하여 답을 도출하는 방법을 **탐욕법**(greedy algorithm)이라고 합니다. 탐욕법은 결과로 봤을 때 정답인 최적해를 반드시 도출하는 건 아니지만, 어떤 문제에 대해서는 무척 유용한 방법입니다.

7.1 탐욕법이란?

5장에서 설명한 동적 계획법에서는 N단계에 걸쳐 어떤 값을 선택해서 최종 결과를 최적화하는 문제를 많이 살펴봤습니다. 이러한 문제를 푸는 동적 계획법은 각 선택 순간까지 최적화하는(i번째까지의 결과를 최적화하는) 부분을 부분 문제로 나누고, 부분 문제 사이의 전이를 살펴봤습니다.

탐욕법 역시 어떤 선택을 반복해서 결과를 최적화하는 유형의 문제에 적용 가능한 방법입니다. 다만 동적 계획법처럼 모든 전이 방법을 확인하는 대신, 바로 다음 단계만 봤을 때 최선인 선택을 반복하는 방법론입니다. 탐욕법을 어떻게 적용할지 다음 예제로 확인해 보겠습니다. 일상생활에서 종종 보는 상황입니다.

> **동전 문제**
>
> 500원, 100원, 50원, 10원짜리 동전이 각각 a_0, a_1, a_2, a_3개 있다고 하자(그림 7-1). 이 동전으로 X원을 지불할 때 동전을 가능한 한 적게 사용하고 싶다. 최소 몇 개의 동전을 사용해야 하는지 구하라. 단, 해당 금액을 만드는 방법은 반드시 하나 이상 존재한다고 가정한다.

▼ 그림 7-1 동전 문제

이 문제는 일단 큰 금액의 동전부터 내면 될 것 같은 직감에 따라 다음과 같은 최적해를 구할 수 있습니다.

1. 우선 X원을 넘지 않는 범위에서 500원 동전을 가능한 한 많이 사용

2. 남은 금액에서 100원 동전을 가능한 한 많이 사용

3. 남은 금액에서 50원 동전을 가능한 한 많이 사용

4. 마지막으로, 남은 금액을 10원 동전으로 지불

이 방법은 500, 100, 50, 10원 동전을 사용할 개수를 위 순서대로 결정하며, 네 단계로 이뤄진 의사 결정 문제라고 볼 수 있습니다. 처음에 500원 동전을 몇 개 사용할지 결정할 때 뒷일은 생각하지 않고 500원을 가능한 한 많이 사용하도록 판단합니다. 그다음에 100원을 몇 개 사용할지 결정할 때도 뒷일은 생각하지 않고 100원을 가능한 한 많이 사용합니다. 탐욕법은 이렇게 뒷일은 생각하지 않고 '당장의 최선'을 반복해서 선택하는 방법론입니다. 탐욕법을 사용하면 코드 7−1처럼 구현할 수 있습니다.

코드 7−1 동전 문제를 푸는 탐욕법

```cpp
#include <iostream>
#include <vector>
using namespace std;

// 동전 금액
const vector<int> value = {500, 100, 50, 10};

int main() {
    // 입력
    int X;
    vector<int> a(4);
    cin >> X;
    for (int i = 0; i < 4; ++i) cin >> a[i];

    // 탐욕법
    int result = 0;
    for (int i = 0; i < 4; ++i) {
        // 개수 제한이 없는 경우 최대 개수
        int add = X / value[i];

        // 개수 제한을 고려
        if (add > a[i]) add = a[i];
```

```
        // 남은 금액을 계산하고 답에 사용한 동전 개수를 더하기
        X -= value[i] * add;
        result += add;
    }
    cout << result << endl;
}
```

7.2 탐욕법으로 최적해를 구할 수 없는 경우

앞에서 동전 문제를 탐욕법으로 풀어 봤습니다. 그런데 탐욕법은 당장은 최선이 아니더라도 향후 최적인 선택지를 버릴 가능성이 있어서 반드시 최적해를 도출하는 건 아닙니다. 실제로 동전 문제도 문제를 조금만 바꾸면 탐욕법이 통하지 않습니다. 예를 들어 동전 단위가 10원, 40원, 50원일 때 80원을 만드는 방법을 생각해 봅시다.

- 탐욕법: 50 + 10 + 10 + 10 = 80이므로 네 개
- 최적해: 40 + 40 = 80이므로 두 개

탐욕법으로 얻은 답이 최적이 아닌 걸 볼 수 있습니다. 또 다른 예는 18.3절에서 냅색 문제를 탐욕법으로 풀어 볼 때 다뤄봅니다.

지금까지의 내용을 감안하면, 탐욕법으로 최적해를 도출 가능한 문제는 그 구조 자체가 좋은 성질을 내포하고 있을 가능성이 높으므로 문제 구조에 주목해서 최적의 해법이 필요한 이유를 생각해 보는 것이 중요합니다.

문제 구조 자체가 좋아서 탐욕법으로 최적해를 도출 가능한 예로는 15장에서 배울 최소 신장 트리(minimum spanning tree) 문제가 있습니다. 최소 신장 트리 문제는 탐욕법에 기반한 크러스컬 알고리즘(Kruskal algorithm)으로 최적해를 도출할 수 있습니다. 배경에는 **매트로이드**(matroid)와 **이산 볼록**(discrete convex)이라고 부르는 심오한 구조가 있습니다.

또한, 이 장에서는 탐욕법으로 최적해를 도출하는 문제만 다루지만 최적해가 아니더라도 탐욕법으로 최적해에 가까운 답을 얻을 수 있는 경우도 많습니다. 18.3절, 18.7절에서 그런 예를 소개합니다.

7.3 탐욕법 패턴(1): 교환해도 악화되지 않음

탐욕법뿐만 아니라 최적화 문제를 풀 때 미리 탐색 범위를 좁힐 수 없을지 검토해 보는 건 무척 유용합니다. 다음은 그중에서도 자주 보는 패턴입니다.

최적화 문제를 생각하는 포인트

x에 대한 함수 $f(x)$의 최댓값을 구하고자 한다. 임의의 x에 대해 조금 변형을 가하면 어떤 성질 P를 만족하는, x와 유사한 별도의 해 x'를 얻을 수 있고,

$$f(x') \geq f(x)$$

이런 식이 성립한다고 하자. 이때 전체 x 중에서 P를 만족하는 것만 대상으로 하더라도 그 안에 $f(x)$가 최대가 되는 x도 포함된다.

이 성질을 활용하면 탐색 범위가 확 줄어드는 경우가 많습니다. 예제로 유명한 문제인 **구간 스케줄링 문제**(interval scheduling problem)를 살펴봅시다.

구간 스케줄링 문제

N개의 일이 있는데 $i(= 0, 1, \cdots, N - 1)$번째 일은 시간 s_i에 시작해서 시간 t_i에 끝난다. 가능한 한 많은 일을 처리하고 싶은데 시간이 겹치는 일은 선택할 수 없다. 최대 몇 개의 일을 할 수 있는지 구하라.

예를 들어 그림 7-2와 같다면 일을 세 개 고를 수 있습니다. 문제에서 '일'은 수학적으로 '구간'에 해당합니다. 따라서 앞으로는 구간이라고 부르겠습니다.

▼ 그림 7-2 구간 스케줄링 문제

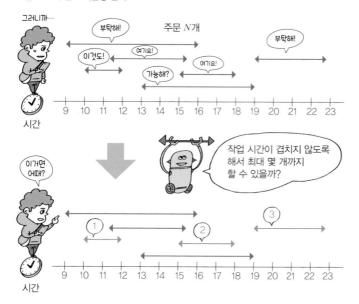

탐욕법을 적용해서 생각하려면 우선 주어진 N개 구간에 대해 어떤 순서로 구간을 선택할지가 무척 중요합니다. 그림 7-3처럼 구간 종료 시간이 빠른 순서대로 정렬해 봅시다. 이처럼 구간에 관련된 문제를 푸는데, 일단 구간 종료 시간을 기준으로 정렬해서 생각해 보면 쉬워질 때가 많습니다.

▼ 그림 7-3 구간을 종료 시간 순서로 정렬

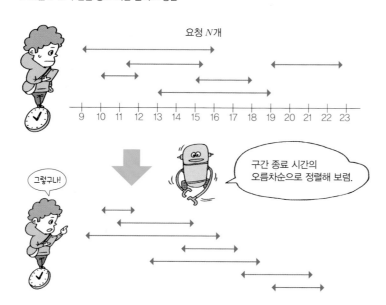

그러면 모든 구간 중에 가장 종료 시간이 빠른 구간을 p라고 합시다. 이때 구간 p는 일단 선택해도 큰 문제가 없습니다. 이러한 사실을 앞서 다룬 '최적화 문제를 생각하는 포인트'로 확인해 봅시다. 구체적으로, 임의의 구간 선택법을 선택 구간의 개수를 변경하지 않고 그 안에서 구간 p가 포함되도록 살짝 바꿀 수 있다는 것입니다. 임의의 구간 선택법 x에 대해 그중 가장 왼쪽에 있는 구간을 p'라고 합시다. 이때 p의 정의에서 다음을 만족합니다.

구간 p 종료 시간 ≤ 구간 p' 종료 시간

x에 있어 p' 이외의 임의의 구간 q는 다음을 만족합니다.

구간 p' 종료 시간 ≤ 구간 q 시작 시간

따라서 정리하면 다음을 만족합니다.

구간 p 종료 시간 ≤ 구간 q 시작 시간

이것으로 구간 선택법 x에 있어 p'를 p로 교환해도 선택 가능한 구간 개수가 줄어드는 일 없이 구간이 겹치지 않는 상태를 유지할 수 있습니다(그림 7-4). 따라서 구간 스케줄링 문제의 답으로 구간 p를 포함하는 것만 탐색 후보에 넣어도 됩니다.

❤ 그림 7-4 임의의 구간 선택법에서 종료 시간이 가장 빠른 구간을 선택하도록 변경 가능함

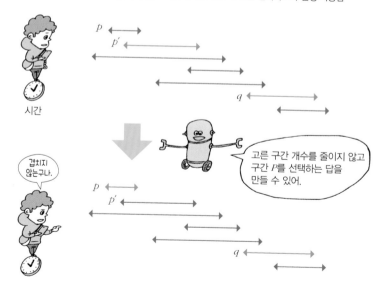

구간 p를 선택한 후에는 p와 겹치는 구간은 모두 제외하고 남은 구간에 대해 동일한 방법으로 선

택을 반복합니다. 이런 절차를 정리하면 그림 7-5처럼,

A: 남은 구간 중 종료 시간이 가장 빠른 것을 고름(이 부분이 탐욕법)

B: 이렇게 고른 구간과 겹치는 구간을 삭제

이 작업을 더 이상 처리할 구간이 모두 없어질 때까지 반복합니다.

❤ 그림 7-5 구간 스케줄링 문제에 대한 탐욕법

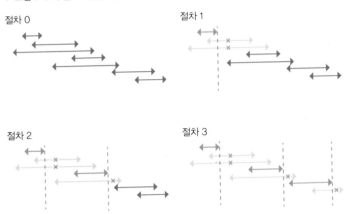

이 절차를 구현한 코드가 코드 7-2입니다. 구간을 구간 종료 시간의 오름차순으로 정렬하는 처리는 표준 라이브러리 std::sort()에 전용 함수를 정의해서 넘깁니다.

마지막으로 알고리즘 복잡도를 살펴봅시다. 우선 처음에 구간을 구간 종료 시간 순서로 정렬하는 부분은 $O(N\log N)$ 복잡도입니다. 그런 다음에 탐욕법으로 구간을 선택하는 처리는 $O(N)$ 복잡도로 구현할 수 있습니다. 전체로 보면, 시작할 때 정렬하는 부분에 시간이 걸려서 복잡도는 $O(N\log N)$이 됩니다.

코드 7-2 구간 스케줄링 문제를 푸는 탐욕법

```
#include <iostream>
#include <vector>
#include <algorithm>
#include <functional>
using namespace std;

// 구간은 pair<int, int>로 표현
typedef pair<int,int> Interval;

// 종료 시간으로 구간의 대소를 비교하는 함수
```

```cpp
bool cmp(const Interval &a, const Interval &b) {
    return a.second < b.second;
}


int main() {
    // 입력
    int N;
    cin >> N;
    vector<Interval> inter(N);
    for (int i = 0; i < N; ++i)
        cin >> inter[i].first >> inter[i].second;

    // 종료 시간이 빠른 순서로 정렬
    sort(inter.begin(), inter.end(), cmp);

    // 탐욕법으로 고름
    int res = 0;
    int current_end_time = 0;
    for (int i = 0; i < N; ++i) {
        // 이전에 고른 구간과 겹치면 제외
        if (inter[i].first < current_end_time) continue;

        ++res;
        current_end_time = inter[i].second;
    }
    cout << res << endl;
}
```

7.4 탐욕법 패턴(2): 현재가 좋으면 미래도 좋음

탐욕법은 단계별로 지금 당장 최선인 수단을 고르는 방법론입니다. 이 방법으로 최적해를 찾을 수 있는 문제 중에는 문제 구조가 단조성과 관련된 경우가 많습니다. 단, 엄밀하게 따지면 정확한 표현은 아니므로 주의하길 바랍니다.

이런 구조를 가진 문제 예제로 다음 예제를 살펴봅시다. 출처는 AtCoder Grand Contest 009 A – Multiple Array입니다.

▼ 그림 7–6 버튼을 눌러서 A_i를 B_i의 배수로 만드는 문제

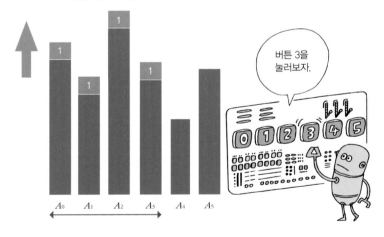

버튼 0, 1, $\cdots$, $N-1$을 누른 횟수를 각각 $D_0, D_1, \cdots, D_{N-1}$이라고 하면 다음 조건을 만족하는 $D_0 + D_1 + \cdots + D_{N-1}$의 최솟값을 구하는 문제라고 할 수 있습니다.

- $A_0 + (D_0 + D_1 + \cdots + D_{N-1})$은 B_0의 배수

- $A_1 + (D_1 + D_1 + \cdots + D_{N-1})$은 B_1의 배수

  $\vdots$

- $A_{N-1} + D_{N-1}$은 B_{N-1}의 배수

$D_{N-1}, D_{N-2}, \cdots, D_0$ 순서로 결정한다면 우선 $A_{N-1} + D_{N-1}$이 B_{N-1}의 배수라는 조건을 만족하는 D_{N-1}을 생각해 봅시다. 편의를 위해 $a = A_{N-1}$, $b = B_{N-1}$, $d = D_{N-1}$이라고 합시다. 이때 $a + d$가 b의 배수가 되는 d로 가능한 값은 다음과 같습니다.

- a가 b의 배수일 때: $d = 0, b, 2b, \cdots$

- 그렇지 않을 때: a를 b로 나눈 나머지가 r이라면 $d = b - r, 2b - r, 3b - r, \cdots$

그러면 D_{N-1}일 때 어떤 걸 선택하면 될까요? 여기서 D_{N-1}은 필요 이상으로 큰 값을 사용할 필요가 없다는 점에 주목하길 바랍니다. 따라서 $d = D_{N-1}$ 선택법은 다음과 같이 하면 됩니다.

- A_{N-1}이 B_{N-1}의 배수일 때: $D_{N-1} = 0$

- 그렇지 않을 때: A_{N-1}을 B_{N-1}로 나눈 나머지가 r이라면 $D_{N-1} = B_{N-1} - r$

이후 단계에 대해서도 마찬가지로 $D_{N-2}, \ldots, D_0$을 구하면 최적해를 얻을 수 있습니다. 이 절차를 코드 7-3처럼 구현할 수 있습니다. 여기서 변수 sum에는 지금까지 구한 버튼 $N - 1$, $N - 2$, …을 누른 횟수 합계를 저장합니다. 복잡도는 $O(N)$입니다.

코드 7-3 AtCoder Grand Contest 009 A – Multiple Array 해답 예

```cpp
#include <iostream>
#include <vector>
using namespace std;

int main() {
    // 입력
    int N;
    cin >> N;
    vector<long long> A(N), B(N);
    for (int i = 0; i < N; ++i) cin >> A[i] >> B[i];

    // 답
    long long sum = 0;
    for (int i = N - 1; i >= 0; --i) {
        A[i] += sum; // 이전까지의 작업 횟수를 더함
```

```
        long long amari = A[i] % B[i];
        long long D = 0;
        if (amari != 0) D = B[i] - amari;
        sum += D;
    }
    cout << sum << endl;
}
```

7.5 / 정리

이 장에서는 뒷일은 생각하지 않고 지금 당장 최선인 선택을 반복하는 탐욕법으로 최적해를 도출하는 문제를 소개했습니다. 이후 장에서도 최단 경로 문제를 푸는 다익스트라 알고리즘(14.6절)이나 최소 신장 트리 문제를 푸는 크러스컬 알고리즘(15장) 같은 탐욕법에 기반한 알고리즘이 여럿 등장합니다.

또한, 이 장에서 문제 구조와 관련해 살펴본 사고방식은 탐욕법에 한정된 내용이 아니라 범용적인 내용입니다. 다음은 추상적인 표현이지만 알고리즘 설계에서 무척 자주 보는 논법입니다.

- 탐색 범위를 줄여서 현실적인 계산 시간에 전체 탐색이 가능해진다.
- 어떤 기준에 따라 의사 결정 순서를 고정해도 문제가 없으므로 그 순서에 따라 동적 계획법으로 최적해를 구할 수 있다.

여러분도 문제가 어떤 구조인지 제대로 파악하고 나서 그 구조를 잘 살린 알고리즘을 설계하는 즐거움을 조금이라도 느낄 수 있었으면 좋겠습니다.

탐욕법으로 최적해를 도출할 수 있는 문제는 원래 문제 자체가 좋은 구조를 가진 경우가 많습니다. 실제로 현실 세계에서 직면하는 문제라면 탐욕법으로 최적해를 구할 수 있는 경우는 많지 않습니다. 하지만 현실 세계의 문제에서 탐욕법으로 얻은 답은 비록 최적이 아닐지라도 최적해에 근접한 답입니다(18.3절, 18.7절). 최적해를 구하는 데 엄청난 시간이 걸리는 어려운 문제는 17장에서 설명하겠지만, 일단 그런 문제에 대해서도 우선 탐욕법을 검토해 보면 좋습니다.

7.6 연습 문제

7.1 N개의 정수 a_0, a_1, ..., a_{N-1}과 N개의 정수 b_0, b_1, ..., b_{N-1}이 주어졌을 때 양쪽에서 몇 개씩 골라 쌍을 만들려고 한다. 단, 각 쌍 (a_i, b_j)는 $a_i < b_j$를 만족해야 한다. 최대 몇 쌍을 만들 수 있는지 $O(N\log N)$ 복잡도로 구하는 알고리즘을 설계하라. (유명 문제, 난이도 ★★★)

7.2 2차원 평면에 빨간 점과 파란 점이 N개씩 있다. 빨간 점과 파란 점이 있을 때 x 좌표와 y 좌표가 모두 빨간 점 쪽이 작은 값일 때 사이가 좋다고 한다. 이렇게 사이가 좋은 빨간 점과 파란 점 쌍을 만들려고 한다. 한 점은 한 쌍에만 속해야 할 때 최대 몇 쌍이 만들어지는지 $O(N\log N)$ 복잡도로 구하는 알고리즘을 설계하라. (출처: AtCoder Regular Contest 092 C – 2D Plane 2N Points, 유명 문제, 난이도 ★★★★)

7.3 N개의 일이 있고 i번째 일은 d_i 시간이 걸리고 마감 시간이 t_i이다. 동시에 여러 일을 실시할 수 없을 때 시간 0부터 일을 시작해서 모든 일을 완료할 수 있는지 여부를 $O(N\log N)$ 복잡도로 판정하는 알고리즘을 설계하라. (출처: AtCoder Beginner Contest 131 D – Megalomania, 난이도 ★★★)

memo

8^장

8^장

자료 구조(1): 배열, 연결 리스트, 해시 테이블

7장까지는 알고리즘 설계 기법을 설명했습니다. 이 장에서는 약간 다른 주제인, 설계한 알고리즘을 효과적으로 실현하기 위한 자료 구조에는 어떤 것이 있는지 설명합니다. 자료 구조는 '자료를 가지고 있는 방법'을 뜻하는 말로, 자료를 어떻게 들고 있는지에 따라 알고리즘 실행에서 엄청난 효율 차이가 발생합니다. 이 장에서는 자료 구조 중에서 기본적인 형태인 배열, 연결 리스트, 해시 테이블을 알아봅니다.

8.1 자료 구조를 배우는 의미

자료 구조(data structure)는 자료를 가지고 있는 방법입니다. 알고리즘을 구현하다 보면, 읽은 값이나 계산 중에 구한 값을 자료 구조 형태로 저장하고 이 자료 구조에서 필요에 따라 원하는 값을 꺼내는 작업이 빈번히 일어납니다. 이렇게 자료 구조에 값을 넣어 관리하거나 자료 구조에서 원하는 값을 꺼내는 요구를 **쿼리**(query)라고 부릅니다. 이 장에서는,

- 쿼리 타입 1: 요소 x를 자료 구조에 삽입
- 쿼리 타입 2: 요소 x를 자료 구조에서 삭제
- 쿼리 타입 3: 요소 x가 자료 구조에 존재하는지 판정

세 가지 쿼리 처리를 반복해서 요구하는 상황을 생각해 봅시다. 쿼리를 실제로 처리할 수 있는 자료 구조는 여럿 있는데, 어떤 자료 구조를 사용하는가에 따라 계산 시간에 엄청난 차이가 발생합니다. 따라서 자료 구조를 배우면 알고리즘 복잡도를 개선할 수 있고, C++나 파이썬 등에서 제공하는 표준 라이브러리 구조를 이해하고 유용하게 활용하는 데 도움이 되기도 합니다.

이 장에서는 기본적인 자료 구조인 배열, 연결 리스트, 해시 테이블을 설명합니다. 자료 구조에 따라 강점과 약점인 쿼리가 다르므로(표 8-1), 상황에 맞는 적절한 자료 구조를 고르는 것이 중요합니다. 표 8-1의 상세 내용은 다음 절에서 설명합니다.

❤ 표 8-1 각 자료 구조와 쿼리 복잡도

	배열	연결 리스트	해시 테이블
C++ 라이브러리	vector	list	unordered_set
파이썬 라이브러리	list	–	set

● 계속

i번째 요소에 접근	$O(1)$	$O(N)$	–
요소 x 삽입	$O(1)$	$O(1)$	$O(1)$
요소 x를 특정 요소 직후에 삽입	$O(N)$	$O(1)$	$O(1)$
요소 x를 삭제	$O(N)$	$O(1)$	$O(1)$
요소 x를 검색	$O(N)$	$O(N)$	$O(1)$

8.2 배열

대량의 데이터가 있을 때 각각의 요소에 간단히 접근할 수 있는 자료 구조로는 **배열**(array)이 대표적입니다.

배열은 그림 8-1처럼 요소를 일렬로 나열하고 각 요소에 쉽게 접근할 수 있도록 한 자료 구조입니다. 배열을 a라고 할 때 왼쪽에서부터 0, 1, 2, …번째 요소는 각각 $a[0]$, $a[1]$, $a[2]$, …로 나타낼 수 있습니다.[1] 그림 8-1은 수열 a = (4, 3, 12, 7, 11, 1, 9, 8, 14, 6)을 배열로 나타낸 것입니다. $a[0]$ = 4, $a[1]$ = 3, $a[2]$ = 12, …라는 관계가 성립합니다.

▼ 그림 8-1 배열의 개념도

배열을 사용한 처리를 C++로 구현할 때는 코드 8-1처럼 std::vector를 사용하면 편리합니다(앞에서 이미 몇 번인가 사용했습니다). 파이썬이라면 list를 사용합니다. 파이썬에서 list는 배열을 의미합니다. 8.3절에서 설명하는 연결 리스트와는 다르므로 이 점을 주의하길 바랍니다.[2]

---

1 C++나 파이썬 등 많은 프로그래밍 언어에서는 배열 첫 요소가 0번째 요소입니다. 이러한 인덱스 번호 체계를 **제로베이스(zero-based)**라고 합니다.

2 파이썬의 list는 실제로는 포인터 배열인데, 데이터 자체는 배열 외부에 있습니다.

```cpp
#include <iostream>
#include <vector>
using namespace std;

int main() {
    vector<int> a = {4, 3, 12, 7, 11, 1, 9, 8, 14, 6};

    // 0번째 요소를 출력(4)
    cout << a[0] << endl;

    // 두 번째 요소를 출력(12)
    cout << a[2] << endl;

    // 두 번째 요소를 5로 교체
    a[2] = 5;

    // 두 번째 요소를 출력(5)
    cout << a[2] << endl;
}
```

이 프로그램을 실행하면 다음과 같이 출력됩니다.

```
4
12
5
```

코드 8-1은 배열 a에 대한 인덱스 i를 지정해서 데이터 a[i] 값을 출력하거나 a[i] 값을 교체합니다. 이렇게 데이터 a[i]에 빠르게 접근할 수 있는 점이 배열의 강점입니다. 구체적으로, a[i]에 접근하는 처리는 $O(1)$ 복잡도로 실행 가능합니다. 일반적으로 데이터에 저장한 장소나 기록 순서에 관계없이 직접 접근하는 걸 **랜덤 액세스**(random access)라고 합니다.

그러나 배열은 다음 처리를 할 때 성능이 많이 떨어집니다.

- 요소 x를 요소 y 직후에 삽입하기(그림 8-2)
- 요소 x를 삭제하기(그림 8-3)

▼ 그림 8-2 배열의 특정 요소 직후에 삽입

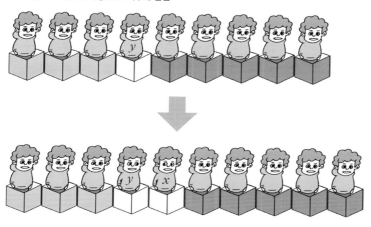

▼ 그림 8-3 배열의 특정 요소를 삭제

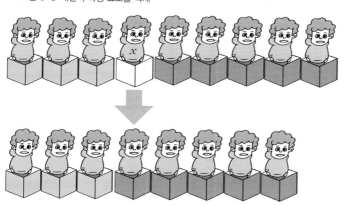

배열 크기가 N이라면 이런 처리의 복잡도는 최악의 경우 $O(N)$입니다. 배열 안에서 요소 y 직후에 요소 x를 삽입하려면 일단 요소 y가 배열 어디에 존재하는지 파악해야 합니다. 3.2절에서 설명한 선형 탐색법을 사용하면 이 작업만으로도 최악의 경우 $O(N)$ 복잡도이고, 요소 x를 삽입하려면 그림 8-2에 있는 빨간색 부분을 오른쪽으로 밀어야 하는데[3] 이 작업도 최악의 경우 $O(N)$ 복잡도입니다.

배열에서 요소 x를 삭제하는 작업도 마찬가지로 요소 x를 탐색하는 데는 $O(N)$ 복잡도가 필요하고, 삭제하는 데도 $O(N)$ 복잡도가 필요합니다.

---

3 이미 크기가 정해진 배열이라 요소 삽입이 불가능한 경우도 있지만, 이 책에서 단순히 배열이라고 하면 삽입, 삭제 같은 변경이 가능한 가변 길이 배열을 뜻합니다.

8.3 / 연결 리스트

배열의 약점인 삽입과 삭제 쿼리에 강한 자료 구조로는 **연결 리스트**(linked list)가 있으며 삽입, 삭제 작업을 $O(1)$ 복잡도로 실행할 수 있습니다.

연결 리스트는 그림 8-4처럼 각 요소를 **포인터**(pointer)라고 부르는 화살표에 의해 한 줄로 나열한 것입니다. 연결 리스트를 구성하는 각 요소를 노드(node)라고 합니다. 각 노드에는 다음 노드를 가리키는 포인터가 존재합니다.

▼ 그림 8-4 연결 리스트 모습

그림 8-4는 '길동' 노드 다음이 '나라' 노드이고, 그다음은 '대호' 노드, '랑이' 노드, '명진' 노드, '백호' 노드 순서로 이어지고 그 뒤는 아무것도 없는 상태입니다. 아무것도 없는 걸 뜻하는 더미 (dummy) 노드로 nil을 준비합니다. 편의를 위해 nil의 다음 노드는 첫 노드인 '길동'이라고 합시다. 나중에 설명하지만, 더미 노드를 준비해두면 연결 리스트에서 삽입, 삭제 작업을 깔끔하게 구현할 수 있습니다. 이런 목적으로 준비한 노드를 **감시**(sentinel) 노드라고 합니다.

연결 리스트는 그림 8-4에서 보는 것처럼 '앞으로 나란히' 상태와 비슷합니다. 자기 자신이 전체에서 몇 번째인지에 대한 정보가 없어도 앞 사람이 누구라는 정보만 있으면 열을 만들 수 있습니다. 연결 리스트는 배열과 다르게 몇 번째 노드라는 정보를 관리하지 않습니다. 나중에 설명하는 것처럼, 연결 리스트는 삽입, 삭제 쿼리에 적합한 자료 구조이긴 하나, 쿼리를 처리할 때마다 각 노드가 전체에서 몇 번째인지 등을 알려 주는 정보를 갱신하려면 상당한 계산 시간이 필요하기 때문입니다.

각 노드가 포인터로 연결되는 자료 구조를 구현하려면 코드 8-2처럼 **자기 참조 구조체**(self-referencing structure)를 사용하는 방법이 있습니다. 자기 참조 구조체는 자기 자신의 자료형을 가리키는 포인터를 멤버로 가지는 구조체를 말합니다. 연결 리스트의 각 노드를 자기 참조 구조체의 인스턴스로 나타냅니다.

코드 8-2 자기 참조 구조체

```
struct Node {
    Node* next; // 다음이 어떤 노드를 가리키는가
    string name; // 노드에 저장된 값

    Node(string name_ = "") : next(NULL), name(name_) { }
};
```

ALGORITHM & DATA STRUCTURES

8.4 / 연결 리스트 삽입과 삭제

이 절에서는 연결 리스트에 요소를 삽입하고 삭제하는 방법을 생각해 보겠습니다. 우선 삽입 처리를 봅시다.

8.4.1 연결 리스트 삽입

어떤 특정한 요소 바로 다음에 다른 요소를 삽입하는 작업은 보통 그림 8-5처럼 포인터(화살표)를 다시 연결하는 것으로 구현 가능합니다.

❤ 그림 8-5 리스트에서 요소 바로 다음에 삽입하는 모습

이와 같은 삽입 처리는 코드 8-3과 같이 구현할 수 있습니다. 코드 8-3은 노드 p 직후에 노드 v 를 삽입하는 함수입니다.

코드 8-3 연결 리스트 삽입 처리

```
// 노드 p 직후에 노드 v를 삽입
void insert(Node* v, Node* p) {
    v->next = p->next;
    p->next = v;
}
```

이 삽입 함수를 사용해 그림 8-4와 같은 연결 리스트를 만들어 봅시다. 그림 8-4의 연결 리스트는 빈 연결 리스트에서 시작하여 각 노드를 순서대로 삽입해 만듭니다. 구체적으로는 코드 8-4처럼 구현할 수 있습니다. 우선 시작할 때 비어 있는 연결 리스트는 감시 역할을 하는 노드 nil만 존재하는 상태입니다.[4] 이때 nil 다음 노드를 nil 자신으로 설정합니다. 코드 8-4는 빈 연결 리스트에서 다음 작업을 실행합니다.

1. nil 직후에 백호 노드를 삽입

2. nil 직후에 명진 노드를 삽입

3. nil 직후에 랑이 노드를 삽입

4. nil 직후에 대호 노드를 삽입

---

4 여기서는 알고리즘 자체에 집중하도록 nil을 전역 영역에 두었습니다. 실제로는 연결 리스트 전체를 뜻하는 구조체를 정의하고 nil을 그 멤버 변수로 정의하는 것이 좋습니다.

5. nil 직후에 나라 노드를 삽입

6. nil 직후에 길동 노드를 삽입

이 순서로 삽입해서 그림 8-4의 연결 리스트를 만듭니다. 마지막으로 24번째 줄에서 함수 printList로 연결 리스트의 각 노드에 저장된 값을 순서대로 출력합니다. 선두 노드(감시 노드 nil의 다음 노드)에서 출발해,

- 노드에 저장된 문자열을 출력

- 다음 노드로 진행

이와 같은 처리를 반복합니다.

코드 8-4 연결 리스트를 삽입 처리로 구축하기

```cpp
1   #include <iostream>
2   #include <string>
3   #include <vector>
4   using namespace std;
5
6   // 연결 리스트의 각 노드를 가리키는 구조체
7   struct Node {
8       Node* next; // 다음 노드를 지정
9       string name; // 노드에 저장하는 값
10
11      Node(string name_ = "") : next(NULL), name(name_) { }
12  };
13
14  // 감시 노드를 전역 변수로 지정
15  Node* nil;
16
17  // 초기화
18  void init() {
19      nil = new Node();
20      nil->next = nil; // 초기 상태는 nil이 nil을 가리킴
21  }
22
23  // 연결 리스트 출력
24  void printList() {
25      Node* cur = nil->next; // 선두부터 출발
26      for (; cur != nil; cur = cur->next) {
27          cout << cur->name << " -> ";
28      }
```

```
29        cout << endl;
30    }
31
32    // 노드 p 직후에 노드 v를 삽입
33    // 노드 p 기본 인수를 nil로 지정
34    // 따라서 insert(v)를 호출하면 리스트 선두에 삽입이 됨
35    void insert(Node* v, Node* p = nil) {
36        v->next = p->next;
37        p->next = v;
38    }
39
40    int main() {
41        // 초기화
42        init();
43
44        // 만들고 싶은 노드명 목록
45        // 마지막 노드(백호)부터 순서대로 삽입하는 것에 주의
46        vector<string> names = {"bakho",
47                                "myongjin",
48                                "rangi",
49                                "daeho",
50                                "nara",
51                                "gildong"};
52
53        // 각 노드를 생성하고 연결 리스트 선두에 삽입함
54        for (int i = 0; i < (int)names.size(); ++i) {
55            // 노드 작성
56            Node* node = new Node(names[i]);
57
58            // 작성한 노드를 연결 리스트 선두에 삽입
59            insert(node);
60
61            // 각 단계의 연결 리스트 상황을 출력
62            cout << "step " << i << ": ";
63            printList();
64        }
65    }
```

실행하면 원하는 대로 결과가 출력됩니다.

```
step 0: bakho ->
step 1: myongjin -> bakho ->
step 2: rangi -> myongjin -> bakho ->
step 3: daeho -> rangi -> myongjin -> bakho ->
step 4: nara -> daeho -> rangi -> myongjin -> bakho ->
step 5: gildong -> nara -> daeho -> rangi -> myongjin -> bakho ->
```

8.4.2 연결 리스트 삭제

이번에는 연결 리스트에서 어떤 특정 요소를 삭제하는 처리를 설명합니다. 삭제 작업은 삽입에 비해 조금 더 어렵습니다. 그림 8-6처럼 명진 노드를 삭제하려면 명진 노드 앞에 있는 랑이 노드도 조작해야 합니다. 랑이 노드가 가리키는 노드를 명진 노드에서 백호 노드로 바꿔 연결해야 하기 때문입니다. 즉, 어떤 특정 노드를 삭제하고 싶으면 삭제하고 싶은 노드의 이전 노드도 파악해야 합니다.

❤ 그림 8-6 리스트에서 특정 요소를 삭제하는 모습

이 문제를 해결하는 방법은 다양하지만, 그림 8-7처럼 **양방향 연결 리스트**(bidirectional linked list)

를 사용하는 것이 간단합니다.

❤ 그림 8-7 양방향 연결 리스트 개념도

양방향 연결 리스트는 각 노드를 연결하는 포인터가 양방향이 되도록 한 것입니다. 구현하려면 코드 8-2에서 본 자기 참조 구조체를 코드 8-5처럼 수정합니다. 각 노드의 멤버 변수로 다음 노드를 가리키는 포인터 *next와 이전 노드를 가리키는 포인터 *prev를 가집니다. 연결 리스트가 양방향이 아니라는 것을 강조하고 싶을 때는 **단방향 연결 리스트**(unidirectional linked list, singly linked list)라고 부릅니다.

코드 8-5 양방향 자기 참조 구조체

```
struct Node {
    Node *prev, *next;
    string name; // 노드에 저장된 값

    Node(string name_ = "") :
    prev(NULL), next(NULL), name(name_) { }
};
```

수정한 자기 참조 구조체를 사용하여 양방향 연결 리스트를 구현하면 코드 8-6과 같습니다. 순서대로 살펴봅시다. 우선 연결 리스트를 양방향으로 만들었으므로 삽입은 그림 8-8처럼 변경해야 합니다. 조금 복잡하지만 코드 8-6의 함수 insert처럼 구현합니다. 그리고 삭제 처리는 그림 8-9와 같이 구현합니다. 이건 코드 8-6의 함수 erase처럼 구현합니다. 함수 insert와 함수 erase를 사용해서 코드 8-6은 다음 처리를 실행합니다.

1. 함수 insert를 사용해서 그림 8-9처럼 명진 노드를 포함한 양방향 연결 리스트를 만듭니다.

2. 함수 erase를 사용해서 명진 노드를 삭제합니다.

코드 8-6 삭제도 가능한 양방향 연결 리스트

```
#include <iostream>
#include <string>
#include <vector>
```

```cpp
using namespace std;

// 연결 리스트의 각 노드를 가리키는 구조체
struct Node {
    Node *prev, *next;
    string name; // 노드에 저장하는 값

    Node(string name_ = "") :
    prev(NULL), next(NULL), name(name_) { }
};

// 감시 노드를 전역 변수로 설정
Node* nil;

// 초기화
void init() {
    nil = new Node();
    nil->prev = nil;
    nil->next = nil;
}

// 연결 리스트를 출력
void printList() {
    Node* cur = nil->next; // 선두부터 출발
    for (; cur != nil; cur = cur->next) {
        cout << cur->name << " -> ";
    }
    cout << endl;
}

// 노드 p 직후에 노드 v 삽입
void insert(Node* v, Node* p = nil) {
    v->next = p->next;
    p->next->prev = v;
    p->next = v;
    v->prev = p;
}

// 노드 v 삭제
void erase(Node *v) {
    if (v == nil) return; // v가 감시 노드이면 아무것도 하지 않음
    v->prev->next = v->next;
    v->next->prev = v->prev;
```

```
        delete v; // 메모리 해제
    }


int main() {
    // 초기화
    init();

    // 만들고 싶은 노드명 목록
    // 마지막 노드(백호)부터 순서대로 삽입하므로 주의
    vector<string> names = {"bakho",
                            "myongjin",
                            "rangi",
                            "daeho",
                            "nara",
                            "gildong"};

    // 연결 리스트 작성: 각 노드를 생성해서 연결 리스트 맨 앞에 삽입
    Node *myongjin;
    for (int i = 0; i < (int)names.size(); ++i) {
        // 노드 작성
        Node* node = new Node(names[i]);

        // 작성한 노드를 연결 리스트 맨 앞에 삽입
        insert(node);

        // 명진 노드를 저장
        if (names[i] == "myongjin") myongjin = node;
    }

    // 명진 노드 삭제
    cout << "before: ";
    printList(); // 삭제 전을 출력
    erase(myongjin);
    cout << "after: ";
    printList(); // 삭제 후를 출력
}
```

실행하면 생각했던 결과가 출력됩니다.

```
before: gildong -> nara -> daeho -> rangi -> myongjin -> bakho ->
after: gildong -> nara -> daeho -> rangi -> bakho ->
```

8.5 배열과 연결 리스트 비교

배열과 연결 리스트의 장점과 단점을 정리해 봅시다. 배열은 i번째 요소에 접근하는 처리를 $O(1)$ 복잡도로 처리할 수 있다는 큰 장점이 있는 반면, 특정 요소 y 뒤에 요소 x를 삽입하거나 삭제하려면 $O(N)$ 복잡도가 필요하다는 단점이 있습니다. 연결 리스트는 이런 삽입과 삭제를 $O(1)$ 복잡도로 실현할 수 있다는 장점이 있지만, 배열과 다르게 i번째 요소에 접근하는 작업은 $O(N)$ 복잡도가 필요하다는 단점이 있습니다.[5]

▼ 그림 8-8 양방향 연결 리스트에서 삽입 처리

대부분의 알고리즘은 i번째 요소에 접근해야 하는 일이 많아 주로 배열을 사용합니다. 연결 리스

---

5 연결 리스트에서 i번째 요소에 접근하려면 맨 앞에서 순서대로 노드를 i회 따라가야 합니다.

트를 사용할 일은 그다지 많지 않을 수도 있지만, 연결 리스트는 어떤 특정 영역에서 큰 힘을 발휘합니다. 그리고 연결 리스트를 단독으로 사용하기보다는 다양한 자료 구조의 부품으로 활용하는 경우도 많습니다. 이런 배열과 연결 리스트의 특징을 표 8-2에 정리했습니다.

▼ 표 8-2 배열과 연결 리스트 비교

쿼리	배열	연결 리스트	비고
i번째 요소에 접근	$O(1)$	$O(N)$	
요소 x를 마지막에 삽입	$O(1)$	$O(1)$	
요소 x를 특정 요소 직후에 삽입	$O(N)$	$O(1)$	연결 리스트에서 특정 노드 p를 지정하면 p 직후에 삽입 처리를 $O(1)$ 복잡도로 수행 가능
요소 x를 삭제	$O(N)$	$O(1)$	단, 연결 리스트에서 특정 요소 x 자체를 찾는 처리는 $O(N)$ 복잡도로 수행 가능
요소 x를 검색	$O(N)$	$O(N)$	3장에서 설명한 선형 탐색법 적용 시

배열 삽입 작업 시 주의할 점을 살펴봅시다. 배열에서 특정 요소 바로 다음에 삽입하는 작업은 $O(N)$ 복잡도인데, 배열 마지막에 삽입하는 건 $O(1)$[6] 복잡도입니다. 설계하고 싶은 알고리즘에서 삽입한 요소 사이의 순서에 큰 의미가 없다면 배열은 사용하기가 매우 편한 자료 구조입니다.

▼ 그림 8-9 양방향 연결 리스트에서 삭제 처리

---

6   엄격하게 따지면 조금 차이가 있지만 여기서는 깊이 다루지 않습니다.

C++의 std::vector나 파이썬의 list(연결 리스트가 아니라 배열)에서 배열 a의 마지막에 요소 x를 삽입하는 처리는 다음과 같이 작성할 수 있습니다.

```
a.push_back(x); // C++
```

```
a.append(x) # Python
```

그런데 표 8-2에서 보면 요소 x를 검색하는 처리는 배열이나 연결 리스트 중에서 무엇을 사용하든 간에 $O(N)$ 복잡도가 필요합니다. 배열 a에 요소 x가 포함되어 있는지 판정하는 처리는 C++의 std::vector, 파이썬의 list로 다음과 같이 작성합니다.

```
// C++
if (find(a.begin(), a.end(), x) != a.end()) {
    // 하고 싶은 처리
}
```

```
# Python
if x in a:
    # 하고 싶은 처리
```

파이썬 코드는 너무 간결해서 가끔 이 처리가 $O(N)$ 복잡도라는 걸 잊기 쉬우므로, 크기가 큰 배열을 다룰 때 주의하길 바랍니다.

지금까지의 이야기를 바탕으로 특정 요소 x의 포함 여부를 빠르게 판정할 수 있는 자료 구조도 필요하다는 걸 알 수 있습니다. 다음은 그러한 자료 구조입니다.

- 해시 테이블: 평균적으로 $O(1)$ 복잡도로 검색 가능
- 자가 균형 이진 탐색 트리: $O(\log N)$ 복잡도로 검색 가능

해시 테이블은 곧이어 설명하겠지만 요소 x를 평균적으로 $O(1)$ 복잡도로 계산할 수 있습니다. 게다가 요소의 삽입, 삭제도 평균 $O(1)$ 복잡도입니다. 이런 성능만 보면, 해시 테이블은 배열이나 연결 리스트의 상위 호환이라는 생각이 들지도 모르겠습니다. 하지만 i번째 요소나 그다음 요소 같은 각 요소 사이의 순서 관련 정보가 존재하지 않는 자료 구조라는 점에 주의하길 바랍니다. 자가 균형 이진 탐색 트리에 대한 자세한 설명은 생략하고, 10.8절에서 간략하게 소개합니다.

8.6 해시 테이블

8.6.1 해시 테이블 만드는 법

해시 테이블이 무엇인지 체험해 보기 위해 우선 간단한 예를 살펴봅시다. M은 양의 정수, x는 0 이상 M 미만 정수일 때 다음과 같은 쿼리를 빠르게 처리하는 방법을 생각해 봅시다.

- 쿼리 타입 1: 정수 x를 자료 구조에 삽입하기

- 쿼리 타입 2: 정수 x를 자료 구조에서 삭제하기

- 쿼리 타입 3: 정수 x가 자료 구조에 포함되어 있는지 판정하기

지금까지 본 삽입, 삭제, 검색 쿼리와 다르게 쿼리 대상인 요소 x를 0 이상 M 미만인 정수로 제한하고 있습니다.[7] 이때 x를 인덱스로 하는 배열 $T[x]$를 사용해서 다음과 같이 정의합니다.

> **해시 테이블을 표현하는 배열**
>
> $T[x] \leftarrow$ 자료 구조에 값 x가 존재하는지 여부를 나타내는 값(true 또는 false)

배열 T를 사용하면 각 쿼리를 표 8-3처럼, 즉 삽입, 삭제, 검색 쿼리를 모두 $O(1)$ 복잡도로 처리할 수 있습니다.

▼ 표 8-3 버킷을 사용한 삽입, 삭제, 검색 쿼리 처리

쿼리	복잡도	구현
정수 x 삽입	$O(1)$	$T[x] \leftarrow$ true
정수 x 삭제	$O(1)$	$T[x] \leftarrow$ false
정수 x 검색	$O(1)$	$T[x]$가 true인지 여부

이런 배열을 **버킷**(bucket)이라고 부릅니다. 버킷을 잘 사용해서 고속 알고리즘을 구현한 것이 12.8 절에서 소개하는 버킷 정렬입니다. 버킷이라는 발상은 무척 매력적이지만 사용 가능한 범위가 0 이상 M 이하 정수뿐입니다. 따라서 범용적으로 사용하기 위해 필요한 것이 **해시 테이블**(hash table)

7　나중에 설명하는 방법으로 쿼리를 처리하면 $O(M)$ 공간 복잡도(저장 공간)가 필요합니다. 일반적인 가정용 컴퓨터라면 $M = 10^9 \sim 10^{10}$ 정도
　의 용량이 한계입니다.

입니다.

해시 테이블은 정수뿐만 아니라 일반적인 자료 집합 S의 각 요소 x에 대응하는 $0 \le b(x) < M$인 정수 $b(x)$를 만들 수 있습니다. 이때 $b(x)$를 **해시 함수**(hash function)라고 부릅니다.[8] 또한, x를 해시 테이블의 **키**(key)라 하고, 해시 함수의 값 $b(x)$를 **해시값**(hash value)이라 합니다. 그리고 $x \in S$인 모든 키에 대해 서로 다른 해시값 $b(x)$를 만드는 해시 함수를 **완전 해시 함수**(perfect hash function)라고 부릅니다. 만약 완전 해시 함수를 설계할 수 있다면, 앞에서 본 배열 T를 준비해 삽입, 삭제, 검색 같은 쿼리를 각각 $O(1)$ 복잡도로 실행할 수 있습니다. 구체적으로는 그림 8–10처럼 S의 각 요소 x를 정수 $b(x)$에 대응시켜서 표 8–3을 표 8–4와 같이 수정합니다. 이런 구조로 각 쿼리를 처리하는 자료 구조를 해시 테이블이라고 부릅니다.

❤ 그림 8–10 해시 테이블 만드는 법

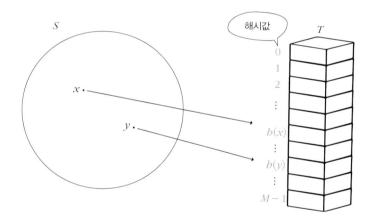

❤ 표 8–4 완전 해시 함수를 설계할 수 있을 때 해시 테이블에서 삽입, 삭제, 검색하는 쿼리 처리

쿼리	복잡도	구현
요소 x 삽입	$O(1)$	$T[b(x)] \leftarrow$ true
요소 x 삭제	$O(1)$	$T[b(x)] \leftarrow$ false
요소 x 검색	$O(1)$	$T[b(x)]$가 true인지 여부

---

8 예를 들어 S가 문자열 집합이라면 a를 정수라 하고 다음과 같은 해시 함수를 만들 수 있습니다. 문자열 $x = c_1 c_2 ... c_m$에 대해 $b(x) = (c_1 a^{m-1} + c_2 a^{m-2} + ... + c_m a^0) \bmod M$이라고 합시다. 이때 $b(x)$는 0 이상 M 미만인 정수입니다. 이런 해시 함수를 **롤링 해시**(rolling hash)라고 부릅니다.

8.6.2 해시 충돌 대책

앞에서는 완전 해시 함수를 만들 수 있는 경우의 해시 테이블을 설명했습니다. 하지만 현실적으로 완전 해시 함수를 설계하는 건 무척 어렵습니다. 따라서 서로 다른 요소 $x, y \in S$에 있어 $h(x)$ = $h(y)$가 되는 경우를 대비해야 합니다. 이렇게 서로 다른 요소에서 해시값이 같아지는 것을 **해시 충돌**(hash collision)이라고 합니다. 해시 충돌을 해결하는 방법은 다양하지만, 그림 8-11처럼 해시 값마다 연결 리스트를 구축하는 방법이 대표적입니다.

▼ 그림 8-11 해시 충돌 대책

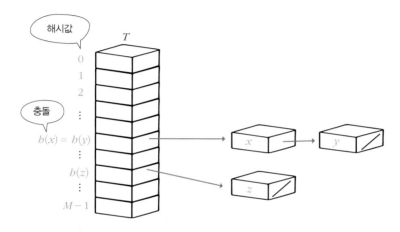

우선 앞에서 설명한 배열 T를 다음과 같이 수정합니다. S의 각 요소 x에 대해 해시값 $h(x)$가 같은 것끼리 연결 리스트를 구축하고, $T[h(x)]$에는 해당하는 연결 리스트의 선두를 가리키는 포인터를 저장합니다. 요소 $x \in S$를 새롭게 해시 테이블에 삽입하려면 해시값 $h(x)$에 대응하는 연결 리스트에 x를 삽입하고 $T[h(x)]$를 선두를 가리키는 포인터로 변경합니다. 또한, 해시 테이블에서 요소 $x \in S$를 검색하려면 $T[h(x)]$가 가리키는 연결 리스트를 따라서 각 노드와 x를 비교합니다.

8.6.3 해시 테이블 복잡도

연결 리스트를 사용한 해시 테이블 복잡도를 생각해 봅시다. 최악은 자료 구조에 삽입한 N개의 키가 모두 동일한 해시값을 가지는 경우입니다. 이 경우 키 탐색에 $O(N)$ 시간 복잡도가 필요합니다. 하지만 해시 함수가 충분히 괜찮은 성능을 보일 때 이상적으로는 '임의의 키에 대한 해시값이 어떤 특정한 값이 될 확률은 $\frac{1}{M}$이므로, 임의의 두 키에 대해 그 유사성과 관계없이 해시값이 충돌하는 확률이 $\frac{1}{M}$이다'라는 **단순 균일 해시 가정**(simple uniform hashing assumption)을 만족한다면 해시 테이블 각 요소에 접근하는 데 필요한 시간 복잡도는 평균적으로 $O\left(1 + \frac{N}{M}\right)$이 됩니다. 여기서 $a = \frac{N}{M}$을 **부하율**(load factor)이라고 부릅니다. 부하율은 해시 테이블이 어떻게 동작할지 나타내는 중요한 지표입니다. 경험적으로 $a = \frac{1}{2}$ 정도면 $O(1)$ 복잡도를 달성할 수 있다고 알려져 있습니다.

8.6.4 C++와 파이썬의 해시 테이블

C++와 파이썬의 해시 테이블을 소개합니다. C++는 std::unordered_set, 파이썬은 집합형 set 을 사용합니다. 각각 변수명을 a라고 했을 때 요소 x의 삽입, 삭제, 검색은 코드 8-7(C++), 코드 8-8(파이썬)과 같이 각각 평균 $O(1)$ 복잡도로 실행 가능합니다.

코드 8-7 C++로 해시 테이블 삽입, 삭제, 검색 쿼리 처리

```
// 요소 x 삽입
a.insert(x);

// 요소 x 삭제
a.erase(x);

// 요소 x 검색
if (a.count(x)) {
    (처리)
}
```

코드 8-8 파이썬으로 해시 테이블 삽입, 삭제, 검색 쿼리 처리

```
# 요소 x 삽입
a.add(x);

# 요소 x 삭제
a.remove(x);

# 요소 x 검색
if x in a:
    (처리)
```

C++는 std::set을 사용하는 방법도 있는데, std::set은 삽입, 삭제, 검색을 각각 $O(\log N)$ 복잡도로 실행할 수 있어 충분히 빠릅니다. std::set은 **자가 균형 이진 탐색 트리**(self-balancing binary search tree)의 일종인 **레드-블랙 트리**(red-black tree)를 사용해서 실현하는 경우가 많습니다.

8.6.5 연상 배열

보통 배열 a는 음수가 아닌 정수만 인덱스로 사용합니다. a["cat"]처럼 문자열 cat을 인덱스로 사용할 수는 없습니다. 하지만 일반적인 자료 집합 S에 대해 적절한 해시 함수 h를 설계하면, S의 각 요소 x를 음수가 아닌 정숫값 $h(x)$에 대응할 수 있으므로 x를 인덱스로 사용하는 배열 a[x]를 생각해 볼 수 있습니다. 이런 배열을 **연상 배열**(associative array)이라고 합니다.

연상 배열을 실현하는 자료 구조로 해시 테이블을 채용하면 연상 배열의 각 요소에 접근하는 복잡도는 모두 평균적으로 $O(1)$입니다. C++라면 std::unordered_map을 사용하고, 파이썬은 사전형 dict를 사용합니다. 연상 배열을 실현하는 데 반드시 해시 테이블 자료 구조를 사용해야 하는 건 아니므로 C++ 표준 라이브러리인 연상 배열 std::map은 std::set과 마찬가지로 레드-블랙 트리를 많이 사용하며, 각 요소에 접근하는 복잡도는 $O(\log N)$이 됩니다.

8.7 정리

이 장에서는 기본적인 자료 구조인 배열, 연결 리스트, 해시 테이블을 소개했습니다. 특히 요소의 삽입, 삭제, 검색 같은 쿼리 관련 성능을 비교하면서 설명했습니다. 끝으로 각 자료 구조 특징을 표 8-5에 정리했습니다. 표에는 10.7절에서 설명하는 힙도 포함되어 있습니다. 여기서 중요한 점은 처리하고 싶은 쿼리 타입에 적합한 자료 구조를 골라서 사용하는 것입니다.

▼ 표 8-5 각 자료 구조의 쿼리별 복잡도

	배열	연결 리스트	해시 테이블	자가 균형 이진 탐색 트리	힙
C++	vector	list	unordered_set	set	priority_queue
파이썬	list	–	set	–	heapq
i번째 요소 접근	$O(1)$	$O(N)$	–	–	–
자료 구조 크기 취득	$O(1)$	$O(1)$	$O(1)$	$O(1)$	$O(1)$

○ 계속

요소 x 삽입	$O(1)$	$O(1)$	$O(1)$	$O(\log N)$	$O(\log N)$
요소 x를 특정 요소 직후에 삽입	$O(N)$	$O(1)$	–	–	–
요소 x 삭제	$O(N)$	$O(1)$	$O(1)$	$O(\log N)$	$O(\log N)$
요소 x 검색	$O(N)$	$O(N)$	$O(1)$	$O(\log N)$	–
최댓값 취득	–	–	–	$O(\log N)$	$O(1)$
최댓값 삭제	–	–	–	$O(\log N)$	$O(\log N)$
k번째로 작은 값 취득[9]	–	–	–	$O(\log N)$	–

ALGORITHM & DATA STRUCTURES

8.8 연습 문제

8.1 코드 8–6의 연결 리스트에서 각 노드에 저장한 값을 순서대로 출력하는 함수 printList(26~32번째 줄) 처리의 복잡도를 평가하라. (난이도 ★)

8.2 크기가 N인 연결 리스트에서 get(i)가 head에서 시작해 i번째인 요소를 취득하는 함수라고 하자. 이때 다음 코드의 복잡도를 구하라. (난이도 ★)

```
for (int i = 0; i < N; ++i) {
    cout << get(i) << endl;
}
```

8.3 연결 리스트의 크기를 $O(1)$로 취득 가능한 방법을 서술하라. (난이도 ★★)

8.4 단방향 연결 리스트에서 특정 노드 v를 삭제하는 방법을 서술하라. 단, $O(N)$ 복잡도를 허용한다. (난이도 ★★)

8.5 N개의 서로 다른 정수 a_0, a_1, ..., a_{N-1}과 M개의 서로 다른 정수 b_0, b_1, ..., b_{M-1}이 주어졌다고 하자. a와 b에서 공통으로 등장하는 정수의 개수를 평균적으로 $O(N + M)$ 복잡도로 구하는 알고리즘을 설계하라. (난이도 ★★)

---

9   C++ 표준의 std::set은 k번째로 작은 값을 취득하는 멤버 함수를 제공하지 않습니다.

8.6 N개의 정수 a_0, a_1, ..., a_{N-1}과 M개의 정수 b_0, b_1, ..., b_{M-1}이 주어졌다고 하자. $a_i = b_j$가 되는 인덱스 i, j 조합의 개수를 평균적으로 $O(N + M)$ 복잡도로 구하는 알고리즘을 설계하라. (난이도 ★★★)

8.7 N개의 정수 a_0, a_1, ..., a_{N-1}과 M개의 정수 b_0, b_1, ..., b_{M-1}이 주어졌다고 하자. 두 정수열에서 각각 하나씩 골라 더한 합이 K가 될 수 있는지 여부를 평균적으로 $O(N)$ 복잡도로 판정하는 알고리즘을 설계하라. 참고로 6.6절에서는 비슷한 문제를 이진 탐색 트리를 기반으로 $O(N\log N)$ 복잡도로 푸는 알고리즘을 제시했다. (난이도 ★★★)

9장

자료 구조(2):
스택과 큐

스택과 큐는 차례차례 계속 쌓이는 작업을 어떤 순서로 처리할지를 표현하는 자료 구조이며, 앞에서 설명한 배열, 연결 리스트, 해시 테이블과 마찬가지로 기본적인 자료 구조로 많이 사용됩니다. 스택과 큐는 배열과 연결 리스트를 사용해서 구현할 수 있습니다. 따라서 특별한 자료 구조라기보다는 배열이나 연결 리스트 구조를 잘 활용하는 사용법 중 하나로 보면 됩니다. 이 장에서는 스택과 큐가 무엇이고 어디에 사용하면 좋은지를 설명합니다.

9.1 / 스택과 큐의 개념

작업이 계속 쌓이는 상황에서 쌓인 작업을 어떤 순서로 처리할 것인지는 컴퓨터에서도, 일상생활에서도 자주 보는 보편적인 문제입니다. 이 장에서 배울 **스택**(stack)과 **큐**(queue)는 이런 문제를 푸는 기본적이고 전형적인 자료 구조입니다.

추상적으로 정의해서 표현하면, 스택과 큐는 다음과 같은 쿼리를 지원하는 자료 구조입니다(그림 9-1).

- push(x): 요소 x를 자료 구조에 삽입하기
- pop(): 자료 구조에서 요소를 하나 꺼내기
- isEmpty(): 자료 구조가 비어 있는지 확인하기

pop할 때 어떤 요소를 선택할지와 관련해 여러 가지 방법이 존재하므로, 상황과 용도를 반영함으로써 다양한 자료 구조를 설계할 수 있습니다.

▼ 그림 9-1 스택과 큐의 공통 프레임워크

그중에서 스택과 큐의 pop 동작은 표 9-1과 같습니다. 그리고 큐에 대해 push, pop하는 것을 보통은 enqueue, dequeue라고 부르므로, 앞으로는 이 용어를 사용합니다.

▼ 표 9-1 스택과 큐의 사양

자료 구조	pop 사양
스택	자료 구조에 들어 있는 요소 중에서 **마지막에** push한 요소를 꺼냅니다.
큐	자료 구조에 들어 있는 요소 중에서 **가장 먼저** push한 요소를 꺼냅니다.

스택은 책이 위에 점점 쌓이는 상태에 비유할 수 있습니다(그림 9-2). 이때 제일 위에 있는 책을 꺼내는 동작은 쌓인 책 중에서 마지막에 쌓은 책을 꺼내는 것과 같습니다. 이러한 동작을 LIFO(last-in first-out)라고 합니다. 스택의 용도로는 웹 브라우저 방문 이력(돌아가기 버튼이 pop에 대응)이나 텍스트 에디터에서 되돌리기(undo) 기능을 들 수 있습니다.

큐는 인기 음식점에서 줄을 서는 것에 비유할 수 있습니다(그림 9-2). 오래된 것부터 먼저 처리하는 방법입니다. 이렇게 먼저 삽입된 요소부터 순서대로 꺼내는 동작을 FIFO(first-in first-out)라고 합니다. 큐의 용도에는 항공권 예약 대기표 처리나 인쇄기의 작업 스케줄링 등이 있습니다.

▼ 그림 9-2 스택과 큐의 개념

스택
마지막에 쌓은 책을
먼저 꺼냄

큐
먼저 줄 선 사람부터
먼저 안내함

9.2 스택과 큐의 동작과 구현

이 절에서는 스택과 큐가 어떻게 동작하는지 구체적인 예를 가지고 이해해 보겠습니다. 스택과 큐는 배열을 사용해서 간단히 구현할 수 있습니다.[1] 또한, 스택과 큐는 각각 C++ 표준 라이브러리로 std::stack, std::queue가 있습니다. 특히 큐는 메모리 낭비 없이 효율적으로 사용하도록 구현하기가 꽤 어려우므로 std::queue를 사용하는 게 편리합니다.

9.2.1 스택 동작과 구현

스택의 동작을 배열을 사용하여 생각해 보면 그림 9-3과 같습니다. 예를 들어, 비어 있는 배열에 [3, 7, 5, 4]가 순서대로 삽입된 스택에 2를 push하면 [3, 7, 5, 4, 2]가 됩니다. 이때 pop을 하면 2가 추출되고, 다시 [3, 7, 5, 4] 상태가 됩니다. 다시 pop을 하면 4가 추출되고 [3, 7, 5] 상태가 됩니다.

❤ 그림 9-3 스택의 push, pop 모습

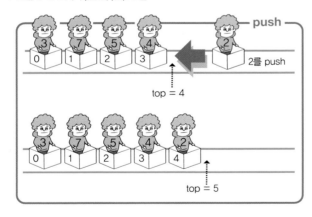

---

1 연결 리스트를 사용해서 스택과 큐를 구현하는 방법도 있지만, 이 내용은 연습 문제 9.1에서 다룹니다.

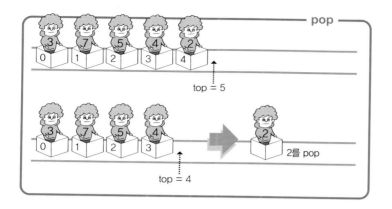

스택을 구현할 경우, 그림 9-3처럼 스택에 마지막으로 삽입된 요소의 다음 인덱스(다음에 새로운 요소를 push할 때 저장에 사용할 인덱스)를 가리키는 변수 top을 사용하면 아주 편리합니다. 이때 top은 스택에 저장된 요소 개수도 나타냅니다. push는 그림 9-3처럼 인덱스 top 위치에 삽입할 요소를 저장하고 top을 증가시킵니다. pop은 top을 감소시키고 top 위치에 있던 요소를 출력합니다.[2]

이러한 처리는 코드 9-1처럼 구현할 수 있습니다. 여기서 배열 크기는 고정된 값입니다. 또한, 스택이 비어 있을 때(top == 0) pop하는 경우나 스택이 가득 찼을 때(top == MAX) push하는 경우는 예외 처리를 실시합니다.

코드 9-1 스택 구현

```cpp
#include <iostream>
#include <vector>
using namespace std;
const int MAX = 100000; // 스택 배열의 최대 크기

int st[MAX]; // 스택을 나타내는 배열
int top = 0; // 스택의 선두를 나타내는 인덱스

// 스택 초기화
void init() {
    top = 0; // 스택 인덱스를 초기 위치로
}

// 스택이 비어 있는지 판정
```

---

2 변수를 증가시킨다는 건 변수의 값에 1을 더한다는 뜻입니다. 그리고 변수를 감소시킨다는 건 1을 뺀다는 의미입니다.

```cpp
bool isEmpty() {
    return (top == 0); // 스택 크기가 0인가
}

// 스택이 가득 찼는지 판정
bool isFull() {
    return (top == MAX); // 스택 크기가 MAX인가
}

// push
void push(int x) {
    if (isFull()) {
        cout << "error: stack is full." << endl;
        return;
    }
    st[top] = x; // x 저장
    ++top; // top 증가
}

// pop
int pop() {
    if (isEmpty()) {
        cout << "error: stack is empty." << endl;
        return -1;
    }
    --top; // top 감소
    return st[top]; // top 위치에 있는 값을 돌려줌
}

int main() {
    init(); // 스택을 초기화

    push(3); // 스택에 3을 삽입 {} -> {3}
    push(5); // 스택에 5를 삽입 {3} -> {3, 5}
    push(7); // 스택에 7을 삽입 {3, 5} -> {3, 5, 7}

    cout << pop() << endl; // {3, 5, 7} -> {3, 5}가 되고 7을 출력
    cout << pop() << endl; // {3, 5} -> {3}이 되고 5를 출력

    push(9); // 새롭게 9를 삽입 {3} -> {3, 9}
}
```

9.2.2 큐 동작과 구현

앞에서 본 것처럼 배열을 사용한 스택 구현 방법은 왼쪽이 닫혀 있는, 혹은 한쪽이 막힌 터널 안에 요소를 집어넣는 이미지입니다. 큐는 그림 9-4처럼 양쪽이 열린 이미지입니다. 예를 들어 비어 있는 상태에서 [3, 7, 5, 4]를 순서대로 삽입한 큐에 2를 enqueue하면 [3, 7, 5, 4, 2]가 됩니다. 이 상태에서 dequeue하면 그림 9-4처럼 3이 추출되고 [7, 5, 4, 2] 상태가 됩니다.

▼ 그림 9-4 큐의 enqueue와 dequeue 모습

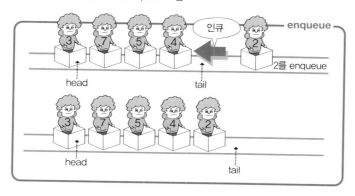

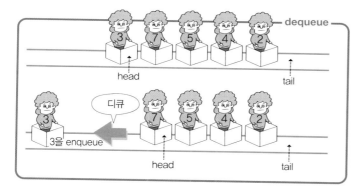

큐는,

- 최초에 삽입한 요소의 인덱스를 나타내는 변수 head
- 최후에 삽입한 요소의 다음 인덱스를 나타내는 변수 tail

위 값을 사용해서 구현합니다. 그런데 여기서 문제가 하나 발생합니다. 큐에서 enqueue와 dequeue 를 반복하면 tail뿐만 아니라 head도 계속 오른쪽으로 진행하므로, head도 tail도 점점 오른쪽 으로 이동합니다. 이대로라면 쓸데없이 큰 사이즈의 배열이 필요해지므로 이런 문제를 해결하기

위해 **링버퍼**(ring buffer)라는 방법을 자주 사용합니다. 크기가 N인 링버퍼에서 인덱스 tail 또는 head는 0, 1, ..., $N - 1$ 범위에서 움직입니다. tail = N-1 상태에서 tail을 증가시키면 tail = N이 되는 게 아니라 tail = 0으로 되돌아갑니다. head도 마찬가지입니다. 이런 구조를 활용하면 head나 tail을 안심하고 증가시킬 수 있습니다. 그림 9-5는 N = 12인 경우의 예시입니다.

❤ 그림 9-5 큐를 실현하는 링버퍼 구조

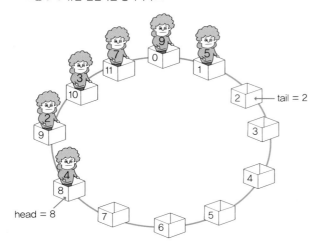

링버퍼를 사용한 큐는 코드 9-2처럼 구현합니다. 스택과 마찬가지로 큐가 비어 있을 때(head == tail) dequeue하는 경우와 큐가 가득 찼을 때(head == (tail + 1) % MAX)[3] enqueue하는 경우에는 예외 처리를 합니다.

코드 9-2 큐 구현

```
#include <iostream>
#include <vector>
using namespace std;
const int MAX = 100000; // 큐 배열의 최대 크기

int qu[MAX]; // 큐를 가리키는 배열
int tail = 0, head = 0; // 큐의 요소 구간을 나타내는 변수

// 큐를 초기화
void init() {
    head = tail = 0;
}
```

---

3   여기서는 버퍼에 삽입된 요소 개수가 MAX − 1 상태일 때 가득 찼다고 합니다.

```cpp
// 큐가 비어 있는지 판정
bool isEmpty() {
    return (head == tail);
}

// 큐가 가득 찼는지 판정
bool isFull() {
    return (head == (tail + 1) % MAX);
}

// enqueue
void enqueue(int x) {
    if (isFull()) {
        cout << "error: queue is full." << endl;
        return;
    }
    qu[tail] = x;
    ++tail;
    if (tail == MAX) tail = 0; // 링버퍼 끝에 도달했으면 0
}

// dequeue
int dequeue() {
    if (isEmpty()) {
        cout << "error: queue is empty." << endl;
        return -1;
    }
    int res = qu[head];
    ++head;
    if (head == MAX) head = 0; // 링버퍼 끝에 도달했으면 0
    return res;
}

int main() {
    init(); // 큐를 초기화

    enqueue(3); // 큐에 3을 삽입 {} -> {3}
    enqueue(5); // 큐에 5를 삽입 {3} -> {3, 5}
    enqueue(7); // 큐에 7을 삽입 {3, 5} -> {3, 5, 7}

    cout << dequeue() << endl; // {3, 5, 7} -> {5, 7}이 되고 3을 출력
    cout << dequeue() << endl; // {5, 7} -> {7}이 되고 5를 출력
```

```
    enqueue(9); // 새롭게 9를 삽입 {7} -> {7, 9}
}
```

9.3 정리

스택과 큐는 컴퓨터 과학의 전 영역에 등장하는 기본적인 내용으로, 다양한 상황에서 알게 모르게 사용되고 있습니다. 스택과 큐의 중요한 응용 예로는 그래프 탐색이 있습니다. 3장에서 설명한 것처럼 탐색은 다양한 알고리즘의 기본이 되는 내용인데, 탐색 문제에 스택과 큐의 개념을 적용하면 **깊이 우선 탐색**(depth-first search, DFS)이나 **너비 우선 탐색**(breadth-first search, BFS)이라는 중요한 그래프 탐색 기법을 설계할 수 있습니다. 자세한 내용은 13장에서 설명합니다.

9.4 연습 문제

9.1 연결 리스트를 사용해서 스택과 큐를 구현하라. (난이도 ★★)

9.2 역폴란드 표기법(Reverse Polish Notation)은 수식의 표기법 중 하나로,

$$(3 + 4) * (1 - 2)$$

위 수식에서 연산자를 숫자 뒤에 기술하는 표기법이다. 이러면 괄호가 필요하지 않다.

$$3\ 4 + 1\ 2 - *$$

역폴란드 표기법으로 작성한 수식을 입력받아서 계산 결과를 출력하는 알고리즘을 설계하라. (난이도 ★★★)

9.3 "(()(())())(()())"처럼 (또는)로 만든, 길이가 $2N$인 문자열이 주어졌을 때(N은 양의 정

수) 괄호 나열이 정합(괄호가 모두 짝이 맞음)인지 판정하고, 서로 짝인 괄호가 문자열에서 몇 번째 문자인지 그 쌍 N개의 조합을 구하는 처리를 $O(N)$ 복잡도로 구현하는 알고리즘을 설계하라. (유명 문제, 난이도 ★★★★)

memo

10장

자료 구조(3): 그래프와 트리

그래프는 대상의 관계를 수학적으로 표현한 것입니다. 세상에 존재하는 다양한 문제를 그래프 문제로 공식화하면 전체 모습을 파악하기 좋습니다. 그리고 그래프 중에서 순환하지 않는 그래프를 트리라고 부릅니다. 이 장에서는 트리 형태를 사용한 유용한 자료 구조를 몇 가지 소개하겠습니다.

10.1 그래프

10.1.1 그래프 사고방식

그래프(graph)는 예를 들어 '같은 반에서 누구와 누구가 서로 친구인가?' 같은 대상의 관계성을 나타내는 것입니다. 그림 10-1과 같이 그래프는 보통 원과 선으로 그립니다. 대상을 원으로 표현하고 대상 사이의 관계를 선으로 나타냅니다. 원을 **꼭짓점**(vertex), 선을 **변**(edge)이라고 부릅니다.[1]

❤ 그림 10-1 그래프를 그리는 예시

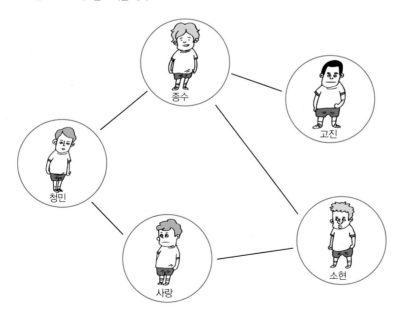

---

1 [역주] 그래프 관련 용어는 같은 의미라도 다양한 단어가 존재합니다. 그 외에도 꼭짓점은 node, 정점, 노드, 마디라고 하거나 변은 branch, arch, link, 연결선, 가지, 간선, 선분이라는 용어를 사용할 때가 있습니다.

그림 10-1은 새로운 반에 청민, 종수, 고진, 소현, 사랑 이렇게 5명이 있고 청민과 종수, 종수와 고진, 종수와 소현, 소현과 사랑, 청민과 사랑은 이미 알고 있는 사이라는 걸 나타냅니다. 이 그래프에서 꼭짓점은 청민, 종수, 고진, 소현, 사랑 5명을 나타내고 변은 청민과 종수, 종수와 고진, 종수와 소현, 소현과 사랑, 청민과 사랑 이렇게 다섯 개입니다. 그래프를 그리는 방법이 정해져 있지 않으므로 그림 10-2도 같은 그래프를 나타냅니다.

❤ 그림 10-2 그래프를 그리는 다른 예시

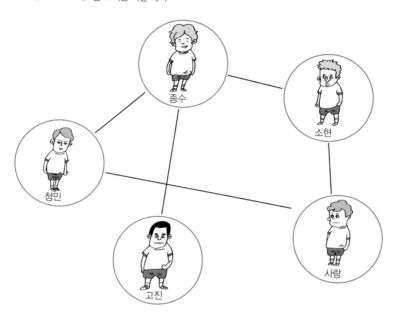

다시 그래프를 수학적으로 표현해 봅시다. 한동안은 그래프 관련 용어를 계속 정의해 나갑니다. 이미 알고 있는 내용이라 지루하게 느껴진다면 10.2절로 건너뛰어도 무방합니다.

그래프 G를,

- **꼭짓점** 집합 $V = \{v_1, v_2, ..., v_N\}$
- **변** 집합 $E = \{e_1, e_2, ..., e_M\}$

이런 조합으로 정의해서 $G = (V, E)$라고 표현합니다. 각 변 $e \in E$를 두 꼭짓점 $v_i, v_j \in V$ 조합으로 정의해서 $e = (v_i, v_j)$로 나타냅니다. 그림 10-1을 예로 들면,

- 꼭짓점 집합: $V = \{$청민, 종수, 고진, 소현, 사랑$\}$
- 변 집합: $E = \{$(청민, 종수), (종수, 고진), (종수, 소현), (소현, 사랑), (청민, 사랑)$\}$

이런 조합이 됩니다. 꼭짓점 v_i, v_j가 변 e로 이어져 있을 때 v_i와 v_j는 서로 **인접한다**(adjacent)고 하고, v_i, v_j를 e의 **끝점**(end)이라 합니다. 그리고 변 e는 v_i, v_j에 **접속한다**(incident)고 합니다. 각 변 e에 실수 또는 정수로 가중치를 준 그래프도 있습니다. 그런 그래프를 **가중 그래프**(weighted graph)라고 하며, 각 변에 가중치가 없는 그래프를 강조해서 표현할 때 **비가중 그래프**(unweighted graph)라고 합니다.

그림 10-3처럼 두 꼭짓점을 연결하는 변이 여러 개라면 **다중변**(multi-edge)이라 부르고[2] 양 끝점이 동일한 변 $e = (v, v)$를 **자기 루프**(self-loop)라고 부릅니다. 다중변도 자기 루프도 존재하지 않는 그래프를 **단순 그래프**(simple graph)라고 합니다. 이 책에서 단순히 그래프라고 하면 (특별한 경우가 아니라면) 단순 그래프를 가리킵니다.

▼ 그림 10-3 다중변과 자기 루프

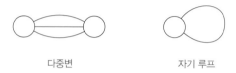

다중변   자기 루프

10.1.2 유향 그래프와 무향 그래프

그림 10-4처럼 그래프 각 변에 '방향'이 없는 경우와 '방향'이 있는 경우를 생각해 봅시다. 방향이 없으면 **무향 그래프**(undirected graph)(무방향 그래프), 방향이 있으면 **유향 그래프**(directed graph)(방향 그래프)라고 부릅니다. 유향 그래프의 변은 일방 통행 도로 등을 모델화할 때 유용합니다. 그래프를 그릴 때 무향 그래프는 변을 선으로 그리고, 유향 그래프는 변을 화살표 선으로 그리는 게 일반적입니다.

▼ 그림 10-4 무향 그래프와 유향 그래프 그리기

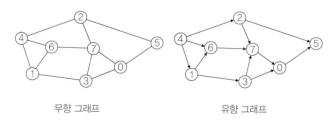

무향 그래프   유향 그래프

---

2   나중에 설명하는 유향 그래프는 변의 방향도 일치해야 다중변이라고 부릅니다.

무향 그래프와 유향 그래프를 좀 더 정확하게 정의해 봅시다. 그래프 각 변 $e = (v_i, v_j)$에 대해 방향을 무시하고 (v_i, v_j)와 (v_j, v_i)를 동일시한다면 G를 무향 그래프라 하고, (v_i, v_j)와 (v_j, v_i)를 구별하면 G를 유향 그래프라 합니다.

10.1.3 워크, 사이클, 패스

그래프 $G = (V, E)$에 대해 그래프 $G'' = (V', E')$가 **부분 그래프**(sub-graph)라는 의미는 꼭짓점 집합 V'가 원래 꼭짓점 집합 V의 부분 집합이고, 변 집합 E'가 원래 변 집합 E의 부분 집합이며, 임의의 변 $e' \in E'$에 대해 양 끝점이 V'에 포함되는 것을 말합니다. 즉, 원래 그래프의 일부이자 그 자신도 그래프인 것을 부분 그래프라고 부릅니다.

다음에 소개하는 워크, 사이클, 패스는 모두 부분 그래프의 일종이며 중요한 내용입니다. 그래프 G 위의 두 꼭짓점 s, $t \in V$에 대해, s에서 t를 향해 인접하는 꼭짓점을 따라가다 도달할 수 있다면 그 경로를 s-t **워크**(walk) 또는 s-t **패스**라고 부릅니다. 이때 s를 **시작점**, t를 **종점**이라고 부릅니다. 워크 중에서 시작점과 종점이 같은 것을 **사이클**(cycle) 또는 **닫힌 경로**(closed path)라고 부릅니다. 그리고 워크 중에서 특히 같은 꼭짓점을 두 번 이상 통과하지 않는 것을 **패스**(path)라고 합니다. 워크나 사이클은 같은 꼭짓점을 두 번 이상 통과해도 괜찮습니다.[3] 그림 10-5는 패스와 사이클의 예입니다.

▼ 그림 10-5 패스와 사이클 예시

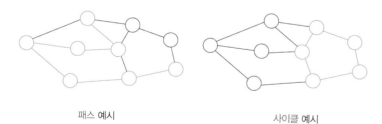

패스 예시　　　　　　　　　　　　사이클 예시

유향 그래프에 대한 워크, 사이클, 패스는 그것을 포함한 각 변 방향이 시작점에서 종점을 향한 방향을 따라야 합니다.

예를 들어 그림 10-6의 왼쪽 그림은 패스지만 오른쪽 그림은 패스가 아닙니다.

3　워크, 사이클, 패스에 관련된 정의는 책마다 조금씩 다르므로 주의하길 바랍니다. 이 책에서 패스라 부르는 것을 단순 워크라고 하는 책도 있습니다. 반대로 이 책에서 워크라 부르는 것을 패스라 부르고, 패스에 해당하는 것을 단순 패스라 부르는 책도 있습니다. 또한, 같은 꼭짓점을 두 번 이상 통과하지 않는 것을 사이클이라고 하기도 합니다. 게다가 워크를 **경로**라고 하는 경우도 있습니다.

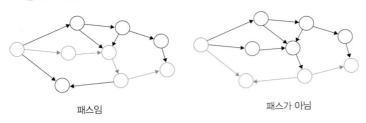

패스임   패스가 아님

또한, 유향 그래프에 관련된 워크, 사이클, 패스라는 것을 강조하고 싶다면 각각 **유향 워크**, **유향 사이클**, **유향 패스**라고 부르면 됩니다.

워크, 사이클, 패스의 **길이**(length)는 가중 그래프라면 포함된 변의 가중치 총합을 나타내고, 비가중 그래프라면 포함된 변의 개수를 나타냅니다. 14장에서는 그래프에서 어떤 꼭짓점 $s \in V$에서 각 꼭짓점을 향한 워크 중 길이가 최소인 것을 구하는 **최단 경로 문제**를 설명합니다.

10.1.4 연결성

무향 그래프 G에서 임의의 두 꼭짓점 $s, t \in V$에 대해 s-t 패스가 존재하면 G는 **연결**(connected)이라고 부릅니다.[4] 그림 10-7은 연결이 아닌 그래프의 예입니다. 연결이 아닌 무향 그래프 G에 대해서도 연결인 그래프가 모여서 구성된 것으로 볼 수 있습니다. 이때 G를 구성하는 각각의 연결 그래프를 G의 **연결 요소**(connected component)라고 합니다. 연결이라고 한정할 수 없는 그래프 관련 문제를 풀 때 일단 연결 그래프인 곳부터 결과를 구하고 나서, 그것을 각 연결 요소에 적용하면 답을 찾기 쉬운 경우가 많습니다. 예를 들어 13.8절에서 설명하는 이분 그래프 판정이 그렇습니다.

❤ 그림 10-7 비연결 그래프 예. 이 그래프는 세 개의 연결 요소로 구성된다.

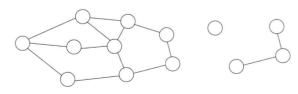

비연결 그래프 예
(연결 요소가 세 개)

---

4   유향 그래프에서도 연결성을 임의의 두 꼭짓점 $s, t \in V$에 대해 s-t 패스와 t-s 패스가 모두 존재하는 것으로 정의할 수 있습니다. 이를 **강연결**이라고 부릅니다. 또한, 유향 그래프에서 변의 방향 구분을 없애고 무향 그래프로 만들었을 때 연결이 존재하면 **약연결**이라고 합니다.

10.2 그래프를 사용하는 공식화 예시

그래프는 매우 강력한 수학적, 과학적 도구입니다. 세상에 존재하는 많은 문제는 그래프를 사용해 모델화함으로써 그래프 관련 문제로 바꿀 수 있습니다. 이 절에서는 대상을 그래프를 사용해 공식화하는 몇 가지 예를 살펴봅시다.

10.2.1 소셜 네트워크

10.1절에서 그래프의 예로 '반 친구 관계'를 들었습니다. 좀 더 규모가 큰 예로 트위터의 팔로잉 관계나 페이스북의 친구 관계를 들 수 있습니다. 이러한 그래프를 그려 보면, 그림 10-8과 같이 촘촘한 중심부에서 점점 앞쪽 끝으로 퍼져나가는 형태가 되는 경향이 있습니다. 친구의 친구의 친구… 이렇게 따라가면 평균 여섯 번 정도면 전 세계 모든 사람이 연결된다는 이야기를 들어 본 적이 있나요(스몰 월드 현상)? 소셜 네트워크의 형태를 보면 확실히 네트워크 중심부를 경유해서 다양한 방면으로 뻗어 가는 걸 확인할 수 있습니다.

❤ 그림 10-8 소셜 네트워크를 그림으로 표현한 모습
(출처: https://www.cise.ufl.edu/research/sparse/matrices/SNAP/ca-GrQc.html)

소셜 네트워크 분석에서는 커뮤니티를 검색하거나 영향력이 높은 사람을 찾거나 네트워크 정보 전파력을 분석하는 일 등을 중요한 문제로 여기고 있습니다.

10.2.2 교통 네트워크

도로 네트워크(교차점이 그래프의 꼭짓점)나 철도 노선도(역이 그래프의 꼭짓점) 등도 그래프입니다. 이런 종류의 그래프는 그림 10-9처럼 직소 퍼즐(jigsaw puzzle) 조각을 나열한 것 같은 형태가 되며, 소셜 네트워크와 다르게 각 꼭짓점 사이의 길이가 평균적으로 커지는 경향이 있습니다. 교통 네트워크는 평면적이라는 점이 특징입니다.

❤ 그림 10-9 교통 네트워크를 그린 모습

일반적으로 그래프 G를 어떤 두 변도 교차하지 않도록 평면에 그릴 수 있을 때 G를 **평면 그래프**(planar graph)라고 부릅니다. 교통 네트워크를 분석할 때는 네트워크가 평면 그래프에 가깝다는 성질을 잘 활용한 알고리즘이 활약합니다.

10.2.3 게임 국면 전이

장기나 오셀로 같은 게임을 분석할 때도 그래프 탐색은 중요한 역할을 합니다. 그림 10-10은 ○ × 게임에서 수를 놓는 방법을 그래프로 나타낸 것입니다(일부 생략). 첫 수부터 시작해서 생각해 볼 수 있는 국면 전환을 표시합니다. 간단한 게임이라면 이렇게 그래프를 탐색해 필승법을 찾을 수 있습니다.

▼ 그림 10-10 OX 게임 국면 전이를 나타내는 그래프

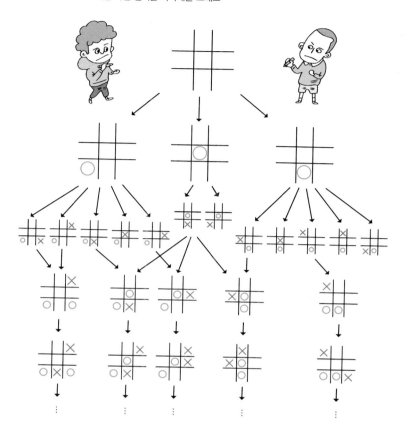

10.2.4 작업 의존 관계

그림 10-11처럼 작업 의존 관계, 즉 '어떤 작업이 안 끝나면 시작할 수 없는 작업' 같은 관계도 유향 그래프로 나타낼 수 있습니다. 그래프 $G = (V, E)$의 각 변 $e = (u, v)$는 '작업 u를 종료하면 작업 v를 시작할 수 있다'라는 조건을 표현합니다. 이렇듯 작업 의존 관계를 그래프로 정리하면, 적절한 작업 처리 순서를 결정하거나(13.9절에서 자세히 설명합니다) 모든 작업을 종료하는 데 있어 병목이 되는 크리티컬 패스[5]를 구할 수 있습니다.

---

5 크리티컬 패스(critical path)란 작업 전체 스케줄을 좌우하는 일련의 작업을 뜻합니다. 크리티컬 패스의 작업이 늦어지면 작업 전체 스케줄이
   늦어지게 됩니다.

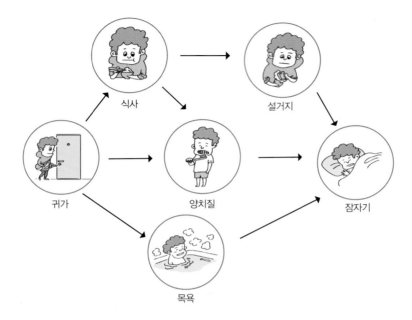

10.3 / 그래프 구현

그러면 컴퓨터에서 그래프를 다룰 때 어떻게 데이터를 저장할지 알아봅시다. 그래프를 나타내는 자료 구조로는 다음 두 가지가 대표적입니다.

- **인접 리스트 표현**(adjacency-list representation)
- **인접 행렬 표현**(adjacency-matrix representation)

이 책에서는 인접 리스트 표현만 설명합니다.[6] 인접 리스트 표현을 사용하는 편이 효율적인 알고리즘을 설계 가능한 경우가 많기 때문입니다.

우선 설명의 편의를 위해 그래프 꼭짓점 집합을 $V = \{0, 1, …, N - 1\}$이라고 합시다. 그래프 꼭짓점 집합이 예를 들어 $V = \{$ 청민, 종수, 고진, 소현, 사랑 $\}$처럼 구체적인 값이 들어 있더라도 청민, 종수, 고진, 소현, 사랑에 각각 0, 1, 2, 3, 4라는 번호를 써서 꼭짓점 집합은 $V = \{0, 1, 2, 3,$

---

6 단, 14.7절에서 설명하는 플로이드-워셜 알고리즘은 인접 행렬 표현을 암묵적으로 사용합니다.

4]로 다룰 수 있습니다.

그러면 인접 리스트 표현으로 각 꼭짓점 $v \in V$에 대해 변 $(v, v') \in E$가 되는 꼭짓점 v' 목록을 만듭니다. 이 작업은 그림 10-12처럼 무향 그래프, 유향 그래프 모두 같은 방식으로 실시할 수 있습니다.

▼ 그림 10-12 그래프의 인접 리스트 표현

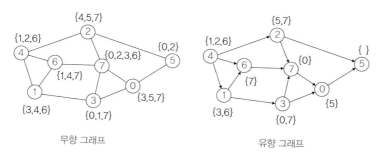

인접 리스트 표현은 본래 각 꼭짓점 v에 대한 인접 꼭짓점 전체를 연결 리스트 구조로 관리하는 것이지만, C++에서는 가변 길이 배열 vector를 사용하면 충분합니다. 구체적으로 꼭짓점 v에 대한 인접 꼭짓점 전체를 vector〈int〉형으로 표시할 수 있습니다. 그리고 그래프 전체를 코드 10-1처럼 vector〈vector〈int〉〉형으로 나타냅니다.

코드 10-1 그래프를 나타내는 자료형

```
using Graph = vector<vector<int>>; // 그래프형
Graph G; // 그래프
```

이때 $G[v]$가 v의 인접 꼭짓점 집합입니다. 그림 10-12의 유향 그래프라면 다음과 같이 됩니다.

```
G[0] = {5}
G[1] = {3, 6}
G[2] = {5, 7}
G[3] = {0, 7}
G[4] = {1, 2, 6}
G[5] = {}
G[6] = {7}
G[7] = {0}
```

또한, 이 책에서 그래프를 나타내는 데이터의 입력은 다음과 같이 주어진다고 상정합니다.

```
N M
a0 b0
a1 b1
...
aM-1 bM-1
```

N은 그래프의 꼭짓점 개수, M은 변의 개수를 나타냅니다. 또한, $i(= 0, 1, ..., M - 1)$번째 변은 꼭짓점 a_i와 꼭짓점 b_i를 연결합니다. 여기서 유향 그래프라면 a_i에서 b_i를 향하는 변을 뜻하고, 무향 그래프라면 a_i와 b_i를 서로 묶는 변을 뜻합니다. 예를 들어 그림 10-12의 유향 그래프라면 입력 데이터는 다음과 같습니다.

코드 10-2 입력 데이터

```
8 12
4 1
4 2
4 6
1 3
1 6
2 5
2 7
6 7
3 0
3 7
7 0
0 5
```

이런 형식의 데이터를 입력받아서 그래프를 구축하는 처리를 코드 10-3과 같이 구현합니다.

코드 10-3 그래프를 입력으로 받음

```cpp
#include <iostream>
#include <vector>
using namespace std;
using Graph = vector<vector<int>>;

int main() {
    // 꼭짓점 개수와 변의 개수
    int N, M;
    cin >> N >> M;

    // 그래프
```

```
    Graph G(N);
    for (int i = 0; i < M; ++i) {
        int a, b;
        cin >> a >> b;
        G[a].push_back(b);

        // 무향 그래프라면 다음 줄 처리를 추가(주석 기호 제거)
        // G[b].push_back(a);
    }
}
```

10.4 가중 그래프 구현

이번에는 가중 그래프를 표현하는 자료 구조를 생각해 봅시다. 여러 가지 구현 방법을 생각할 수 있지만, 여기서는 코드 10-4처럼 가중치 변을 나타내는 구조체 Edge를 사용합니다. Edge 구조체는 인접 꼭짓점 번호와 가중치 정보를 멤버 변수로 저장합니다.

비가중 그래프에서는 각 꼭짓점 v의 인접 리스트 $G[v]$가 v에 인접하는 꼭짓점 번호 집합을 나타냅니다. 가중 그래프는 $G[v]$가 v에 접속하는 변(구조체 Edge의 인스턴스) 집합을 나타냅니다. 이러한 가중 그래프를 나타내는 자료 구조는 14장에서 설명할 최단 경로 문제 등에서 사용합니다.

코드 10-4 가중 그래프 구현

```
#include <iostream>
#include <vector>
using namespace std;

// 가중치를 나타내는 자료형은 long long형
struct Edge {
    int to; // 인접 꼭짓점 번호
    long long w; // 가중치
    Edge(int to, long long w) : to(to), w(w) {}
};

// 각 꼭짓점의 인접 리스트를 변 집합으로 나타냄
using Graph = vector<vector<Edge>>;
```

```
int main() {
    // 꼭짓점 개수와 변의 개수
    int N, M;
    cin >> N >> M;

    // 그래프
    Graph G(N);
    for (int i = 0; i < M; ++i) {
        int a, b;
        long long w;
        cin >> a >> b >> w;
        G[a].push_back(Edge(b, w));
    }
}
```

10.5 트리

이제 그래프의 특수한 형태인 트리를 알아봅니다. 트리를 배우면 다룰 수 있는 자료 구조가 상당히 많이 늘어납니다. 또한, 이 책에서 트리는 무향 그래프라고 생각합니다. 무향 그래프 $G = (V,$ $E)$가 **트리**(tree)라면 G가 연결이면서 사이클이 없다는 것을 뜻합니다(그림 10-13).

❤ 그림 10-13 왼쪽 그래프는 트리 예. 중간 그래프는 연결되지 않으므로 트리가 아님. 오른쪽 그래프는 사이클이 존재하므로 트리가 아님

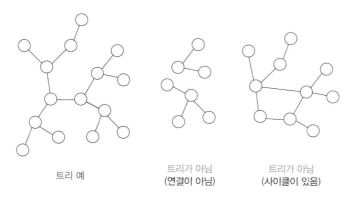

트리 예   트리가 아님   트리가 아님
              (연결이 아님)   (사이클이 있음)

10.5.1 루트 트리

트리에서 어떤 특정한 꼭짓점을 **루트**(root)라고 부를 때가 있습니다. 루트를 가진 트리를 **루트 트리** (rooted tree)라고 합니다. 또한, 루트가 없는 트리를 강조해서 부를 때 **언루트 트리**(unrooted tree)라 고 합니다.

루트 트리는 그림 10-14처럼 루트를 가장 위에 그리는 것이 일반적입니다. 루트 트리에서 루트 를 제외한 꼭짓점 중 접속하는 변이 하나밖에 없는 꼭짓점을 **리프**(leaf)라고 부릅니다. 또한, 루트 이외의 각 꼭짓점 v에서 v와 인접한 꼭짓점 중 루트 쪽에 있는 꼭짓점 p는 v의 **부모**(parent), v는 p 의 **자식**(child)이라고 합니다.

❤ 그림 10-14 루트 트리. 빨간색 꼭짓점이 루트이고 녹색 꼭짓점이 리프다. 또한, 그림에서 꼭짓점 p, v에 주목하면 p는 v의 부모이 고 v는 p의 자식이다.

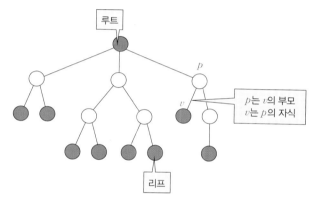

같은 부모를 가진 꼭짓점끼리는 **형제**(sibling)라고 부릅니다. 루트는 부모를 가지지 않고 루트 이외 의 모든 꼭짓점은 부모가 하나로 정해져 있습니다. 리프는 자식이 없고, 리프 이외의 각 꼭짓점은 적어도 하나 이상의 자식을 가집니다.

10.5.2 부분 트리와 트리 높이

그림 10-15처럼 루트 트리의 각 꼭짓점 v에 대해 v에서 자식 꼭짓점 방향으로만 주목하면 v를 루트로 하는 루트 트리처럼 보입니다. 이것을 v를 루트로 하는 **부분 트리**(subtree)라고 부릅니다. 부분 트리에 포함된 v 이외의 꼭짓점을 v의 **후손**(descendant)이라고 합니다.

또한, 루트 트리에 있는 두 꼭짓점 u, v를 지정하면 u–v 패스는 단 하나로 정해집니다(이건 언루 트 트리에서도 성립합니다). 특히 루트 트리의 각 꼭짓점 v에 대해 루트와 v를 연결하는 패스 길이를 꼭짓점 v의 **깊이**(depth)라고 합니다. 편의상 루트의 깊이는 0이라고 정합니다. 루트 트리에서 가장 먼 꼭짓점까지의 깊이는 트리의 **높이**(height)라고 합니다.

▼ 그림 10-15 루트 트리의 부분 트리 개념도. 각 꼭짓점에 표기된 푸른색 숫자는 꼭짓점의 깊이를 나타냄. 그리고 그림의 루트 트리의 높이는 3이다.

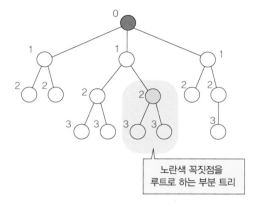

노란색 꼭짓점을
루트로 하는 부분 트리

10.6 / 순서 트리와 이진 트리

그러면 루트 트리 형태를 활용한 자료 구조를 살펴봅시다. 지금까지 연결 리스트, 해시 테이블, 스택, 큐라는 자료 구조를 다뤘는데, 루트 트리 구조를 사용하면 좀 더 다양한 자료 구조를 생각해 볼 수 있습니다. 구체적으로는 힙(10.7절), 이진 탐색 트리(10.8절), Union-Find(11장) 등이 있습니다.

10.6.1 순서 트리와 이진 트리

루트 트리에서 각 꼭짓점 v의 자식 꼭짓점 순서를 고려할 경우, **순서 트리**(ordered tree)라고 부릅니다. 순서 트리는 형제 사이에 형과 동생을 구별합니다. 순서 트리를 표현하는 방법은 다양한데, 예를 들어 각 꼭짓점 v에 대해,

- 부모 꼭짓점을 가리키는 포인터
- 각 자식 꼭짓점을 가리키는 포인터를 저장하는 가변 길이 배열

이런 정보를 사용하는 방법이 자주 쓰입니다. 또는 그림 10-6처럼 각 꼭짓점 v에 대해,

- 부모 꼭짓점을 가리키는 포인터

- 첫 번째 자식을 나타내는 꼭짓점을 가리키는 포인터

- 다음 동생을 나타내는 꼭짓점을 가리키는 포인터

이런 정보를 사용하는 방법도 많이 쓰입니다. 그림 10-16에서 nil은 8.3절의 연결 리스트에서 사용한 감시와 같은 의미입니다.

▼ 그림 10-16 순서 트리의 전형적인 표시 방법

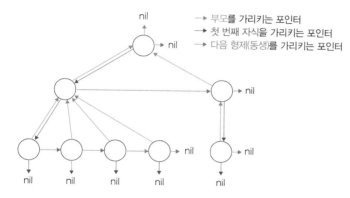

순서 트리 중에서 모든 꼭짓점에 대해 자식 꼭짓점이 최대 k개밖에 없다면 **k진 트리**(k-ary tree)라고 부릅니다. k진 트리에서 $k = 1$이라면 8.3절에서 배운 연결 리스트와 일치합니다. 그리고 $k = 2$라면 특별히 **이진 트리**(binary tree)라고 합니다.

이진 트리에서 왼쪽의 자식 꼭짓점을 루트로 하는 부분 트리를 **왼쪽 부분 트리**(left subtree)라 하고, 오른쪽의 자식 꼭짓점을 루트로 하는 부분 트리를 **오른쪽 부분 트리**(right subtree)라 합니다. 이진 트리는 계산량을 분석하기 좋은 형태이므로 다양한 자료 구조에서 이진 트리를 활용합니다. 이진 트리를 사용하는 자료 구조의 예로 힙(10.7절), 이진 탐색 트리(10.8절) 등을 들 수 있습니다.

10.6.2 강균형 이진 트리

루트 트리 구조의 자료 구조는 많은 경우에 쿼리 처리의 복잡도가 $O(h)$입니다(h는 트리 높이). 따라서 트리 높이인 h를 얼마나 작게 만들 수 있을지가 관건입니다. 트리 꼭짓점 개수를 N이라고 하면 높이는 최대 $N - 1(= O(N))$입니다.

일반적인 이진 트리는 꼭짓점에서 변이 다양하게 뻗어 나갑니다. 계속 가지치기하면서 깊숙하게 뻗는 변이 있는가 하면, 금방 리프에 도착해 막다른 곳에서 멈추는 변도 있습니다. 이렇게 너무 치우친 이진 트리는 그다지 유용하지 않습니다. 하지만 꼭짓점에서 좌우로 변이 균등하게 뻗는다면 무척 유용한 트리가 만들어집니다.

그림 10-17처럼 각 꼭짓점에서 좌우로 변이 균형 있게 뻗는 이진 트리는 높이가 작아지는 경향이 있습니다. 이진 트리 중에서 특히 좋은 성질을 가진 **강균형 이진 트리**(strongly balanced binary tree)를 다음과 같이 정의합니다.

> **강균형 이진 트리의 정의**
>
> 이진 트리이면서 모든 리프의 깊이 차이가 1 이하인 것을 강균형 이진 트리라고 한다.

❤ 그림 10-17 왼쪽 이진 트리와 오른쪽 이진 트리는 둘 다 꼭짓점이 13개다. 왼쪽 이진 트리는 꼭짓점이 한쪽 방향으로만 편중된 탓에 트리 높이가 크다. 오른쪽 이진 트리는 각 꼭짓점에서 좌우 균형이 잡혀 있으므로 트리 높이가 작다. 또한, 오른쪽 이진 트리는 강균형 이진 트리다.

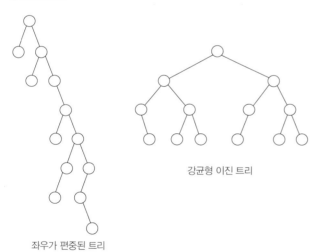

강균형 이진 트리

좌우가 편중된 트리

강균형 이진 트리라면 꼭짓점 개수가 N일 때 높이는 $O(\log N)$입니다. 간단히 설명하기 위해 강균형 이진 트리 중에서도 특수한 예인, 모든 리프 깊이가 동일한 이진 트리(**완전 이진 트리**(complete binary tree)라고 합니다)를 생각해 봅시다. 완전 이진 트리의 높이가 b라면 다음 식이 성립합니다.

$$N = 1 + 2^1 + 2^2 + \ldots + 2^b = 2^{b+1} - 1$$

따라서 $b = O(\log N)$이라는 걸 알 수 있습니다. 강균형 이진 트리에 대해서도 같은 방법으로 $b = O(\log N)$이라는 걸 도출할 수 있습니다.

10.7 이진 트리를 사용한 자료 구조 예(1): 힙

이진 트리를 사용하는 자료 구조 예로 **힙**(heap)을 설명합니다.[7] 힙은 다양한 곳에서 유용하게 사용할 수 있습니다.

10.7.1 힙이란?

힙은 그림 10-18처럼 각 꼭짓점 v가 **키**라고 부르는 값 key[v](그림 10-18에서 각 꼭짓점에 적혀 있는 검은색 글자 값)를 가지는 이진 트리로 다음 조건을 만족합니다.

> **힙의 조건**
>
> - 꼭짓점 v의 부모 꼭짓점을 p라고 할 때 key[p] ≥ key[v]가 성립한다.
> - 트리 높이를 b라고 할 때 트리 깊이 b – 1 이하의 부분은 완전 이진 트리가 형성된다.
> - 트리 높이를 b라고 할 때 트리 깊이 b 부분은 꼭짓점이 왼쪽으로 몰려 있다.

▼ 그림 10-18 힙

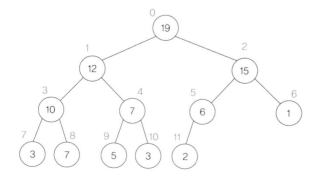

---

7   힙에는 다양한 종류가 있습니다. 이 절에서 소개하는 내용은 정확하게는 **이진 힙**이라고 부릅니다.

이러한 정의에 의해 힙은 강균형 이진 트리가 됩니다. 따라서 힙은 다양한 쿼리를 $O(\log N)$ 복잡도로 처리합니다. 힙이 처리할 수 있는 쿼리는 표 10-1과 같습니다.

▼ 표 10-1 힙 쿼리 처리

쿼리	복잡도	비고
값 x를 삽입	$O(\log N)$	삽입 후에도 힙 조건을 만족하도록 만듦
최댓값을 취득	$O(1)$	루트 값을 취득하면 됨
최댓값을 삭제	$O(\log N)$	힙에서 루트를 삭제한 후 힙 형태로 다시 만듦

힙은 해시 테이블이나 자가 균형 이진 탐색 트리와 달리, 키 값 x로 요소를 검색하는 쿼리에는 적합하지 않습니다. 힙에 있는 모든 꼭짓점을 탐색하면 검색할 수 있지만 복잡도가 $O(N)$이 됩니다.[8]

10.7.2 힙 실현 방법

힙은 특수한 형태의 이진 트리이므로 배열을 사용해서 구현할 수 있습니다. 그림 10-19는 힙을 배열로 표현하는 방법을 보여줍니다. 힙의 루트가 배열 0번째가 되고, 힙의 깊이인 1인 꼭짓점은 배열의 1, 2번째에 들어가며, 힙의 깊이 2인 꼭짓점은 배열 3, 4, 5, 6번째가 됩니다. 같은 방법으로 힙의 깊이인 d인 각 꼭짓점을 배열의 $2^d - 1$, ..., $2^{d+1} - 2$번째에 대응시킬 수 있습니다. 이때 다음과 같은 관계가 성립합니다.

- 배열에서 인덱스 k에 대응하는 꼭짓점의 좌우 자식 꼭짓점은 배열 인덱스가 각각 $2k + 1$, $2k + 2$
- 배열에서 인덱스 k에 대응하는 꼭짓점의 부모 꼭짓점은 배열 인덱스가 $\left\lfloor \dfrac{k-1}{2} \right\rfloor$

예를 들어 인덱스가 2인 꼭짓점의 자식 꼭짓점 인덱스는 $2 \times 2 + 1 = 5$와 $2 \times 2 + 2 = 6$이 되고, 인덱스가 8인 어떤 꼭짓점의 부모 꼭짓점 인덱스는 $\left\lfloor \dfrac{8-1}{2} \right\rfloor = 3$이 됩니다. 앞으로 힙의 각 꼭짓점 v에 대해 배열의 대응하는 인덱스가 k이면 꼭짓점 v를 꼭짓점 k라고도 합니다.

---

8 최댓값을 취득하고 값을 검색하는 게 모두 중요하다면 균형 이진 탐색 트리를 사용하는 것이 좋습니다.

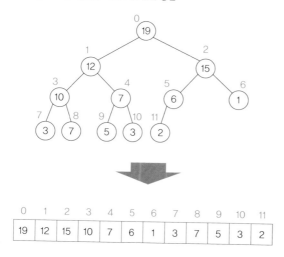

10.7.3 힙 쿼리 처리

그러면 힙의 쿼리 처리를 자세히 살펴봅시다. 우선 그림 10-20에서 왼쪽 그림처럼 힙에 값 17을 삽입하는 경우를 생각해 봅니다. 17이 키인 꼭짓점을 힙 마지막에 삽입합니다(1단계).

▼ 그림 10-20 힙의 삽입과 삭제 쿼리 처리

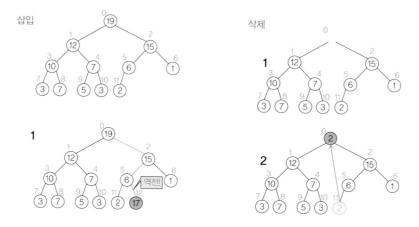

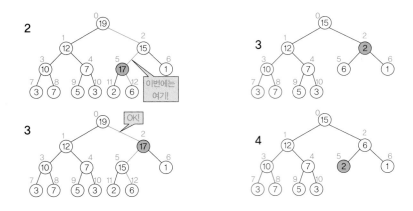

이때 값 17은 배열에서 인덱스가 12인 꼭짓점에 저장됩니다. 하지만 꼭짓점 12는 그 부모인 꼭짓점 5(키 값은 6)보다 키 값이 큽니다. 따라서 꼭짓점 5와 꼭짓점 12의 키를 교환해 역전 관계를 해결합니다(2단계). 이러면 꼭짓점 5의 키 값이 꼭짓점 12의 키 값보다 커져서 부모 관계가 해결됩니다. 그러자 이번에는 꼭짓점 5와 그 부모인 꼭짓점 2 사이의 부모 관계에 문제가 생겼습니다. 이번에도 방금 전처럼 꼭짓점 5와 2 사이에 키 값을 교환합니다(3단계). 이런 작업을 17을 키 값으로 가지는 꼭짓점과 그 부모인 꼭짓점 사이에서 힙 조건을 만족하는 상태가 될 때까지 반복합니다. 그림과 같은 상황이라면, 3단계에서 꼭짓점 2와 그 부모인 꼭짓점 0 사이가 힙 조건을 만족하므로 여기서 처리가 끝납니다.

정리하면 힙에 새로운 값을 삽입할 때 우선 그 값을 키로 하는 꼭짓점을 새롭게 마지막에 삽입하고, 그 꼭짓점과 부모 꼭짓점 사이에서 힙 조건을 만족할 때까지 차례로 위로 위로 키를 교환해 나갑니다. 최악의 경우에도 삽입한 키가 루트에 도달하는 시점에 알고리즘이 끝납니다. 힙의 높이는 $O(\log N)$이므로 복잡도는 $O(\log N)$입니다.

이번에는 힙에서 최댓값을 삭제하는 방법을 생각해 봅시다. 우선 그림 10-20에서 오른쪽 그림처럼 루트를 꺼냅니다(1단계). 하지만 이러면 힙이 붕괴하므로 일단 마지막에 있는 꼭짓점을 골라서 루트 위치에 가져옵니다(2단계). 이때 보통은 힙 조건을 만족하지 않으므로 루트 꼭짓점의 좌우 자식 꼭짓점 중에서 키 값이 더 큰 쪽을 찾은 후 그 키 값과 루트 꼭짓점의 키 값을 비교해 자식 쪽이 더 크다면 키 값을 서로 교환합니다(3단계). 그다음은 삽입 때와 마찬가지로 힙 조건을 만족할 때까지 아래로 아래로 키 값을 교환합니다. 최악의 경우에도 교환하는 키 값이 리프에 도달하는 시점에 종료합니다. 따라서 복잡도는 $O(\log N)$입니다.

10.7.4 힙 구현 예

지금까지의 힙 기능은 코드 10-5처럼 구현합니다. 다만 C++는 힙 기능을 구현한 라이브러리로 std::priority_queue가 있으므로, 딱히 추가 기능이 필요하지 않다면 표준 라이브러리를 사용하는 것이 편리합니다.

코드 10-5 힙 구현

```cpp
#include <iostream>
#include <vector>
using namespace std;

struct Heap {
    vector<int> heap;
    Heap() {}

    // 힙에 값 x를 삽입
    void push(int x) {
        heap.push_back(x); // 마지막에 삽입
        int i = (int)heap.size() - 1; // 삽입한 꼭짓점 번호
        while (i > 0) {
            int p = (i - 1) / 2; // 부모 꼭짓점 번호
            if (heap[p] >= x) break; // 역전이 아니라면 종료
            heap[i] = heap[p]; // 부모에 자기 값 넣기
            i = p; // 위로 가기
        }
        heap[i] = x; // x는 최종적으로 이 위치가 됨
    }

    // 최댓값
    int top() {
        if (!heap.empty()) return heap[0];
        else return -1;
    }

    // 최댓값 삭제
    void pop() {
        if (heap.empty()) return;
        int x = heap.back(); // 꼭짓점에 가지고 올 값
        heap.pop_back();
        int i = 0; // 루트에서 시작
        while (i * 2 + 1 < (int)heap.size()) {
```

```
            // 자식 꼭짓점끼리 비교해서 큰 쪽이 child1
            int child1 = i * 2 + 1, child2 = i * 2 + 2;
            if (child2 < (int)heap.size()
                && heap[child2] > heap[child1]) {
                child1 = child2;
            }
            if (heap[child1] <= x) break; // 역전이 아니라면 종료
            heap[i] = heap[child1]; // 자식에 자기 값 넣기
            i = child1; // 아래로 가기
        }
        heap[i] = x; // x는 최종적으로 이 위치가 됨
    }
};

int main() {
    Heap h;
    h.push(5), h.push(3), h.push(7), h.push(1);

    cout << h.top() << endl; // 7
    h.pop();
    cout << h.top() << endl; // 5

    h.push(11);
    cout << h.top() << endl; // 11
}
```

10.7.5 O(N) 복잡도로 힙 구축(*)

마지막으로, $O(N)$ 복잡도로 힙을 구축할 수 있음을 보충 설명하겠습니다. 자세하게는 N개 요소 a_0, a_1, ..., a_{N-1}이 주어졌을 때 이 요소가 저장된 힙을 구축하는 처리를 $O(N)$ 복잡도로 구축할 수 있습니다. 여기서 N개 요소를 순서대로 힙에 삽입하는 방법이라면 $O(N\log N)$ 복잡도가 되므로 주의해야 합니다. $O(N)$으로 힙을 구축하는 구체적인 방법은 12.6절에서 설명하는 힙 정렬의 코드를 참조하길 바랍니다.

10.8 이진 트리를 사용하는 자료 구조 예(2): 이진 탐색 트리

이진 탐색 트리(binary search tree)는 8장에서 설명한 배열, 연결 리스트, 해시 테이블과 마찬가지로 다음 쿼리를 실행할 수 있는 자료 구조입니다.

- 쿼리 타입 1: 요소 x를 자료 구조에 삽입
- 쿼리 타입 2: 요소 x를 자료 구조에서 삭제
- 쿼리 타입 3: 요소 x가 자료 구조에 존재하는지 판정

이진 탐색 트리는 그림 10-21처럼 각 꼭짓점 v가 키라고 부르는 값 key[v](파란색 글자)를 가지는 이진 트리로, 다음 조건을 만족합니다.

> **이진 탐색 트리 조건**
>
> 임의의 꼭짓점 v에 대해, v 왼쪽 부분 트리에 포함된 모든 꼭짓점 v'에 대해 key[v] $\geq$ key[v']가 성립하고, v 오른쪽 부분 트리에 포함된 모든 꼭짓점 v'에 대해 key[v] $\leq$ key[v']가 성립한다.

▼ 그림 10-21 이진 탐색 트리

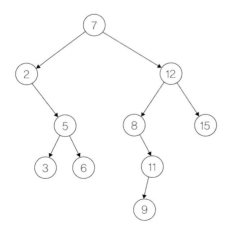

이진 탐색 트리를 사용해서 삽입, 삭제, 검색 쿼리 처리를 구현하는 방법은 참고 문헌 [5], [6], [9]

등을 참조하길 바랍니다. 어떤 쿼리 처리도 루트 트리의 루트에서 탐색을 시작해 최악의 경우 리프까지 찾아가므로 트리 높이만큼 계산을 해야 합니다.

이진 탐색 트리는 특별한 처리를 하지 않는 한, 쿼리 처리에 필요한 복잡도는 $O(N)$입니다. 해시 테이블이 이런 쿼리를 평균적으로 $O(1)$ 복잡도로 처리 가능한 걸 생각하면 무척 비효율적입니다. 하지만 이진 탐색 트리가 균형을 이루는 **자가 균형 이진 탐색 트리**는 이런 복잡도가 모두 $O(\log N)$으로 개선됩니다. 그뿐만 아니라 힙 기능 중 하나인 최댓값을 취득하는 처리도 $O(\log N)$으로 실현 가능합니다(표 8-5). 이렇듯 자가 균형 이진 탐색 트리는 만능처럼 보이는 자료 구조지만, O 표기법에서 생략한 상수 부분이 무척 커서 힙으로 충분하다면 힙을 사용하는 편이 간편합니다.

자가 균형 이진 탐색 트리의 구현 방법으로는 레드-블랙 트리, AVL 트리, B-트리, 스플레이 트리(splay tree), 트립(treap) 등과 같은 수많은 방법이 알려져 있습니다. C++의 std::set이나 set::map은 레드-블랙 트리로 구현된 경우가 많습니다. 레드-블랙 트리를 더욱 자세히 알고 싶다면 참고 문헌 [9]의 2색 트리 부분을 읽어 보길 바랍니다.

10.9 정리

이 장에서는 그래프에 대해 알아봤습니다. 그래프는 대상의 관계성을 나타낼 수 있는 강력한 수학적, 과학적 도구입니다. 세상에 존재하는 다양한 문제를 그래프 관련 문제로 공식화하면 전체 모습을 파악하기가 무척 수월해집니다. 이 내용은 13~16장에서 상세하게 설명합니다.

또한, 특수한 그래프인 트리를 배웠습니다. 10.6절에서 설명한 순서 트리는 8.3절에서 설명한 연결 리스트 구조의 기능을 좀 더 풍부하게 만든 것입니다. 이런 장점을 활용해서 힙이나 이진 탐색 트리 등 다채로운 자료 구조를 설계할 수 있습니다.

11장에서는 루트 트리를 사용한 자료 구조인 Union-Find(합집합-찾기)를 설명합니다. Union-Find는 그룹 분할을 효율적으로 관리할 수 있는 자료 구조입니다.

10.10 연습 문제

10.1 꼭짓점 개수가 N인 이진 트리에서 높이가 $N - 1$이 되는 예를 들어 보라. (난이도 ★)

10.2 비어 있는 힙에 세 개의 정수 5, 6, 1을 이 순서로 삽입해서 만든 힙을 배열로 표현하는 모습을 그려 보라. (난이도 ★)

10.3 비어 있는 힙에 일곱 개의 정수 5, 6, 1, 2, 7, 3, 4를 이 순서로 삽입해서 만든 힙을 배열로 표현하는 모습을 그려 보라. (난이도 ★)

10.4 강균형 이진 트리의 높이가 $b = O(\log N)$이 되는 걸 증명하라. (난이도 ★★)

10.5 꼭짓점 개수가 N인 트리의 변의 개수가 $N - 1$이 되는 걸 증명하라. (난이도 ★★★)

memo

11^장

자료 구조(4): Union−Find

이 장에서 설명하는 Union-Find는 그룹 분할을 효율적으로 관리할 수 있는 자료 구조이며 루트 트리 구조를 사용합니다. 입문서에서 잘 다루지 않는 자료 구조지만, 의외로 사용하는 곳이 많습니다. 예를 들어 13장에서 설명하는 그래프 문제 중 대부분은 Union-Find를 사용해도 해결할 수 있습니다. 또한, 15.1절에서 설명할 크러스컬 알고리즘도 Union-Find를 효과적으로 활용합니다.

11.1 Union-Find란?

Union-Find(합집합 찾기)는 그룹 분할을 관리하는 자료 구조로, 다음과 같은 쿼리를 빠르게 처리합니다. 여기서는 N개의 요소 0, 1, ..., $N-1$을 다루며, 초기 상태는 모두가 다른 그룹에 속한다고 가정합니다.

- issame(x, y): 요소 x, y가 같은 그룹에 속하는지 여부를 조사함
- unite(x, y): 요소 x를 포함한 그룹과 요소 y를 포함한 그룹끼리 합침(그림 11-1)

▼ 그림 11-1 Union-Find에서 다루는 병합 처리

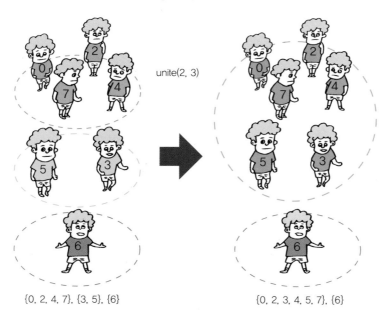

unite(2, 3)

{0, 2, 4, 7}, {3, 5}, {6}   {0, 2, 3, 4, 5, 7}, {6}

11.2 Union-Find 구조

Union-Find는 그림 11-2처럼 그룹 하나하나가 루트 트리를 구성함으로써 실현할 수 있으며, 힙이나 이진 탐색 트리와 다르게 이진 트리일 필요가 없습니다. 그러면 Union-Find의 각 쿼리 처리를 실현하는 방법을 생각해 봅시다. 우선 다음과 같이 함수 root(x)를 만듭니다.

▼ 그림 11-2 Union-Find에서 각 그룹을 나타내는 루트 트리와 병합 모습. unite(2, 3)을 호출하면 우선 꼭짓점 2를 포함한 루트 트리의 루트와 꼭짓점 3을 포함한 루트 트리의 루트를 구한다. 각 꼭짓점이 0, 5이고 이제 꼭짓점 0이 꼭짓점 5의 자식이 되도록 꼭짓점 0, 5를 연결한다. 이걸로 두 루트 트리가 병합되어서 하나의 큰 루트 트리가 형성된다. 새로운 루트 트리의 루트는 꼭짓점 5다.

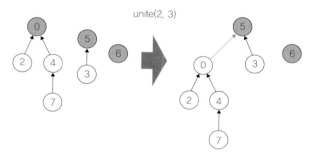

Union-Find의 root 함수

root(x): 요소 x를 포함하는 그룹(루트 트리)의 루트를 반환한다.

root(x)의 구체적인 구현 방법은 나중에 설명하겠지만, 대략 말하면 꼭짓점 x에서 부모를 따라가서 도달한 루트를 반환하는 처리입니다. 따라서 root(x) 복잡도는 $O(h)$입니다(h는 루트 트리의 높이).

이 root 함수를 사용해서 Union-Find의 각 쿼리 처리를 표 11-1처럼 실현할 수 있습니다. 모두 root 함수를 사용하므로 복잡도는 $O(h)$가 됩니다.

▼ 표 11-1 Union-Find 쿼리 처리

쿼리	실현 방법
issame(x, y)	root(x)와 root(y)가 같은지 여부를 판정함
unite(x, y)	r_x = root(x), r_y = root(y)로 해서 꼭짓점 r_x가 꼭짓점 r_y의 자식 꼭짓점이 되도록 연결함(그림 11-2)

11.3 Union-Find 복잡도를 줄이는 방법

앞에서 본 것처럼 Union-Find 쿼리 처리는 각 꼭짓점 x에 대해 root(x)를 구하는 처리가 중심입니다. 각 쿼리 처리의 복잡도는 루트 트리의 높이를 h라고 할 때 $O(h)$가 됩니다. h는 최대 N − 1이라 복잡도는 $O(N)$이고 이대로라면 비효율적입니다. 하지만 실제로는 다음 두 개선법을 적용하면 무척 빠르게 처리할 수 있습니다.

- union by size(또는 union by rank)
- 경로 압축

구체적으로는 아커만(Ackermann) 함수의 역함수(자세한 내용은 생략합니다)를 $\alpha(N)$이라고 하면 각 쿼리 처리에 필요한(예측) 복잡도는 $O(\alpha(N))$이 됩니다. $N \leq 10^{80}$에 대해 $\alpha(N) \leq 4$가 성립한다고 알려져 있으므로 실제로는 $O(1)$이라고 할 수 있습니다. 나중에 설명하겠지만, union by size만 실시해도 복잡도는 $O(\log N)$이 됩니다. 그리고 경로 압축만 실시해도 복잡도는 거의 $O(\log N)$이 된다고 알려져 있습니다.[1]

11.4 Union-Find 개선법 1 : union by size

우선 비교적 간단히 실현할 수 있고 범용성이 높은 **union by size**를 설명합니다.[2]

11.4.1 union by size란?

앞에서 본 쿼리 unite(x, y) 실현 방법에서는 r_x = root(x), r_y = root(y)일 때 꼭짓점 r_x가 r_y의 자식 꼭짓점이 되었습니다. 하지만 반대로 r_y가 r_x의 자식 꼭짓점이 될 수도 있습니다. 따라서 그림 11-3처럼 꼭짓점 개수가 적은 쪽 루트 트리의 루트가 자식 꼭짓점이 되도록 합니다. 이렇게

---

[1] 정확하게는 q회 병합 처리에 필요한 복잡도는 $O\left(q \log_{2+\frac{q}{N}} N\right)$이 됩니다.

[2] 그 외에 비슷한 효과를 내는 방법으로 union by rank가 있습니다. 참고 문헌 [5], [6], [9]에서 소개합니다. 이 책에서는 Union-Find에 한정하지 않고 다양하게 활용할 수 있는 union by size를 중점적으로 다룹니다.

Union-Find에서 꼭짓점 개수(크기)가 적은 쪽의 루트 트리를 큰 쪽으로 병합하는 방법을 union by size라고 부릅니다.

▼ 그림 11-3 Union-Find 그룹 병합 시 크기가 작은 쪽 루트가 자식 꼭짓점이 됨

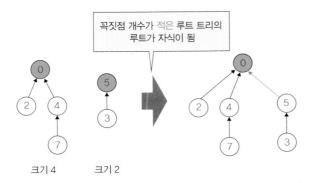

실제로 이렇게 바꾸기만 해도 Union-Find의 각 루트 트리의 높이를 $O(\log N)$으로 억제할 수 있습니다. 다음 절에서 증명해 보겠습니다.

11.4.2 union by size 복잡도 분석

Union-Find 초기 상태는 N개의 꼭짓점 0, 1, …, $N-1$이 각각 단독으로 다른 그룹에 속한 상태입니다. 초기 상태에서 union by size 방법으로 병합 처리를 했을 때 N 꼭짓점을 모두 병합해 만든 루트 트리의 높이가 $\log N$ 이하가 되는 걸 증명하겠습니다.[3] 구체적으로 말하면, Union-Find에서 임의의 꼭짓점 x에 대해 최종적인 루트 트리의 깊이가 $\log N$ 이하라는 걸 증명합니다.

그러면 Union-Find 병합 과정의 단계별로 꼭짓점 x를 포함하는 루트 트리의 꼭짓점 개수(초기 상태는 1)와 꼭짓점 x의 깊이(초기 상태는 0)가 어떻게 변화하는지에 주목합시다. 어떤 단계의 꼭짓점 x를 포함하는 루트 트리(꼭짓점 개수는 s)를 union by size 방법으로 다른 루트 트리(꼭짓점 개수는 s')와 병합한다고 할 때 다음 두 경우를 생각해 볼 수 있습니다.

- $s \leq s'$일 때 꼭짓점 x를 포함하는 루트 트리의 루트가 자식 꼭짓점이 되도록 병합하므로 x의 깊이는 1만큼 늘어납니다. 이때 병합한 후의 루트 트리의 꼭짓점 개수는 $s + s'$가 되고 $s + s' \geq 2s$를 만족합니다.

---

3 실제로 Union-Find를 사용할 때 N 요소를 모두 병합 가능하다고 단정할 수 없지만, N 요소를 모두 병합해서 만든 루트 트리의 높이가 $\log N$ 이하가 되는 걸 증명하면 Union-Find의 각 쿼리 처리 복잡도는 $O(\log N)$이 된다고 평가할 수 있습니다.

- $s \rangle s'$일 때 꼭짓점 x를 포함하는 루트 트리의 루트가 병합 후에도 루트가 되도록 병합하므로 x의 깊이는 변하지 않습니다.

이 내용을 바탕으로 꼭짓점 x의 깊이가 1 증가하면 꼭짓점 x를 포함하는 루트 트리의 꼭짓점 개수도 2배 이상이 된다고 할 수 있습니다. 따라서 최종적인 루트 트리가 형성될 때까지 꼭짓점 x의 깊이가 증가한 횟수(= 최종적인 루트 트리의 꼭짓점 x의 깊이)를 $d(x)$라고 하면 최종적인 루트 트리의 꼭짓점 개수는 적어도 $2d(x)$ 이상이 됩니다. 한편 최종적인 루트 트리의 꼭짓점 개수는 N이므로 다음과 같이 됩니다.

$$N \geq 2^{d(x)} \Leftrightarrow d(x) \leq \log N$$

이상으로 Union-Find에서 union by size 방법에 따라 병합 처리를 해서 얻은 루트 트리의 높이는 $\log N$ 이하가 된다는 것을 증명했습니다.

그리고 이 절에서 설명한 union by size 개념인 '크기가 작은 쪽의 자료 구조를 큰 쪽에 병합'하는 방법은 Union-Find의 고속화뿐만 아니라 자료 구조를 병합할 때 일반적으로 사용하는 기법입니다. 꼭 기억해두길 바랍니다.

11.5 Union-Find 개선법 2: 경로 압축

union by size만 사용해도 Union-Find 쿼리 복잡도가 $O(\log N)$이 되는 걸 봤습니다.[4] 여기에 또다시 **경로 압축** 기법을 도입하면 (예측) 복잡도를 $O(\alpha(N))$으로 개선할 수 있습니다. 복잡도가 $O(\alpha(N))$이 되는 이유는 설명을 생략하지만, 관심이 있다면 참고 문헌 [9]의 서로소 집합을 위한 자료 구조를 참고하길 바랍니다.

union by size는 병합 쿼리 unite(x, y)에 관한 개선 방법이었지만, 경로 압축은 루트를 구하는 함수 root(x)에 관한 개선입니다. 일단 경로 압축을 하지 않았을 때 함수 root(x)를 어떻게 구현할 수 있는지를 생각해 봅시다. 각 꼭짓점 x에 대해 그 부모를 par[x]라고 할 때 x가 루트라면

---

4   Union-Find에서 동적 계획법을 실시하는 경우 등 오히려 경로 압축을 하고 싶지 않은 경우도 있습니다. 그런 경우라도 union by size를 실시하는 것으로 복잡도가 $O(\log N)$이 된다는 사실은 중요합니다.

par[x] = −1입니다. 이때 root(x)는 코드 11-1처럼 재귀 함수로 구현할 수 있습니다. 꼭짓점 x에서 출발해 위로 진행하면서 루트에 도달하면 그 번호를 돌려주는 재귀 함수입니다.

코드 11-1 경로 압축 개선이 없는 경우의 루트 취득

```
int root(int x) {
    if (par[x] == -1) return x; // x가 루트라면 x를 직접 반환
    else return root(par[x]); // x가 루트가 아니면 재귀적으로 진행
}
```

다음으로 root(x)에 경로 압축 개선법을 도입합시다. 경로 압축은 그림 11-4처럼 x에서 위로 진행하면서 루트에 도달할 때까지의 경로에 있는 꼭짓점에 대해 그 부모를 루트에 가져다 붙이는 작업입니다.

❤ 그림 11-4 root(x)를 호출할 때 Union-Find의 경로 압축 모습

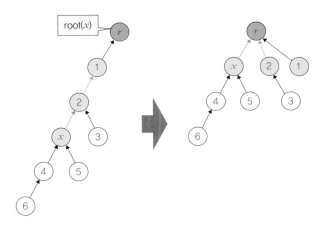

복잡한 처리처럼 보이지만, 코드 11-2와 같이 간결하게 구현할 수 있습니다. 코드 11-1과 다른 점은 par[x]에 함수 root(x)의 반환값을 저장한다는 점뿐입니다. 코드 11-1도, 코드 11-2도 꼭짓점 x에서 부모를 따라가서 최종적으로 루트(r이라고 함)를 돌려주는 점은 같습니다.

따라서 경로 압축을 통해 par[x]에는 루트 r이 저장됩니다. 같은 방법으로 x에서 위로 진행해 루트에 도달할 때까지 경로에 있는 각 꼭짓점 v에 대해서도 par[v]에는 루트 r이 저장됩니다. 즉, 코드 11-2에 의해 x에서 위로 진행해 루트에 도달할 때까지 경로에 존재하는 각 꼭짓점에 대해 그 부모를 루트에 옮겨 붙이는 작업을 실현할 수 있다는 걸 알 수 있습니다.

```
int root(int x) {
    if (par[x] == -1) return x; // x가 루트라면 x를 반환
    else return par[x] = root(par[x]); // x의 부모 par[x]를 루트에 설정
}
```

11.6 Union-Find 구현

지금까지 살펴본 논의를 바탕으로 Union-Find는 코드 11-3처럼 구현할 수 있습니다. Union-Find를 구조체로 구현했고, 구조체의 멤버 변수로 다음을 가집니다.

- par: 각 꼭짓점의 부모 꼭짓점 번호를 나타냅니다. 자신이 루트라면 −1이 됩니다.
- siz: 각 꼭짓점에 속한 루트 트리의 꼭짓점 개수를 나타냅니다.

코드 11-3 Union-Find 전체 구현

```
#include <iostream>
#include <vector>
using namespace std;

// Union-Find
struct UnionFind {
    vector<int> par, siz;

    // 초기화
    UnionFind(int n) : par(n, -1) , siz(n, 1) { }

    // 루트를 구함
    int root(int x) {
        if (par[x] == -1) return x; // x가 루트이면 x를 반환
        else return par[x] = root(par[x]);
    }

    // x와 y가 같은 그룹에 속해 있는가(루트가 일치하는가)
    bool issame(int x, int y) {
        return root(x) == root(y);
```

```cpp
        }

        // x를 포함한 그룹과 y를 포함한 그룹을 병합함
        bool unite(int x, int y) {
            // x, y를 각각 루트까지 이동시킴
            x = root(x);
            y = root(y);

            // 이미 같은 그룹이라면 아무것도 하지 않음
            if (x == y) return false;

            // union by size (y 쪽의 크기가 작도록 만들기)
            if (siz[x] < siz[y]) swap(x, y);

            // y를 x의 자식으로 만들기
            par[y] = x;
            siz[x] += siz[y];
            return true;
        }

        // x를 포함한 그룹 크기
        int size(int x) {
            return siz[root(x)];
        }
};

int main() {
    UnionFind uf(7); // {0}, {1}, {2}, {3}, {4}, {5}, {6}

    uf.unite(1, 2); // {0}, {1, 2}, {3}, {4}, {5}, {6}
    uf.unite(2, 3); // {0}, {1, 2, 3}, {4}, {5}, {6}
    uf.unite(5, 6); // {0}, {1, 2, 3}, {4}, {5, 6}
    cout << uf.issame(1, 3) << endl; // True
    cout << uf.issame(2, 5) << endl; // False

    uf.unite(1, 6); // {0}, {1, 2, 3, 5, 6}, {4}
    cout << uf.issame(2, 5) << endl; // True
}
```

11.7 Union−Find 응용: 그래프 연결 요소 개수

Union−Find 응용의 예로 그림 11−5처럼 무향 그래프의 연결 요소 개수를 세는 문제를 생각해 봅시다. 참고로 13장에서 배우는 깊이 우선 탐색이나 너비 우선 탐색을 사용하는 방법도 유용합니다만, 이 문제는 Union−Find를 사용해서 연결 요소를 그룹으로 취급하여 해결할 수 있습니다.

▼ 그림 11−5 무향 그래프의 연결 요소 개수를 구하는 문제

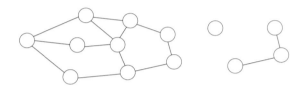

연결 요소 개수 = 3

코드 11−4처럼 구현합니다. 우선 각 변 $e = (u, v)$에 대해 unite(u, v)를 반복합니다(50번째 줄). 이러면 Union−Find에 포함된 루트 트리의 개수를 구하는 문제가 됩니다. 이것은 Union−Find에서 루트 트리의 루트가 되는 꼭짓점 개수를 세어 보면 됩니다. 구체적으로 말하면 root(x) == x를 만족하는 x를 세어 보는 것이죠(56번째 줄). 복잡도는 $O(|V| + |E|\alpha(|V|))$입니다.

코드 11−4 Union−Find를 사용해서 연결 요소 개수 구하기

```
1   #include <iostream>
2   #include <vector>
3   using namespace std;
4
5   // Union-Find
6   struct UnionFind {
7       vector<int> par, siz;
8
9       UnionFind(int n) : par(n, -1) , siz(n, 1) { }
10
11      // 루트 구하기
12      int root(int x) {
13          if (par[x] == -1) return x;
14          else return par[x] = root(par[x]);
15      }
```

```
16      // x와 y가 같은 그룹에 속하는가(루트가 일치하는가)
17      bool issame(int x, int y) {
18          return root(x) == root(y);
19      }
20
21      // x를 포함한 그룹과 y를 포함한 그룹을 병합
22      bool unite(int x, int y) {
23          x = root(x), y = root(y);
24          if (x == y) return false;
25          if (siz[x] < siz[y]) swap(x, y);
26          par[y] = x;
27          siz[x] += siz[y];
28          return true;
29      }
30
31      // x를 포함하는 그룹 크기
32      int size(int x) {
33          return siz[root(x)];
34      }
35  };
36
37  int main() {
38      // 꼭짓점 개수와 변의 개수
39      int N, M;
40      cin >> N >> M;
41
42      // Union-Find를 요소 개수 N으로 초기화
43      UnionFind uf(N);
44
45      // 각 변에 대한 처리
46      for (int i = 0; i < M; ++i) {
47          int a, b;
48          cin >> a >> b;
49          uf.unite(a, b); // a를 포함하는 그룹과 b를 포함하는 그룹을 병합
50      }
51
52      // 집계
53      int res = 0;
54      for (int x = 0; x < N; ++x) {
55          if (uf.root(x) == x) ++res;
56      }
57      cout << res << endl;
58  }
```

11.8 정리

Union-Find는 그룹 나누기를 효율적으로 관리하는 자료 구조입니다. 실현 방법은 간단하지만 깊이가 있으므로, 이 책에서 소개하지 못한 다양한 기능을 추가해 다채로운 자료 구조로 만들 수도 있습니다. 또한, 적용 범위도 넓고 그래프와 관련된 많은 문제를 Union-Find로 풀 수도 있습니다. 15.1절에서는 크러스컬 알고리즘을 고속화할 때 Union-Find를 활용합니다.

11.9 연습 문제

11.1 연결인 무향 그래프 $G = (V, E)$가 주어졌을 때, 그래프 G에서 변을 제거하면 그래프가 연결이 아니게 되는 변을 다리(bridge)라고 부른다. 다리를 모두 구하는 복잡도 $O(|v| + |E|^2 \alpha(|V|))$인 알고리즘을 설계하라.[5] (출처: AtCoder Beginner Contest 075 C – Bridge, 난이도 ★★)

11.2 연결인 무향 그래프 $G = (V, E)$가 주어졌을 때 $|E|$개 변을 순서대로 파괴한다고 하자. 각 $i(= 0, 1, ..., |E| - 1)$에 대해 i번째 변을 파괴하는 단계에 그래프 G가 연결 요소를 몇 개 가지고 있는지 구하라. 단, 전체 복잡도는 $O(|V| + |E|\alpha(|V|))$로 실현하라. (출처: AtCoder Beginner Contest 120 D– Decayed Bridges, 난이도 ★★★)

11.3 N개 도시$(0, 1, ..., N - 1)$가 있고, 도시 사이에 K개 도로와 L개 철도가 뻗어 있다. 각 도로와 철도는 양방향으로 이동할 수 있다. 이때 각 도시 $i(0, 1, ..., N - 1)$에 대해 도시 i에서 출발해 도로만 사용하거나 철도만 사용해도 도달 가능하다는 조건을 모두 만족하는 도시의 개수를 구하라. 단 $O(N\log N + (K + L)\alpha(N))$ 복잡도로 실현하라. (출처: AtCoder Beginner Contest 049 D – 연결, 난이도 ★★★)

---

5 이 문제는 더 빠른 $O(|V| + |E|)$ 복잡도인 해법도 존재합니다.

11.4 M 조합의 정수 $(l_i, \ r_i, \ d_i)(i = 0, \ 1, \ ..., \ M - 1, \ 0 \leq l_i, r_i \leq N - 1)$가 주어졌을 때 x_{ri} $- \ x_{li} = d_i$를 만족하는 N개 정수 $x_0, \ x_1, \ ..., \ x_{N-1}$이 존재하는지 여부를 판정하라. (출처: AtCoder Regular Contest 090 D – People on a Line, 난이도 ★★★★)

memo

12^장

정렬

지금까지 설계 방법과 자료 구조를 설명했습니다. 이 장에서는 지금까지 배운 내용을 활용해 정렬을 알아봅니다. 정렬은 데이터의 열을 특정 순서에 따라 줄 세우는 과정입니다. 수많은 곳에서 활용하는 중요한 작업일 뿐만 아니라 분할 정복법, 힙 같은 자료 구조, 난수 알고리즘 등 다양한 알고리즘 기법을 배울 수 있는 주제입니다. 또한, 단순히 정렬 알고리즘만 이해하고 넘어가는 게 아니라 여기에 사용되는 알고리즘 기법까지 배웁니다.

12.1 정렬이란?

다음 수열을,

$$6, 1, 2, 8, 9, 2, 5$$

오름차순으로 정렬하면 다음과 같습니다.

$$1, 2, 2, 5, 6, 8, 9$$

다음 문자열을,

banana, orange, apple, grape, cherry

알파벳 순서로 정렬하면 다음과 같습니다.

apple, banana, cherry, grape, orange

이렇게 주어진 데이터 열을 특정 순서에 따라 나열하는 것을 **정렬**(sort)(소트)이라고 합니다.

정렬은 실용적이고 무척 중요한 작업입니다. 웹사이트를 접속 횟수가 많은 순서로 정렬하거나 시험 합격 여부를 결정하기 위해 점수가 높은 순서로 정렬하는 등 많은 곳에서 쓰입니다. 또한, 6.1절에서 다룬 배열의 이진 탐색이나 7.3절에서 다룬 구간 스케줄링 문제에 대한 탐욕법 등과 같이 다양한 문제를 효율적으로 풀기 위한 전처리로도 사용합니다. 이렇듯 정렬은 실용성과 논리성 면에서 중요한 처리로, 다양한 알고리즘이 고안되어 왔습니다(표 12-1).

정렬 종류	평균 시간 복잡도	최악 시간 복잡도	추가로 필요한 메모리 용량	안정 정렬 여부[1]	비고
삽입 정렬	$O(N^2)$	$O(N^2)$	$O(1)$	○	간단한 정렬법으로 그저 그런 성능
병합 정렬	$O(N\log N)$	$O(N\log N)$	$O(N)$	○	최악인 경우라도 $O(N\log N)$으로 빠름
퀵 정렬	$O(N\log N)$	$O(N^2)$	$O(N\log N)$	×	최악인 경우는 $O(N^2)$이지만 일반적으로 가장 빠름
힙 정렬	$O(N\log N)$	$O(N\log N)$	$O(1)$	×	힙을 활용
버킷 정렬	$O(N+A)$	$O(N+A)$	$O(N+A)$	○	정렬하고 싶은 값이 0 이상 A 미만인 정수일 때 사용. A가 작은 값일 때 유용

이 장에서는 삽입 정렬, 병합 정렬, 퀵 정렬, 힙 정렬, 버킷 정렬을 소개합니다. 우선 12.3절에서는 정렬을 실현하는 알고리즘 중 하나인 삽입 정렬을 소개합니다. 삽입 정렬은 자연스러운 정렬 수단이지만, 이 단순한 정렬 방법은 정렬할 대상 개수가 N이라면 $O(N^2)$ 복잡도가 됩니다. 12.4절에서는 이걸 $O(N\log N)$으로 개선해 봅니다. 정렬뿐만 아니라 알고리즘 복잡도를 $O(N^2)$에서 $O(N\log N)$으로 개선하는 건 매우 큰 의미가 있습니다. 예를 들어 $N = 1,000,000$인 데이터가 있을 때 $O(N^2)$ 복잡도라면 일반 컴퓨터로 30분 이상 걸리지만, $O(N\log N)$ 복잡도라면 겨우 3밀리초 정도면 처리가 끝납니다.

ALGORITHM & DATA STRUCTURES

12.2 정렬 알고리즘의 좋고 나쁨

12.2.1 in-place와 안정성

정렬 알고리즘의 좋고 나쁨은 다음 척도로 평가합니다.

- 복잡도

- 추가로 필요한 메모리 용량(in-place성)

- 안정 정렬 여부(안정성)

---

1 '정렬이 안정하다'는 말의 정의는 12.2.1절에서 소개합니다.

지금까지의 알고리즘은 주로 시간 복잡도로 평가했습니다. 정렬은 기본적인 알고리즘이므로 사용 빈도도 높고 사용하는 컴퓨터 환경에도 크게 좌우됩니다. 따라서 시간 복잡도만 가지고 따질 수 없는 부분도 중요하며, 이를 평가할 기준도 중요합니다.

우선 알고리즘 실행에 필요한 메모리 용량을 생각해 봅시다. 나중에 설명하지만, 삽입 정렬(12.3절)이나 힙 정렬(12.6절)은 외부 메모리를 거의 쓰지 않고 주어진 배열 내부의 swap(치환) 작업으로 정렬 처리를 할 수 있습니다. 이런 알고리즘을 in-place라고 합니다. 정렬뿐만 아니라 알고리즘이 in-place라는 건 임베디드 시스템 등 컴퓨터 자원이 한정된 환경에서는 무척 중요한 장점입니다.

또한, 정렬 알고리즘이 **안정하다**(stable)라는 건 정렬 전후로 동일한 값을 가진 요소끼리 순서 관계가 보장되는 것을 뜻합니다. 안정한 정렬이 아닐 때(불안정한 정렬일 때) 발생하는 문제점을 예로 들어 보겠습니다. 만약 그림 12-1처럼 학생 5명의 영어, 수학, 국어 점수가 있고, 수학 점수가 높은 순서로 정렬한다고 합시다. 이때 소현과 사랑은 수학 점수가 동일하므로 처리 순서나 방법에 따라 두 학생 사이의 순서가 바뀔지도 모릅니다. 안정한 정렬 알고리즘이라면, 동일한 값을 가진 요소 사이의 순서 관계가 정렬 전과 동일하다는 것이 보장됩니다. 나중에 설명하지만 삽입 정렬(12.3절), 병합 정렬(12.4절)은 안정하지만 퀵 정렬(12.5절), 힙 정렬(12.6절)은 불안정합니다.

▼ 그림 12-1 불안정한 정렬은 소현과 사랑처럼 정렬 전후에 같은 값끼리 순서가 달라지는 경우가 존재함

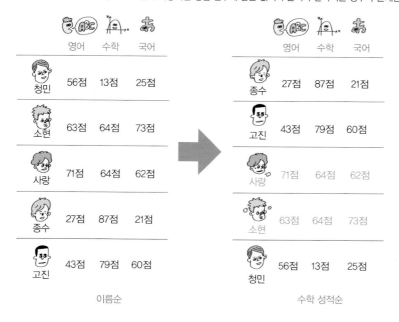

12.2.2 어떤 정렬 알고리즘이 좋은가?

이미 수많은 정렬 알고리즘이 고안되어 있으므로 '어떤 알고리즘이 좋은 알고리즘인가'라는 의문이 자연히 떠오를 것입니다. 요즘은 컴퓨터 자원이 여유롭고 각 언어가 제공하는 표준 라이브러리의 성능도 향상되어서 대부분의 경우에는 표준 라이브러리를 사용하면 충분합니다. 안정 정렬을 사용하고 싶을 때도 있으므로, 예를 들어 C++는 다음 두 가지 라이브러리가 준비되어 있습니다.

- 안정성을 보장하지 않지만 빠른 std::sort()
- 안정성을 보장하는 std::stable_sort()

따라서 존재하는 수십 가지의 정렬 알고리즘을 전부 다 아는 것보다 어떤 경우에 정렬이 필요한지 습득하는 것이 더 중요합니다. 또한, 정렬 알고리즘은 복잡도 개선, 분할 정복법, 무작위 알고리즘 등 다양한 알고리즘 기법을 배울 수 있는 좋은 주제이기도 합니다. 이 장에서는 이 부분도 염두에 두고 설명하겠습니다.

ALGORITHM & DATA STRUCTURES

12.3 / 정렬(1): 삽입 정렬

12.3.1 동작과 구현

우선 **삽입 정렬**(insertion sort)을 살펴봅시다. 삽입 정렬은 '왼쪽부터 i개가 정렬된 상태에서 $i + 1$개가 정렬된 상태'로 만드는 정렬 알고리즘입니다. 왼쪽에서부터 i개가 이미 정렬된 상태라고 가정하고 $i + 1$개째 카드를 적절한 장소에 삽입합니다.

그림 12-2처럼 수열 4, 1, 3, 5, 2를 예로 들어서 동작을 확인해 봅시다. 우선 첫 번째 4는 그대로 둡니다. 다음으로 두 번째 1을 적절한 장소로 옮깁니다. 즉, 4 앞으로 가져옵니다. 세 번째 3은 1보다 크고 4보다 작으므로 1과 4 사이로 가져옵니다. 네 번째 5는 4보다 크므로 원래 위치 그대로입니다. 마지막으로 다섯 번째 2는 1과 3 사이로 가져옵니다.

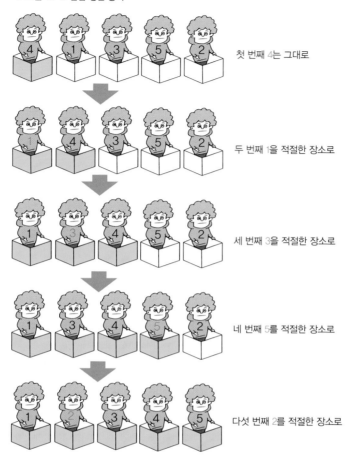

첫 번째 4는 그대로

두 번째 1을 적절한 장소로

세 번째 3을 적절한 장소로

네 번째 5를 적절한 장소로

다섯 번째 2를 적절한 장소로

이 작업을 C++로 구현하면 코드 12-1처럼 작성할 수 있습니다.

코드 12-1 삽입 정렬 실현

```cpp
#include <iostream>
#include <vector>
using namespace std;

// 배열 a를 정렬함
void InsertionSort(vector<int> &a) {
    int N = (int)a.size();
    for (int i = 1; i < N; ++i) {
        int v = a[i]; // 삽입하고 싶은 값

        // v를 삽입할 적절한 장소 j 찾기
```

```cpp
        int j = i;
        for (; j > 0; --j) {
            if (a[j - 1] > v) { // v보다 크면 하나 뒤로 옮김
                a[j] = a[j - 1];
            }
            else break; // v 이하라면 멈춤
        }
        a[j] = v; // 마지막으로 j번째로 v를 가져감
    }
}

int main() {
    // 입력
    int N; // 요소 개수
    cin >> N;
    vector<int> a(N);
    for (int i = 0; i < N; ++i) cin >> a[i];

    // 삽입 정렬
    InsertionSort(a);
}
```

12.3.2 삽입 정렬 복잡도와 성질

삽입 정렬의 복잡도는 최악의 경우 $O(N^2)$입니다. 정렬하고 싶은 배열이 N, $N - 1$, ..., 1처럼 값이 내림차순으로 나열된 경우는 각 요소를 왼쪽으로 움직이는 횟수가 0, 1, ..., $N - 1$회가 됩니다. 이동 횟수의 총합은 다음과 같으므로,

$$0 + 1 + ... + N - 1 = \frac{1}{2}N(N - 1)$$

복잡도는 $O(N^2)$입니다. 주어진 배열이 이미 정렬이 거의 끝난 수열이라면 고속으로 동작하는 것을 알 수 있습니다. 경우에 따라서는 퀵 정렬보다 빠르게 동작하기도 합니다. 또한, 삽입 정렬은 $O(N^2)$인 정렬 알고리즘[2]이지만 다음과 같은 장점이 있습니다.

- in-place 정렬
- 안정 정렬

---

2 그 외에 $O(N^2)$ 복잡도인 정렬 알고리즘으로 버블 정렬이나 선택 정렬 등이 유명합니다.

12.4 정렬(2): 병합 정렬

12.4.1 동작과 구현

앞에서 본 삽입 정렬은 $O(N^2)$ 복잡도였지만 이번에 설명하는 병합 정렬은 $O(N\log N)$ 복잡도로 동작합니다. 병합 정렬은 4.6절에서 소개한 분할 정복법을 활용한 정렬 알고리즘입니다. 그림 12-3처럼 배열을 반으로 분할하고 좌우 각각을 재귀적으로 정렬해서 양쪽을 병합하는 걸 반복합니다.

▼ 그림 12-3 병합 정렬 동작

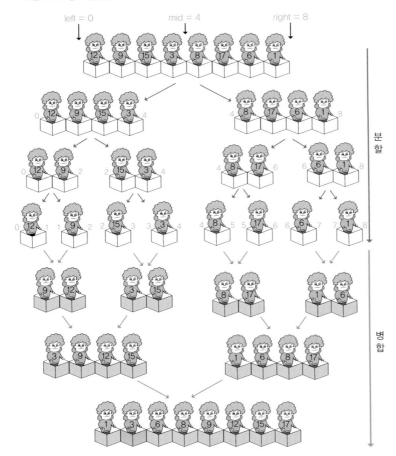

구체적인 동작을 생각해 봅시다.

$$MergeSort(a, left, right)$$

이 함수는 배열 a의 구간 [left, right)를 정렬하는 함수입니다.[3] 배열 a의 구간 [left, right)를 a[left:right]라고 표현합니다. 우선 mid = (left + right) / 2를 해서 MergeSort(a, left, mid)와 MergeSort(a, mid, right)를 각각 재귀적으로 호출합니다. 이렇게 하면 a[left:right] 의 왼쪽 반인 a[left:mid]와 오른쪽 반인 a[mid:right]가 각각 정렬된 상태가 됩니다. 그리고 왼쪽 a[left:mid]와 오른쪽 a[mid:right]가 정렬이 끝난 걸 이용해서 a[left:right] 전체를 정렬된 상태로 만듭니다. 이런 병합 처리의 절차를 구체적으로 살펴보면 다음과 같습니다.

- 왼쪽 배열 a[left:mid]와 오른쪽 배열 a[mid:right]의 내용물을 각각 외부 배열에 복사합니다.

- 왼쪽에 대응하는 외부 배열과 오른쪽에 대응하는 외부 배열이 모두 빈 상태가 될 때까지 왼쪽 최솟값과 오른쪽 최솟값을 비교한 뒤 작은 쪽을 골라서 추출하는 작업을 반복합니다(그림 12-4). 단, 왼쪽 외부 배열과 오른쪽 외부 배열 중 어느 한쪽이 빈 배열이 되면 다른 쪽 최솟값을 추출합니다.

여기서 간단한 개선 방법으로 그림 12-4처럼 오른쪽 외부 배열을 좌우 반전시킵니다. 그리고 좌우의 외부 배열을 연결합니다. 이렇게 하면, 병합 처리 도중에 왼쪽 외부 배열 또는 오른쪽 외부 배열이 비어 있는지 확인할 필요가 없습니다. 즉, 병합 처리는 '연결해서 만든 외부 배열의 양쪽 끝에서 작은 쪽을 반복해 추출'하는 단순하고 명쾌한 작업이 됩니다.

---

3 구간 [left, right)의 의미는 5.6절을 참조합니다.

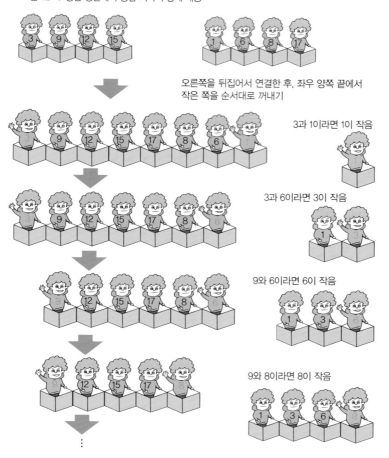

이 과정은 코드 12-2처럼 구현합니다.

코드 12-2 병합 정렬 구현

```cpp
#include <iostream>
#include <vector>
using namespace std;

// 배열 a의 구간 [left, right)를 정렬하기
// [left, right)는 left, left+1, ..., right-1을 뜻함
void MergeSort(vector<int> &a, int left, int right) {
    if (right - left == 1) return;
    int mid = left + (right - left) / 2;

    // 왼쪽 반쪽 [left, mid) 정렬
```

```
    MergeSort(a, left, mid);

    // 오른쪽 반쪽 [mid, right) 정렬
    MergeSort(a, mid, right);

    // 일단 왼쪽과 오른쪽 정렬 결과를 복사해 둠(오른쪽은 좌우 반전)
    vector<int> buf;
    for (int i = left; i < mid; ++i) buf.push_back(a[i]);
    for (int i = right - 1; i >= mid; --i) buf.push_back(a[i]);

    // 병합하기
    int index_left = 0;                // 왼쪽 인덱스
    int index_right = (int)buf.size() - 1; // 오른쪽 인덱스
    for (int i = left; i < right; ++i) {
        // 왼쪽 선택
        if (buf[index_left] <= buf[index_right]) {
            a[i] = buf[index_left++];
        }
        // 오른쪽 선택
        else {
            a[i] = buf[index_right--];
        }
    }
}

int main() {
    // 입력
    int N; // 요소 개수
    cin >> N;
    vector<int> a(N);
    for (int i = 0; i < N; ++i) cin >> a[i];

    // 병합 정렬
    MergeSort(a, 0, N);
}
```

12.4.2 병합 정렬 복잡도와 성질

병합 정렬 복잡도는 $O(N\log N)$입니다. 직관적으로 그림 12-3에서 알 수 있듯이, 분할과 병합이 각각 $O(\log N)$ 단계가 필요하고 각각의 단계에서 병합 작업이 $O(N)$ 복잡도이므로 합하면

$O(N\log N)$이 됩니다. 예를 들어 그림 12-3은 $N = 8$이고, 분할과 병합이 각각 세 단계입니다. 수식을 사용한 해석은 12.4.3절에서 살펴봅니다.

그런데 병합 정렬은 코드 12-2에서 사용한 배열 buf처럼 공간 복잡도 $O(N)$인 외부 메모리가 필요하므로 in-place 성질을 만족하지 않습니다. 따라서 임베디드 시스템처럼 소프트웨어 이식성도 중요하면서 알고리즘을 빠르게 실행하고 싶은 경우 병합 정렬 사용을 꺼리는 경향이 있습니다. 하지만 배열을 입력받는 시점에 이미 공간 복잡도 $O(N)$ 메모리가 필요하다는 것을 생각해 보면, 병합 정렬에 필요한 메모리 공간은 기껏해야 입력값이 차지하는 메모리 공간의 수배 정도입니다. 이 정도 추가 공간이라면 큰 문제가 되지 않는 경우도 많습니다.

또한, 병합 정렬이 안정 정렬이라 좋은 케이스도 많습니다. C++ 표준 라이브러리의 정렬 알고리즘으로 std::sort()와 std::stable_sort() 등이 제공됩니다. 실제 속도를 측정해 보면 sort() 쪽이 빠른 편이지만, stable_sort()는 안정 정렬을 보장합니다. sort()는 퀵 정렬로 구현하고, stable_sort()는 병합 정렬로 구현하는 경우가 많습니다.

12.4.3 병합 정렬 복잡도를 자세히 분석하기(*)

병합 정렬 복잡도를 $T(N)$이라고 하면 다음 점화식이 성립합니다. $O(N)$은 병합 부분의 복잡도를 의미합니다.

$$T(1) = O(1)$$
$$T(N) = 2T\left(\frac{N}{2}\right) + O(N) \ \ (N > 1)$$

이를 풀면 $T(N) = O(N\log N)$이 되는 걸 증명해 봅시다. 엄밀하게 따지면 $T(N) = T\left(\lfloor\frac{N}{2}\rfloor\right) + T\left(\lfloor\frac{N}{2}\rfloor\right) + O(N)$으로 풀어야 하지만, 여기서는 간단한 설명을 위해 $\lfloor\frac{N}{2}\rfloor$의 올림, 내림은 고려하지 않습니다.

그러면 좀 더 일반적으로 a, b를 a, $b \geq 1$을 만족하는 정수라 하고 c, d를 양의 실수라 할 때,

$$T(1) = c$$
$$T(N) = aT\left(\frac{N}{b}\right) + dN \ \ (N > 1)$$

이런 점화식으로 나타낸 복잡도가,

$$T(N) = \begin{cases} O(N) & (a < b) \\ O(N\log N) & (a = b) \\ O(N^{\log_b a}) & (a > b) \end{cases}$$

이렇게 되는 걸 살펴봅시다. 여기서는 간단한 설명을 위해 N이 $N = b^k$를 나타내는 정수인 경우를 다룹니다. 점화식을 반복해서 사용하면,

$$T(N)$$
$$= aT\left(\frac{N}{b}\right) + dN$$
$$= a\left(aT\left(\frac{N}{b^2}\right) + d\frac{N}{b}\right) + dN$$
$$= \cdots$$
$$= a\left(a\left(...a\left(aT\left(\frac{N}{b^k}\right) + d\frac{N}{b^{k-1}}\right) + d\frac{N}{b^{k-2}} + \cdots\right) + d\frac{N}{b}\right) + dN$$
$$= ca^k + dN\left(1 + \frac{a}{b} + \left(\frac{a}{b}\right)^2 + \cdots + \left(\frac{a}{b}\right)^{k-1}\right)$$
$$= cN^{\log_b a} + dN\left(1 + \frac{a}{b} + \left(\frac{a}{b}\right)^2 + \cdots + \left(\frac{a}{b}\right)^{k-1}\right)$$

이런 결과가 됩니다. 따라서

- $a < b$일 때 $N\left(1 + \frac{a}{b} + \left(\frac{a}{b}\right)^2 + \cdots + \left(\frac{a}{b}\right)^{k-1}\right) = N\left(\frac{1 - \left(\frac{a}{b}\right)^k}{1 - \frac{a}{b}}\right) < \frac{N}{1 - \frac{a}{b}}$이 되므로 $T(N) = O(N)$입니다.

- $a = b$일 때 $k = \log_b N$이고 $T(N) = cN = dkN = O(N\log N)$입니다.

- $a > b$일 때 $N\left(1 + \frac{a}{b} + \left(\frac{a}{b}\right)^2 + \cdots + \left(\frac{a}{b}\right)^{k-1}\right) = N\frac{\left(\frac{a}{b}\right)^k - 1}{\frac{a}{b} - 1} = \frac{a^k - N}{\frac{a}{b} - 1}$이고 $a^k = b^{k\log_b a} = N^{\log_b a}$이므로 $T(N) = O(N^{\log_b a})$입니다.

병합 정렬이라면 $a = b = 2$이므로 복잡도는 $O(N\log N)$임을 알 수 있습니다. 그리고 $a > b$나 $a < b$인 경우를 고찰해 보면 흥미로운 현상이 발생합니다. 그림 12-5와 같이 분할 정복법의 복잡도를 다음과 같이 분해해서 생각해 봅시다.

- 분할 정복법 재귀의 루트 부분에서 병합 작업에 필요한 복잡도 $O(N)$

- 분할 정복법 재귀의 루트로부터의 깊이가 1인 부분에서 병합 작업에 필요한 계산 시간

- $\cdots$

- 분할 정복법 재귀의 리프 부분에 필요한 계산 시간의 총합 $O(N^{\log_b a})$

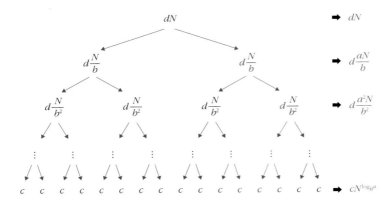

$a > b$라면 재귀의 분기 개수가 적어져서 최종적으로 루트 부분이 대부분을 차지하므로 복잡도는 $O(N)$이 됩니다. $a < b$라면 재귀 분기 개수가 커질 경우 최종적으로 리프 부분이 지배적인 비율이 되므로 복잡도는 $O(N^{\log_b a})$가 됩니다. $a = b$라면 양쪽이 균형을 이루므로 그림 12-5 트리의 각 깊이에서 복잡도가 모두 $O(N)$이 되고, 거기에 트리 높이 $O(\log N)$을 곱하면 전체 복잡도는 $O(N\log N)$이 됩니다.

ALGORITHM & DATA STRUCTURES

12.5 정렬(3): 퀵 정렬

12.5.1 동작과 구현

퀵 정렬(quick sort)도 병합 정렬과 마찬가지로 배열을 분할해서 각각 재귀적으로 풀어 합치는 분할 정복법을 따르는 알고리즘입니다. 최악의 경우 시간 복잡도가 $\Theta(N^2)$[4]인데, 평균 시간 복잡도는 $O(N\log N)$입니다. 퀵 정렬은 그림 12-6처럼 배열에서 적당한 요소 pivot을 고른 후 배열 전체를 pivot 미만 그룹과 pivot 이상 그룹으로 분할해 각각 재귀적으로 풉니다.

---

4 지금까지 사용한 O 표기법은 복잡도가 이것보다 나빠지지 않는다는 걸 뜻합니다. 하지만 이번에는 이보다 좋아질 수 없다는 Θ 표기법(2.7.3절)을 사용했습니다.

▼ 그림 12-6 퀵 정렬 개념도

적당한 pivot 고르기

left = 0

right = 8

10 12 15 3 8 17 4 1

배열을 재정렬해서
– pivot 왼쪽에는 pivot 미만
– pivot 오른쪽에는 pivot 이상
이런 상태로 만든 다음

3 1 4 8 12 17 15 10

좌우를 각각
재귀적으로 풀자.

배열 전체를 pivot 전후로 나누는 부분은 그림 12-7처럼 일단 고른 pivot을 오른쪽 끝으로 옮기고 배열 왼쪽부터 순서대로 조사하면서 pivot 값보다 작은 걸 왼쪽에 모아둡니다. 이런 처리를 C++로 구현한 코드가 코드 12-3입니다. 12.4절의 병합 정렬과 다르게 퀵 정렬은 외부 배열이 필요하지 않은 in-place성이 있으므로 주의하길 바랍니다.

코드 12-3 퀵 정렬 구현

```cpp
#include <iostream>
#include <vector>
using namespace std;

// 배열 a 구간 [left, right)를 정렬
// [left, right)는 left, left+1, ..., right-1번째를 뜻함
void QuickSort(vector<int> &a, int left, int right) {
    if (right - left <= 1) return;

    int pivot_index = (left + right) / 2;  // 적당히 가운데 값을 고름
```

```cpp
    int pivot = a[pivot_index];
    swap(a[pivot_index], a[right - 1]);    // pivot과 오른쪽 끝을 서로 바꿈

    int i = left; // i는 왼쪽에 채운 pivot 미만 요소의 오른쪽 끝을 뜻함
    for (int j = left; j < right - 1; ++j) {
        if (a[j] < pivot) { // pivot 미만이라면 왼쪽에 채움
            swap(a[i++], a[j]);
        }
    }
    swap(a[i], a[right - 1]); // pivot을 적절한 장소에 삽입

    // 재귀적으로 풀기
    QuickSort(a, left, i);     // 왼쪽 반(pivot 미만)
    QuickSort(a, i + 1, right); // 오른쪽 반(pivot 이상)
}

int main() {
    // 입력
    int N; // 요소 개수
    cin >> N;
    vector<int> a(N);
    for (int i = 0; i < N; ++i) cin >> a[i];

    // 퀵 정렬
    QuickSort(a, 0, N);
}
```

12.5.2 퀵 정렬 복잡도와 성질

퀵 정렬은 최악의 경우 시간 복잡도가 $\Theta(N^2)$입니다. 매번 가장 큰 요소나 가장 작은 요소를 pivot 으로 고르는 경우에 해당합니다. 그렇게 되면 크기가 m인 배열을 받았을 때 부분 문제가 크기 m – 1인 문제와 크기 1인 문제로 분할됩니다. 입력 배열 길이와 같은 횟수로 재귀 호출이 일어나고 각 단계마다 $\Theta(N)$이 필요하므로 전체 복잡도는 $\Theta(N^2)$입니다. 한편, 매번 pivot을 선택할 때 부분 문제 분할이 좌우 균등하게 나뉜다면 복잡도는 $\Theta(N\log N)$이 됩니다. 실제로 어느 한쪽으로 조금 치우친 정도라면 $\Theta(N^2)$가 되지 않습니다. 만약 매번 분할 크기가 비율 1:99가 되더라도 늘 1:99라면 복잡도는 $\Theta(N\log N)$입니다.

퀵 정렬은 최악의 경우 시간 복잡도가 $\Theta(N^2)$이지만 실제로 사용해 보면 병합 정렬보다 빠르게 동작합니다. C++ 표준 라이브러리인 std::sort()도 퀵 정렬을 기반으로 하는 경우가 많습니

다. 참고로 std::sort()는 C++ 11 이후부터 최악의 경우 시간 복잡도도 $\Theta(N\log N)$이라고 사양을 표기합니다. 구체적으로는 std::sort() 라이브러리 구현에 달려 있지만, 예를 들어 GNU Standard C++ library라면 12.6절에서 설명할 힙 정렬과의 하이브리드 방식인 **인트로 정렬**(Intro sort)을 기반으로 구현합니다.

❤ 그림 12-7 퀵 정렬 pivot 취급법 상세 내용

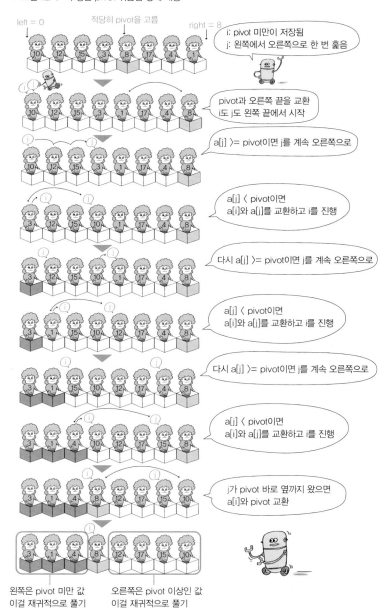

12.5.3 무작위 선택 퀵 정렬(*)

지금까지 소개한 퀵 정렬은 평균적인 경우 무척 빠르게 동작하지만, 운이 나쁘면 효율이 아주 떨어지는 약점이 있습니다. 이 절에서는 퀵 정렬의 약점을 개선하는 **무작위 선택 퀵 정렬**(Randomized quick sort)을 생각해 보겠습니다.

설계한 알고리즘의 평균적인 행동을 따질 때 입력된 데이터는 균등 확률로 출현한다고 가정하는 게 보통입니다. 하지만 현실은 입력값에 악의가 있는 경우 또는 악의가 없더라도 입력 분포가 편중된 경우처럼 기대한 상황과 다를 때도 많습니다. 그럴 때 유용한 방법으로 **무작위화**(randomization)가 있습니다. 퀵 정렬이라면 매번 pivot을 선택할 때 코드 12-3이라면 pivot을 a[(left+right)/2]로 선택하는 대신 a[left:right]에서 하나를 무작위로 선택합니다. 알고리즘을 무작위화하면 악의적인 입력 패턴이나 편중된 입력값에 대처하는 데 유효합니다.

이런 무작위화를 더한 무작위 선택 퀵 정렬의 평균 복잡도가 $O(N\log N)$이 되는 걸 증명해 봅시다. 간단한 설명을 위해 배열 a 값이 모두 서로 다르다고 가정합니다. 그리고 이런 알고리즘 자체가 예측할 수 없는 행동을 하는 경우의 평균 복잡도와 일반적인 알고리즘에 임의의 입력값이 주어지는 경우의 평균 복잡도(2.6.2절)는 같은 평균 복잡도라도 의미가 서로 다르므로 주의하길 바랍니다.

그러면 무작위 선택 퀵 정렬에서 배열 a의 i번째로 작은 요소와 j번째로 작은 요소를 비교하는 순간이 있으면 값 1을 선택하고 그렇지 않으면 값 0을 선택하는 확률 변수를 X_{ij}라고 합시다. 이때 무작위 선택 퀵 정렬의 평균 복잡도는 다음과 같이 나타낼 수 있습니다.

$$E\left[\sum_{0 \le i < j \le N-1} X_{ij}\right] = \sum_{0 \le i < j \le N-1} E[X_{ij}]$$

여기서 $E[X_{ij}]$는 i번째와 j번째가 비교될 확률을 뜻합니다. 이 값을 구하기 위해 i번째와 j번째 요소를 비교하는 조건을 생각해 봅시다. i, j번째 요소가 pivot으로 선택되기 이전에 $i + 1$, $i + 2$, ..., $j - 1$번째 요소가 pivot으로 선택되면 i, j번째 요소는 각각 서로 다른 재귀 함수에 넘어가므로 서로 비교할 일이 없습니다. 반대로 $i + 1$, $i + 2$, ..., $j - 1$번째 요소가 pivot으로 선택되기 이전에 i, j번째 요소 중 하나가 pivot으로 선택되면 양쪽을 비교하게 됩니다. 정리하면 $E[X_{ij}]$는 i, $i + 1$, ..., $j - 1$, j번째 요소 중에서 i, j번째 중 어느 요소가 최초로 선택되는 확률을 나타냅니다. 따라서 $E[X_{ij}] = \dfrac{2}{j - i + 1}$ 가 되므로,

$$E\left[\sum_{0 \leq i \langle j \leq N-1} X_{ij}\right] = \sum_{0 \leq i \langle j \leq N-1} \frac{2}{j-i+1}$$

$$\langle \sum_{0 \leq i \leq N-1,\, 0 \leq j-i \leq N-1} \frac{2}{j-i+1}$$

$$= \sum_{0 \leq i \leq N-1} \sum_{0 \leq k \leq N-1} \frac{2}{k+1}$$

$$= 2N \sum_{1 \leq k \leq N} \frac{1}{k}$$

$$= O(N \log N)$$

이렇게 됩니다. 이와 같이 무작위 선택 퀵 정렬의 평균 시간 복잡도는 $O(N\log N)$이 된다는 사실을 도출했습니다. 여기서는 다음 성질을 사용했습니다.

$$1 + \frac{1}{2} + \frac{1}{3} + \cdots + \frac{1}{N} = O(\log N)$$

알고리즘 복잡도를 분석할 때 종종 등장하는 중요한 관계식입니다(2장 연습 문제 2.6).

12.6 정렬(4): 힙 정렬

힙 정렬은 10.7절에서 등장한 힙을 활용합니다. 병합 정렬과 마찬가지로 최악의 경우에도 $O(N\log N)$ 복잡도입니다. 힙 정렬은 안정 정렬도 아니고 평균적인 속도 면에서 퀵 정렬에 비해 떨어지지만, 힙 자체는 중요한 자료 구조입니다. 14.6.5절에서 다익스트라 알고리즘을 고속화할 때도 힙이 대활약합니다. 힙 정렬도 힙 사용법 중 하나로 심오한 맛이 있습니다. 힙 정렬 방법은 다음과 같습니다.

- 1단계: 주어진 배열 요소를 모두 힙에 삽입합니다($O(\log N)$ 작업을 N번 실시).
- 2단계: 힙의 최댓값을 순서대로 pop해서 배열 뒤부터 채웁니다($O(\log N)$ 작업을 N번 실시).

1, 2단계를 모두 $O(N\log N)$으로 실시할 수 있으므로 전체 복잡도도 $O(N\log N)$이 됩니다.

힙 정렬 아이디어 자체는 이렇게 간단하지만 조금 개선해 봅시다. 언뜻 보면 힙을 만드는 데 외부 메모리가 필요할 것 같지만, 정렬하고 싶은 배열 a 자체를 힙으로 만들어 봅시다. 그러면 코드 12-4처럼 외부 메모리가 필요하지 않은 in-place 알고리즘이 됩니다.

코드 12-4는 1단계의 힙을 구축할 때 꼭짓점 순서를 신경 써서 작성한 코드입니다. 사실 이것으로 힙 구축에 필요한 복잡도가 $O(N)$으로 개선됩니다. 자세한 설명은 생략하지만, 관심이 있다면 참고 문헌 [9]의 힙 정렬을 읽어 보길 바랍니다.

코드 12-4 힙 정렬 구현

```cpp
#include <iostream>
#include <vector>
using namespace std;

// i번째 꼭짓점을 루트로 하는 부분 트리에서 힙 조건을 충족
// a 중에서 0번째부터 N - 1번째까지의 부분 a[0:N]만 고려함
void Heapify(vector<int> &a, int i, int N) {
    int child1 = i * 2 + 1; // 왼쪽 자식
    if (child1 >= N) return; // 자식이 아니면 종료

    // 자식끼리 비교
    if (child1 + 1 < N && a[child1 + 1] > a[child1]) ++child1;

    if (a[child1] <= a[i]) return; // 역전이 없으면 종료

    // swap
    swap(a[i], a[child1]);

    // 재귀적으로
    Heapify(a, child1, N);
}

// 배열 a를 정렬함
void HeapSort(vector<int> &a) {
    int N = (int)a.size();

    // 1단계: a 전체를 힙으로 만드는 과정
    for (int i = N / 2 - 1; i >= 0; --i) {
        Heapify(a, i, N);
    }

    // 2단계: 힙에서 하나하나 최댓값을 pop하는 과정
    for (int i = N - 1; i > 0; --i) {
        swap(a[0], a[i]); // 힙의 최댓값을 오른쪽에 채움
        Heapify(a, 0, i); // 힙 크기를 i로
    }
}
```

```
int main() {
    // 입력
    int N; // 요소 개수
    cin >> N;
    vector<int> a(N);
    for (int i = 0; i < N; ++i) cin >> a[i];

    // 힙 정렬
    HeapSort(a);
}
```

12.7 정렬 복잡도의 하한값

지금까지 병합 정렬, 힙 정렬이라는 $O(N\log N)$ 복잡도의 고속 정렬 알고리즘을 살펴봤습니다. 이번에는 이보다 더 빠른 알고리즘을 설계할 수 있을지 생각해 봅시다. 지금까지 본 삽입 정렬, 병합 정렬, 퀵 정렬, 힙 정렬 같은 정렬 알고리즘은 모두 정렬 순서가 입력된 요소끼리 비교하는 작업에만 기반해서 결정되는 성질이 있습니다. 이러한 걸 **비교 정렬 알고리즘**이라고 부릅니다. 사실 임의의 비교 정렬 알고리즘은 최악의 경우 $\Omega(N\log N)$[5]번 비교해야 합니다. 따라서 병합 정렬, 힙 정렬은 점근적으로 가장 좋은 비교 정렬 알고리즘이라 할 수 있습니다. 증명하는 방법은 그다지 어렵지 않습니다.

우선 비교 정렬 알고리즘은 그림 12-8처럼 대소 비교를 반복해서 최종적인 순서를 정하는 이진 트리를 만드는 일이라고 볼 수 있습니다. 최악의 경우 비교 정렬 알고리즘 복잡도는 이진 트리의 높이 h에 대응합니다. N개 요소의 순서는 $N!$ 종류 존재하므로 이진 트리에서 리프 개수는 $N!$개 필요합니다.

---

5 여기서는 적어도 이만큼은 필요하다는 값이므로 Ω 기호(2.7.2절)를 사용합니다.

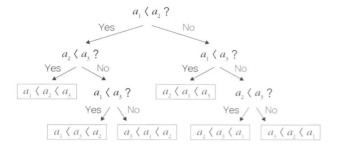

따라서 다음을 만족해야 합니다.

$$2^b \geq N!$$

여기에 다음 스털링 공식(Stirling's formula)을 사용합니다.

$$\lim_{N \to \infty} \frac{N!}{\sqrt{2\pi N}\left(\dfrac{N}{e}\right)^N} = 1$$

따라서 여기서는 대수의 근을 e로 해서 $\log_e(N!) \simeq N\log_e N - N + \frac{1}{2}\log_e(2\pi N)$이 성립하고, 다음 식이 성립함을 알 수 있습니다.[6]

$$\log_e(N!) = \Theta(N\log N)$$

이것과 $b \geq \log_2(N!) > \log_e(N!)$을 이용하면 다음 식이 성립합니다.

$$b = \Omega(N\log N)$$

이상으로 임의의 비교 정렬 알고리즘은 최악의 경우에 $\Omega(N\log N)$번 비교가 필요하다는 것을 증명했습니다.

---

6 오더 표기법 Θ, Ω에서도 대수의 근 차이는 무시할 수 있습니다.

12.8 정렬(5): 버킷 정렬

앞 절에서는 $O(N\log N)$ 복잡도인 병렬 정렬이나 힙 정렬이 점근적으로 가장 빠른 비교 알고리즘이라는 걸 봤습니다. 비교 정렬 알고리즘 중에서는 상수배 차이를 제외하면 이보다 빠른 것이 존재하지 않습니다.

하지만 이번에 소개하는 **버킷 정렬**(bucket sort)은 비교 정렬 알고리즘이 아닙니다. 정렬하고 싶은 배열 a의 각 요소의 값이 0 이상 A 미만 정수라는 가정하에서 $O(N + A)$ 복잡도를 달성할 수 있습니다. 버킷 정렬은 8.6절에서 본 다음 배열을 사용합니다.

> 버킷 정렬 아이디어를 표현하는 배열
>
> $\text{num}[x] \leftarrow$ 배열 a에 값 x인 요소가 몇 개 존재하는가?

이 배열을 사용해 코드 12-5처럼 버킷 정렬을 구현할 수 있습니다. 복잡도는 $O(N + A)$이고, 특히 $A = O(N)$인 경우는 $O(N)$입니다. 병합 정렬과 힙 정렬의 복잡도가 $O(N\log N)$임을 생각하면 꿈같은 계산량입니다. 하지만 정렬 대상 배열이 0 이상 A 미만인 정수이고 A가 $A = O(N)$ 정도로 작다는 무척 한정적인 상황에서만 사용할 수 있습니다. 그럼에도 예를 들어 집합 {0, 1, ..., N − 1}의 부분 집합(크기가 N 정도) 순열이 주어지고 그걸 정렬해야 할 때 실용적이라 종종 등장합니다. 이런 경우라면 퀵 정렬보다 훨씬 빠르게 정렬할 때가 많습니다.

코드 12-5 버킷 정렬 구현

```cpp
#include <iostream>
#include <vector>
using namespace std;

const int MAX = 100000; // 배열에 100000 미만 값만 존재한다고 가정

// 버킷 정렬
void BucketSort(vector<int> &a) {
    int N = (int)a.size();

    // 각 요소의 개수를 카운트함
    // num[v]: v 개수
    vector<int> num(MAX, 0);
    for (int i = 0; i < N; ++i) {
```

```
            ++num[a[i]]; // a[i]를 카운트
    }

    // num 누적합
    // sum[v]: v 이하 값의 개수
    // a[i]가 전체에서 몇 번째로 작은 값인지 구하기
    vector<int> sum(MAX, 0);
    sum[0] = num[0];
    for (int v = 1; v < MAX; ++v) {
        sum[v] = sum[v - 1] + num[v];
    }

    // sum을 바탕으로 정렬
    // a2: a를 정렬한 것
    vector<int> a2(N);
    for (int i = N - 1; i >= 0; --i) {
        a2[--sum[a[i]]] = a[i];
    }
    a = a2;
}

int main() {
    // 입력
    int N; // 요소의 개수
    cin >> N;
    vector<int> a(N);
    for (int i = 0; i < N; ++i) cin >> a[i];

    // 버킷 정렬
    BucketSort(a);
}
```

12.9 정리

이 장에서는 몇몇 정렬 알고리즘을 소개하면서 분할 정복법, 복잡도 분석, 무작위 선택 알고리즘 사고법 등 다양한 알고리즘 기법을 설명했습니다. 이러한 알고리즘 기법은 정렬뿐만 아니라 수많

은 문제를 해결하는 데 도움이 됩니다.

또한, 정렬 자체도 다양한 알고리즘의 전처리 작업으로 유용합니다. 6장에서 설명한 배열 이진 탐색은 전처리로 배열을 오름차순으로 정렬해야 합니다. 탐욕법을 기반으로 하는 알고리즘을 설계한다면 최초로 어떤 척도에 따라 대상을 오름차순으로 정렬하는 편입니다. 컴퓨터 그래픽 분야에서도 사물을 그리거나 상호 작용을 처리할 때 좌—우, 위—아래, 먼 곳—가까운 곳 순서로 사물을 처리할 때가 많습니다.[7] 이때 사물 위치 관계를 정렬하는 방법을 활용합니다.

이와 같이 정렬은 수많은 알고리즘 설계에서 기본적인 역할을 담당합니다.

12.10 연습 문제

12.1 N개의 서로 다른 정수 a_0, a_1, ..., a_{N-1}이 주어졌을 때 각 i에 대해 a_i가 몇 번째로 작은 값인지 구하는 알고리즘을 설계하라. (난이도 ★★)

12.2 N개 가게가 있고 $i(= 0, 1, ..., N - 1)$번째 가게는 하나에 A_i원인 에너지 드링크를 최대 B_i개까지 판다고 하자. 모두 합쳐서 총 M개의 드링크를 사려고 할 때 최소 몇 원에 살 수 있는지 구하는 알고리즘을 설계하라. 다만 $\sum_{i=0}^{N-1} B_i \geq M$이다. (출처: AtCoder Beginner Contest 121 C – Energy Drink Collector, 난이도 ★★)

12.3 N, K를 양의 정수라고 하자($K \leq N$). 빈 집합 S가 있고 N개의 서로 다른 정수 a_0, a_1, ..., a_{N-1}을 순서대로 삽입한다. 각 $i = k$, $k + 1$, ..., N에 대해 S에 i개의 정수가 삽입된 단계를 생각할 때 S에 포함된 요소 중에 K번째로 작은 값을 출력하는 알고리즘을 설계하라. 다만, 전체 복잡도는 $O(N\log N)$으로 만들어야 한다. (난이도 ★★★)

12.4 계산량을 나타내는 함수 $T(N)$이 $T(N)=2T(\frac{N}{2}) + O(N^2)$를 만족할 때 $T(N) = O(N^2)$라는 걸 증명하라. 또한, $T(N) = 2T(\frac{N}{2}) + O(N\log N)$이라면 어떻게 되는가? (난이도 ★★★)

---

7 관심이 있다면 Z 정렬 알고리즘이나 Z 버퍼 알고리즘 등을 살펴보길 바랍니다.

12.5 N개의 정수 a_0, a_1, ..., a_{N-1}이 주어졌을 때 k번째로 작은 정수를 $O(N)$으로 구하는 알고리즘을 설계하라. (median of medians 유명 문제. 난이도 ★★★★★)

12.6 정수 a, m이 주어졌을 때($a \geq 0$, $m \geq 1$) $a^x \equiv x \pmod m$을 만족하는 양의 정수 x가 존재하는지 여부를 판정하고, 존재한다면 하나를 구하는 $O(\sqrt{m})$ 복잡도 알고리즘을 설계하라. (출처: AtCoder Tenka1 Programmer Contest F – ModularPowerEquation!!, 난이도 ★★★★★)

13^장

그래프(1):
그래프 탐색

10장에서 그래프를 소개했습니다. 세상의 다양한 문제는 그래프 관련 문제로 공식화하면 전체 모습을 파악하기 좋아집니다. 이 장에서는 드디어 그래프 관련 문제를 풀어 보겠습니다. 우선 그래프 탐색법을 설명합니다. 탐색법은 다양한 그래프 알고리즘의 기초가 됩니다. 3장과 4.5절에서 설명한 전체 탐색도 그래프 탐색으로 이해할 수 있습니다. 그래프 탐색을 자유자재로 다룰 수 있으면 알고리즘 설계 능력이 현저히 향상됩니다.

13.1 그래프 탐색을 배우는 의의

이제 드디어 그래프 알고리즘을 구체적으로 설명합니다. 우선 다양한 그래프 알고리즘의 기초라 할 수 있는 **그래프 탐색**을 알아봅니다. 그래프 탐색 기법을 익히면 단순히 그래프 관련 문제를 푸는 데 그치지 않고, 다양한 대상을 넓은 시야로 탐색해서 파악할 수 있습니다. 1.2절에서는 빈 칸 채우기를 깊이 우선 탐색으로 풀어 보거나, 미로의 최단 경로를 찾는 너비 우선 탐색 내용을 간략하게 살펴봤습니다. 이런 문제는 그래프와 관계가 없어 보이지만, 그래프 탐색 문제로 바꿔 생각해 볼 수 있습니다. 또한, 그래프 탐색 기법을 잘 익히면 10.1.3절이나 10.1.4절에서 정의했던,

- 워크, 사이클, 패스
- 연결성

위와 같은 내용도 자유자재로 다룰 수 있습니다.

13.2 깊이 우선 탐색과 너비 우선 탐색

그러면 그래프 $G = (V, E)$의 각 꼭짓점을 순서대로 탐색하는 방법을 알아봅시다. 언뜻 보면, 단순히 꼭짓점 집합 V에 포함된 꼭짓점을 순서대로 열거하면 될 것 같습니다. 하지만 예를 들어 10.2.3절에 등장한 ○× 게임의 국면 전이를 나타내는 그래프를 생각해 봅시다. 이 그래프는 ○× 게임의 첫돌 놓기에서 출발해 ○× 게임 규칙에 따라 국면을 하나씩 만들어 보지 않으면 그래프의

각 꼭짓점을 열거할 수 없습니다. 이 절에서 설명하는 그래프 탐색은 이렇게 그래프에 존재하는 어떤 꼭짓점에서 출발해 그 꼭짓점에 연결된 변을 따라가면서 각 꼭짓점을 순서대로 탐색하는 방법입니다.

대표적인 그래프 탐색 방법에는 **깊이 우선 탐색**(depth-first search, DFS)과 **너비 우선 탐색**(breadth-first search, BFS)이 있습니다. 처음에는 깊이 우선 탐색과 너비 우선 탐색의 공통된 내용이 무엇인지 알아보도록 그래프 탐색의 기본형을 설명합니다. 그래프 위에 대표적인 하나의 꼭짓점 $s \in V$를 지정해 s에서 변을 따라 도달할 수 있는 각 꼭짓점을 탐색하는 문제를 설정해 봅시다.

그래프 탐색은 웹서핑을 떠올리면 이해하기 좋습니다. 그림 13-1을 웹페이지 링크 관계를 나타낸 그래프라고 생각해 봅시다. 우선 꼭짓점 0에 대응하는 페이지를 엽니다. 앞에서 설정한 문제의 대표적인 꼭짓점에 해당합니다. 이때 그림 13-1의 꼭짓점 0에 대응하는 웹페이지를 한 번 읽습니다. 이제 꼭짓점 0과 이어진 링크가 꼭짓점 1, 2, 4 이렇게 세 개 있습니다. 세 꼭짓점은 방문 예정이며 '나중에 읽겠다'는 의미로 집합 todo에 넣습니다.

▼ 그림 13-1 웹서핑 모델과 그래프

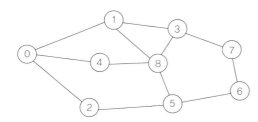

그림 13-2는 이런 상태를 나타내는데 이미 읽은 꼭짓점 0을 빨간색으로, 집합 todo에 들어 있는 꼭짓점 1, 2, 4를 주황색으로 표시합니다.

▼ 그림 13-2 꼭짓점 0을 읽고 꼭짓점 1, 2, 4를 집합 todo에 삽입한 모습

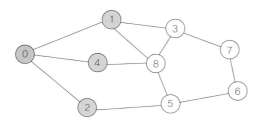

다음 단계 탐색으로 주황색 todo 꼭짓점 중에서 우선 꼭짓점 1로 진행합니다. (꼭짓점 2, 4는 보류입니다.) 꼭짓점 1을 읽었으면 이어지는 링크의 꼭짓점으로 꼭짓점 3, 8이 존재하므로 둘을 새

롭게 집합 todo에 추가합니다(그림 13-3).

▼ 그림 13-3 꼭짓점 1을 읽고 새롭게 꼭짓점 3, 8을 집합 todo에 삽입한 모습

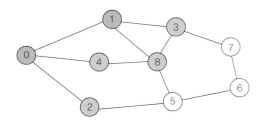

이제 집합 todo에서 어떤 꼭짓점을 꺼낼지는 각자의 선택에 달려 있는데, 그림 13-4처럼 크게 두가지 방법으로 나눌 수 있습니다.

▼ 그림 13-4 꼭짓점 1을 읽은 단계에서 발생하는 두 가지 선택지

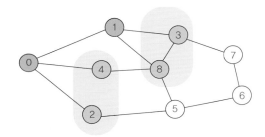

- 직전에 읽은 꼭짓점 1에서 이어진 꼭짓점(3 또는 8)으로 그대로 진행
- 처음에 보류했던 꼭짓점(2나 4)으로 진행

전자는 링크를 일단 계속 따라갑니다. 후자는 일단 보류한 페이지를 전부 읽고 나서 좀 더 깊은 링크로 진행합니다. 전자는 깊이 우선 탐색(DFS), 후자는 너비 우선 탐색(BFS)에 대응합니다. 이런 탐색법은 각각 스택, 큐(9장)를 사용해서 구현할 수 있습니다. 즉, 전자의 무조건 전진하는 저돌적인 탐색 방침은 집합 todo에 새로운 페이지를 삽입하면 바로 꺼내서 방문하는 LIFO(last-in first-out)인 스택을 활용한 탐색입니다. 후자의 전체를 훑고 나서 진행하는 탐색 방침은 집합 todo에 먼저 삽입된 것부터 순서대로 꺼내서 방문하는 FIFO(first-in first-out)인 큐를 활용한 탐색입니다.

이러한 내용을 구체적인 알고리즘으로 서술해 봅시다. 표 13-1에 있는 두 데이터를 관리합니다. 여기서 seen은 크기 $|V|$인 배열이고 초기 상태에는 배열 전체가 false로 초기화됩니다. 집합 todo의 초기 상태는 비어 있습니다.

변수명	자료형	설명
Seen	vector<bool>	seen[v] = true이면 꼭짓점 v를 todo에 삽입한 적이 있다는 것을 뜻합니다(이미 todo에서 꺼낸 경우도 포함).
Todo	stack<int> 또는 queue<int>	방문 예정인 꼭짓점을 저장합니다.

여기서 그림 13-4를 다시 봅시다. 그래프 탐색 과정에서 각 꼭짓점은 표 13-2에 있는 세 가지 상태 중 하나가 됩니다. 표에서 색은 그림 13-4의 꼭짓점 색깔을 의미합니다. 탐색 단계가 진행되면 각 꼭짓점은 흰색으로 시작해 주황색으로 바뀌고 최종적으로 빨간색이 됩니다.

▼ 표 13-2 그래프 탐색 과정에서 각 꼭짓점 v에 대한 seen과 todo 상태

색	상태	seen 상태	todo 상태
흰색	탐색에서 아직 미발견 상태(todo에 삽입된 적이 없음)	seen[v] = false	v는 todo에 포함되지 않음
주황색	방문 예정이지만 아직 방문하지 않은 상태	seen[v] = true	v는 todo에 포함됨
빨간색	이미 방문한 상태	seen[v] = true	v는 todo에 포함되지 않음

이런 내용을 바탕으로 두 데이터 seen과 todo를 사용하면 그래프 탐색 코드는 코드 13-1처럼 구현할 수 있습니다.

깊이 우선 탐색인지, 너비 우선 탐색인지의 차이는 집합 todo에서 꼭짓점 v를 어떤 방침으로 선택해 추출하는가에 달려 있습니다. todo를 스택으로 만들면 방문하는 웹 링크를 계속 파고드는 깊이 우선 탐색을 합니다. todo를 큐로 하면 todo에 더한 꼭짓점을 순서대로 읽은 다음에 좀 더 깊이 진행하는 너비 우선 탐색을 합니다. 코드 13-1은 너비 우선 탐색 방식입니다. 코드 13-1에서 queue를 stack으로 변경하면 깊이 우선 탐색이 됩니다. 그래프를 나타내는 자료형 Graph의 실현 방법은 10.3절을 참조하길 바랍니다.

코드 13-1 그래프 탐색 구현

```
1   // 그래프 G의 꼭짓점 s를 출발점으로 탐색
2   void search(const Graph &G, int s) {
3       int N = (int)G.size(); // 그래프 꼭짓점 개수
4
5       // 그래프 탐색용 자료 구조
6       vector<bool> seen(N, false); // 모든 꼭짓점을 미방문 상태로 초기화함
7       queue<int> todo; // 빈 상태(깊이 우선 탐색이라면 stack<int>)
8
9       // 초기 조건
```

```
10          seen[s] = true; // s를 방문했으므로
11          todo.push(s); // todo는 s만 포함한 상태
12
13          // todo가 빈 상태가 될 때까지 탐색
14          while (!todo.empty()) {
15              // todo에서 꼭짓점 꺼내기
16              int v = todo.front();
17              todo.pop();
18
19              // v에서 갈 수 있는 꼭짓점을 모두 조사함
20              for (int x : G[v]) {
21                  // 이미 발견한 꼭짓점은 탐색하지 않음
22                  if (seen[x]) continue;
23
24                  // 새로운 꼭짓점 x를 이미 탐색한 꼭짓점으로 todo에 삽입
25                  seen[x] = true;
26                  todo.push(x);
27              }
28          }
29      }
```

22번째 줄에 있는 seen[x] = true라면 꼭짓점 x를 건너뛰는 처리가 중요합니다. 사이클을 포함하는 그래프의 경우, 이 처리를 실행하지 않으면 무한 반복에 빠지게 됩니다.

13.3 재귀 함수를 사용하는 깊이 우선 탐색

앞에서 깊이 우선 탐색, 너비 우선 탐색의 공통 구현 방법으로 표 13-1에서 본 seen, todo를 사용하는 방법을 소개했습니다. 하지만 깊이 우선 탐색은 4장에서 설명한 재귀 함수와 궁합이 좋아서 재귀 함수를 사용하면 훨씬 간결하게 구현할 수 있습니다. 또한, 재귀 함수를 사용하면 13.4절에서 설명하는 전위 순회, 후위 순회라는 중요한 개념도 명확해집니다.

재귀 함수를 사용한 깊이 우선 탐색은 코드 13-2처럼 구현합니다. 이 코드는 그래프 $G = (V, E)$의 꼭짓점을 전체 탐색합니다. 코드 13-2에서 함수 dfs(G, v)는 꼭짓점 v에서 이어지는 꼭짓점 중 아직 방문하지 않은 꼭짓점을 모두 방문하는 깊이 우선 탐색을 실시합니다. 일반적으로 그래

프 G에서 어떤 꼭짓점 $v \in V$에 대해 dfs(G, v)를 호출해도 모든 꼭짓점을 탐색할 수 있다는 보장이 없습니다. 따라서 코드 13-2는 main 함수 33~36번째 줄의 for 반복문에서 아직 방문하지 않은 꼭짓점이 없어질 때까지 함수 dfs를 호출합니다. 앞으로 볼, 그래프와 관련된 다양한 예제는 코드 13-2를 조금 바꾸는 것으로 답을 찾을 수 있습니다.

코드 13-2 재귀 함수를 사용한 깊이 우선 탐색 구현의 기본형

```cpp
1   #include <iostream>
2   #include <vector>
3   using namespace std;
4   using Graph = vector<vector<int>>;
5
6   // 깊이 우선 탐색
7   vector<bool> seen;
8   void dfs(const Graph &G, int v) {
9       seen[v] = true; // v는 '이미 방문했음'으로 처리
10
11      // v에서 갈 수 있는 각 꼭짓점 nex_v에 대해
12      for (auto next_v : G[v]) {
13          if (seen[next_v]) continue; // next_v가 이미 탐색한 곳이면 건너뜀
14          dfs(G, next_v); // 재귀적으로 탐색
15      }
16  }
17
18  int main() {
19      // 꼭짓점 개수와 변의 개수
20      int N, M;
21      cin >> N >> M;
22
23      // 그래프 입력(여기서는 유향 그래프라고 가정)
24      Graph G(N);
25      for (int i = 0; i < M; ++i) {
26          int a, b;
27          cin >> a >> b;
28          G[a].push_back(b);
29      }
30
31      // 탐색
32      seen.assign(N, false); // 초기 상태는 모든 꼭짓점이 미방문
33      for (int v = 0; v < N; ++v) {
34          if (seen[v]) continue; // 이미 방문했으면 탐색하지 않음
```

13

그래프(1): 그래프 탐색

```
35          dfs(G, v);
36      }
37  }
```

여기서 그림 13-5 그래프(유향 그래프입니다)를 예로 코드 13-2에 의한 깊이 우선 탐색 동작을 자세히 따라가 봅시다.

▼ 그림 13-5 깊이 우선 탐색 동작 확인에 사용하는 그래프

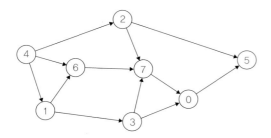

다만, 각 꼭짓점 $v \in V$에 인접하는 꼭짓점 집합 $G[v]$는 꼭짓점 번호가 작은 순서로 나열한 것입니다. 그림 13-6처럼 동작합니다.

- 1단계: 우선 dfs(G, 0)이 호출됩니다. 꼭짓점 0에 들어가고 꼭짓점 0은 탐색 끝 상태가 됩니다. 이때 꼭짓점 0에 인접한 항목 5도 탐색 예정 상태가 됩니다.

- 2단계: 다음으로 꼭짓점 0에서 갈 수 있는 꼭짓점 5에 들어가고, 꼭짓점 5에서 갈 수 있는 꼭짓점은 없으므로 일단 재귀 함수 dfs에서 빠져나갑니다.

- 3단계: 다음으로 main 함수 33~36번째 줄의 for 반복문으로 돌아가서 다시 dfs(G, 1)이 호출되고 꼭짓점 1에 들어갑니다.

- 4단계: 꼭짓점 1에 인접한 항목은 3과 6 두 가지가 있습니다. 우선 꼭짓점 번호가 작은 3부터 들어갑니다.

- 5단계: 꼭짓점 3이 인접한 꼭짓점은 0과 7 두 가지인데, 꼭짓점 0은 이미 seen[0] = true 상태이므로 꼭짓점 7에 들어갑니다.

- 6단계: 꼭짓점 7에서 꼭짓점 0으로 갈 수 있지만 꼭짓점 0은 이미 seen[0] = true 상태이므로, 꼭짓점 7에 관한 재귀 함수 dfs(G, 7)을 빠져나온 후에 dfs(G, 3)도 빠져나오고 함수 dfs(G, 1) 안으로 돌아갑니다. 그리고 꼭짓점 1에서 갈 수 있는 또 다른 꼭짓점 6으로 진행합니다.

- 7단계: 꼭짓점 6에서 갈 수 있는 꼭짓점은 모두 탐색이 끝났으므로 꼭짓점 6에 대한 처리를 끝내고 다시 꼭짓점 1로 돌아갑니다. 꼭짓점 1에서 갈 수 있는 꼭짓점도 모두 탐색이 끝났으므로 함수 dfs(G, 1)을 빠져나와서 main 함수로 돌아갑니다. 이번에는 dfs(G, 2)가 호출되어 꼭짓점 2로 들어갑니다.

- 8단계: 꼭짓점 2에서 갈 수 있는 꼭짓점은 모두 탐색이 끝났으므로 바로 dfs(G, 2)를 빠져나와 main 함수 안으로 돌아갑니다. $v = 3$이라면 이미 seen[3] = true이므로 $v = 4$로 진행해서 dfs(G, 4)가 호출되므로 꼭짓점 4에 들어갑니다.

- 종료: 꼭짓점 4에서 갈 수 있는 꼭짓점은 모두 탐색이 끝났으므로 dfs(G, 4)도 금방 빠져나옵니다. $v = 5, 6, 7$의 경우도 이미 탐색이 끝났으므로 반복 처리를 끝냅니다.

❤ 그림 13-6 그래프 깊이 우선 탐색의 구체적인 동작 모습

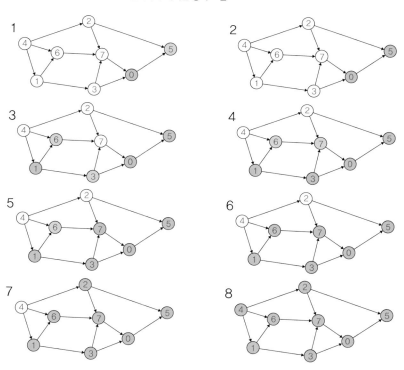

13.4 전위 순회와 후위 순회

이번에는 깊이 우선 탐색의 탐색 순서를 좀 더 파고들어 봅시다. 이 절에서 배운 내용은 13.9절에서 다루는 위상 정렬이나 13.10절에서 다루는 트리 동적 계획법을 이해하는 데 도움이 됩니다.

설명 편의를 위해 탐색 대상이 되는 그래프가 루트 트리이고 루트를 시작점으로 깊이 우선 탐색을 한다고 가정합니다. 우선,

- 코드 13-1에서 꼭짓점 v를 todo에서 꺼내는 타이밍
- 코드 13-2에서 재귀 함수 dfs(G, v)가 호출되는 타이밍

이 둘이 일치하는 데 주의하길 바랍니다. 이 타이밍이 빠른 순서로 각 꼭짓점에 번호를 붙이면 그림 13-7의 왼쪽 그림과 같습니다. 이를 **전위 순회**(pre-order)라고 합니다. 각 꼭짓점 v에 대한 재귀 함수 dfs(G, v)에서 빠져나오는 타이밍도 생각해 봅시다. 이 타이밍이 빠른 순서로 각 꼭짓점에 번호를 붙이면 그림 13-7의 오른쪽 그림처럼 됩니다. 이를 **후위 순회**(post-order)라고 합니다.

▼ 그림 13-7 루트 트리에 대한 전위 순회와 후위 순회

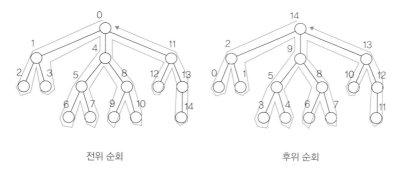

전위 순회　　　　　　　　　　후위 순회

전위 순회와 후위 순회를 비교해 보면, 깊이 우선 탐색은 루트 트리를 둘러 감싸듯 한 바퀴 도는 것처럼 동작합니다. 각 꼭짓점 v에 대해 다음이 성립합니다.

- 전위 순회에서는 v의 후손이 되는 꼭짓점은 모두 v보다 나중에 등장합니다.
- 후위 순회에서는 v의 후손이 되는 꼭짓점은 모두 v보다 먼저 등장합니다.

이 성질은 13.9절에서 DAG 위상 정렬 순서를 구할 때 무척 중요한 역할을 합니다.

13.5 최단 경로 알고리즘으로 너비 우선 탐색

이번에는 너비 우선 탐색을 깊이 생각해 봅시다. 너비 우선 탐색이 탐색 시작점인 꼭짓점 s에서 각 꼭짓점을 향하는 최단 경로를 구하는 알고리즘이 된다는 걸 살펴보겠습니다. 코드 13-3은 너비 우선 탐색을 구현한 예입니다. 코드 13-1을 바탕으로, 너비 우선 탐색을 사용해 시작점 s에서 각 꼭짓점을 향한 최단 경로 길이도 구하도록 수정한 코드입니다. 함수 BFS(G, s)는 그래프 G의 꼭짓점 $s \in V$를 시작점으로 너비 우선 탐색을 실시합니다.

코드 13-3에서 사용하는 변수 dist, que는 각각 표 13-1의 seen, todo에 대응합니다. 배열 dist는 알고리즘 종료 시 꼭짓점 s에서 각 꼭짓점까지의 최단 경로 길이를 저장합니다. 너비 우선 탐색에서 꼭짓점 v에서 아직 방문하지 않은 꼭짓점 x를 향해 탐색을 진행할 때 dist[x] 값은 dist[v]+1이 됩니다(29번째 줄).

또한, 배열 dist의 초기 상태로 배열 전체를 −1로 초기화합니다. 이렇게 하면 배열 dist는 표 13-1의 배열 seen이 담당하는 역할도 동시에 수행합니다. 구체적으로 dist[v] == -1과 seen[v] == false는 같은 의미입니다. que는 표 13-1의 todo를 큐로 만든 것입니다.

코드 13-3 너비 우선 탐색 구현의 기본형

```
1   #include <iostream>
2   #include <vector>
3   #include <queue>
4   using namespace std;
5   using Graph = vector<vector<int>>;
6
7   // 입력: 그래프 G와 탐색 시작점 s
8   // 출력: s에서 각 꼭짓점을 향한 최단 경로 거리를 나타내는 배열
9   vector<int> BFS(const Graph &G, int s) {
10      int N = (int)G.size(); // 꼭짓점 개수
11      vector<int> dist(N, -1); // 전체 꼭짓점을 미방문으로 초기화
12      queue<int> que;
13
14      // 초기 조건(꼭짓점 s를 초기 꼭짓점으로)
15      dist[s] = 0;
16      que.push(s); // s를 주황색 꼭짓점으로
17
18      // BFS 시작(큐가 빌 때까지 탐색)
19      while (!que.empty()) {
```

```
20        int v = que.front(); // 큐에서 꼭짓점을 추출
21        que.pop();
22
23        // v에서 갈 수 있는 꼭짓점을 모두 조사
24        for (int x : G[v]) {
25            // 이미 발견한 꼭짓점은 탐색하지 않음
26            if (dist[x] != -1) continue;
27
28            // 새로운 흰색 꼭짓점 x에 대해 거리 정보를 갱신해서 큐에 삽입
29            dist[x] = dist[v] + 1;
30            que.push(x);
31        }
32    }
33    return dist;
34 }
35
36 int main() {
37    // 꼭짓점 개수와 변의 개수
38    int N, M;
39    cin >> N >> M;
40
41    // 그래프 입력(여기서는 무향 그래프라고 가정)
42    Graph G(N);
43    for (int i = 0; i < M; ++i) {
44        int a, b;
45        cin >> a >> b;
46        G[a].push_back(b);
47        G[b].push_back(a);
48    }
49
50    // 꼭짓점 0을 시작점으로 하는 BFS
51    vector<int> dist = BFS(G, 0);
52
53    // 결과 출력(각 꼭짓점의 꼭짓점 0으로부터의 거리)
54    for (int v = 0; v < N; ++v) cout << v << ": " << dist[v] << endl;
55 }
```

그림 13-8 그래프를 예로 들어, 코드 13-3이 어떻게 너비 우선 탐색을 하는지 살펴봅시다.

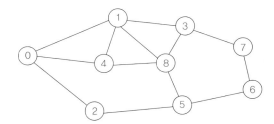

❤ 그림 13-8 너비 우선 탐색 동작을 확인하는 그래프

깊이 우선 탐색은 유향 그래프를 사용하지만 이번에는 무향 그래프를 사용합니다. 그림 13-9처럼 움직입니다. 그림에서 각 꼭짓점 색상(흰색, 주황색, 빨간색)은 표 13-2에 표시된 것과 같습니다.

- 0단계: 우선 탐색 시작점인 꼭짓점 0을 큐에 삽입합니다. 이때 dist[0] = 0이므로 꼭짓점 0에 0이라는 값을 적습니다.

- 1단계: 큐에서 꼭짓점 0을 꺼내서 방문하고 꼭짓점 0에 인접한 꼭짓점 1, 2, 4를 큐에 삽입합니다. 이때 꼭짓점 1, 2, 4의 dist 값은 각각 1이 되므로 1이라는 값을 적습니다.

- 2단계: 큐에서 꼭짓점 1을 꺼냅니다. 꼭짓점 1에 인접한 꼭짓점 0, 3, 4, 8 중에서 흰색 꼭짓점 3, 8을 큐에 삽입합니다. 이때 꼭짓점 3, 8에 대한 dist 값은 2(= dist[1] + 1)가 됩니다.

- 3단계: 큐에서 꼭짓점 4를 꺼냅니다. 꼭짓점 4에 인접한 꼭짓점 0, 1, 8 중에서 흰색 꼭짓점은 없으므로 큐에 새롭게 꼭짓점을 삽입하는 일 없이 단계를 종료합니다.

- 4단계: 큐에서 꼭짓점 2를 꺼냅니다. 꼭짓점 2에 인접한 꼭짓점 0, 5 중에서 흰색 꼭짓점 5를 새롭게 큐에 삽입합니다. 이때 꼭짓점 5에 대한 dist 값은 2(= dist[2] + 1)가 됩니다.

- 5단계: 큐에서 꼭짓점 3을 꺼냅니다. 꼭짓점 3에 인접한 꼭짓점 1, 7, 8 중에서 흰색 꼭짓점 7을 큐에 삽입합니다. 이때 꼭짓점 7에 대한 dist 값은 3(= dist[3] + 1)이 됩니다.

- 6단계: 큐에서 꼭짓점 8을 꺼냅니다. 큐에 새로운 꼭짓점을 삽입하는 일 없이 단계를 종료합니다.

- 7단계: 큐에서 꼭짓점 5를 꺼냅니다. 흰색 꼭짓점 6을 큐에 새롭게 삽입하고 꼭짓점 6에 대한 dist 값은 3(= dist[5] + 1)이 됩니다.

- 8단계: 큐에서 꼭짓점 7을 꺼냅니다.

- 9단계: 큐에서 꼭짓점 6을 꺼냅니다.

- 종료: 큐가 비었으므로 처리를 종료합니다.

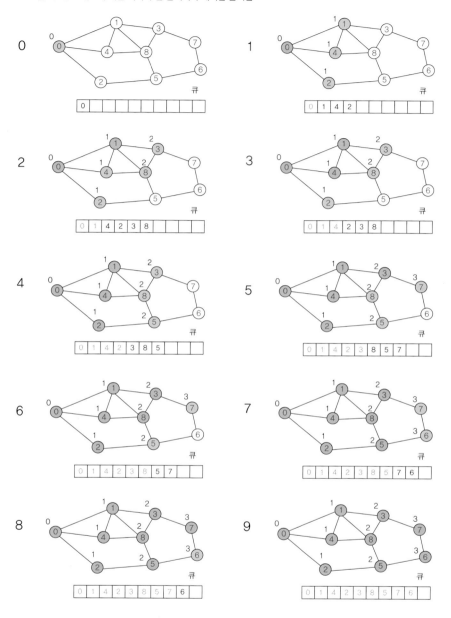

너비 우선 탐색을 종료했을 때 각 꼭짓점 v에 대해 dist[v] 값은 시작점 s에서 꼭짓점 v까지의 최단 경로 길이를 나타냅니다. 그림 13-10은 dist 값으로 꼭짓점을 분류한 모습입니다. 그래프 G에서 임의의 변 $e = (u, v)$에 대해 dist[u]와 dist[v]의 차이는 1 이하인 걸 알 수 있습니다.

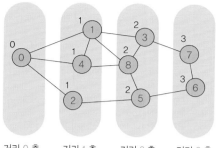

▼ 그림 13-10 너비 우선 탐색으로 구한 dist 상태

거리 0층   거리 1층   거리 2층   거리 3층

또한, 너비 우선 탐색은 dist 값이 작아지는 순서로 탐색하는 알고리즘입니다. 시작점 s에서 출발해 dist 값이 1인 항목을 모두 탐색하고, 탐색이 끝나면 dist 값이 2인 항목을 모두 탐색하고, 그다음에는 dist 값이 3인 항목을 모두 탐색하는 방식을 반복하는 알고리즘입니다.

ALGORITHM & DATA STRUCTURES

13.6 깊이 우선 탐색과 너비 우선 탐색의 복잡도

깊이 우선 탐색, 너비 우선 탐색의 복잡도를 평가해 봅시다. 그래프 $G = (V, E)$에 대한 알고리즘 복잡도를 조사한다면 보통은 꼭짓점 개수 $|V|$, 변의 개수 $|E|$가 입력 크기가 됩니다.

다루는 그래프의 성질에 따라서는 $|E| = \Theta(|V|^2)$이라고 가정할 수 있는 경우가 있고, $|E| = O(|V|)$인 경우도 있습니다.[1] 전자의 그래프를 **밀집 그래프**(dense graph)라 하고, 후자의 그래프를 **희소 그래프**(sparse graph)라 합니다. 밀집 그래프의 예로, 모든 꼭짓점 사이에 변이 있는 단순 그래프(**완전 그래프**(complete graph))를 생각하면,

$$|E| = \frac{|V|(|V| - 1)}{2}$$

이와 같습니다(무향 그래프인 경우). 희소 그래프의 예로, 각 꼭짓점에 대해 접속한 변의 개수가 최대 k인 그래프를 생각하면 다음과 같습니다.

---

1 ⊙ 기호의 정의는 2.7.3절을 참조하길 바랍니다.

$$|E| \leq \frac{k|V|}{2}$$

이렇듯 다루는 그래프의 성질에 따라 $|V|$와 $|E|$의 균형이 다르므로 그래프 알고리즘 복잡도를 나타낼 때는 $|V|$와 $|E|$ 두 가지가 입력 크기가 됩니다.

깊이 우선 탐색, 너비 우선 탐색 모두 다음이 성립합니다.

- 각 꼭짓점 v에 주목하면 최대 한 번 탐색합니다(같은 꼭짓점을 두 번 탐색하지 않음).
- 각 변 $e = (u, v)$에 주목하면 최대 한 번 탐색합니다(변 e의 시작점 u를 두 번 탐색하지 않음).

따라서 깊이 우선 탐색, 너비 우선 탐색 복잡도는 둘 다 $O(|V| + |E|)$입니다. 꼭짓점 개수 $|V|$에 대해서도, 변의 개수 $|E|$에 대해서도 선형 시간이 됩니다. 이건 그래프를 입력받는 것과 동일한 복잡도로 그래프 탐색도 실시할 수 있다는 의미입니다.

13.7 그래프 탐색 예(1): s-t 패스 구하기

그러면 그래프에 관련된 구체적인 문제를 그래프 탐색을 이용해 풀어 봅시다. 대다수 문제는 깊이 우선 탐색이나 너비 우선 탐색 중 어느 탐색법을 사용해도 풀 수 있지만, 여기서는 깊이 우선 탐색으로 푸는 해법을 중심으로 설명합니다.

일단 유향 그래프 $G = (V, E)$와 그래프 G 위의 두 꼭짓점 $s, t \in V$가 주어졌을 때 그림 13-11 같은 $s-t$ 패스가 존재하는지 여부를 판정하는 문제를 생각해 봅시다. 꼭짓점 s에서 출발해 꼭짓점 t에 도달할 수 있는지 판정하는 문제라고도 할 수 있습니다.

깊이 우선 탐색, 너비 우선 탐색 중 어느 쪽이든 꼭짓점 s를 시작점으로 하는 그래프 탐색을 하고, 그 과정에서 꼭짓점 t를 방문했는지 여부를 조사하면 문제를 풀 수 있습니다.

▼ 그림 13-11 s-t 패스가 존재하는지 여부를 판정하는 문제

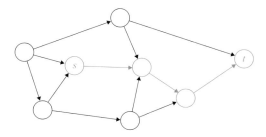

깊이 우선 탐색을 사용하여 구현한 코드가 코드 13-4입니다. 너비 우선 탐색을 사용한 코드도 직접 만들어 보길 바랍니다(연습 문제 13.2). 복잡도는 $O(|V| + |E|)$입니다.

코드 13-4 s-t 패스가 존재하는지 여부를 판정하는 데 깊이 우선 탐색을 사용

```
#include <iostream>
#include <vector>
using namespace std;
using Graph = vector<vector<int>>;

// 깊이 우선 탐색
vector<bool> seen;
void dfs(const Graph &G, int v) {
    seen[v] = true; // v를 방문했다고 표시

    // v에서 갈 수 있는 각 꼭짓점 next_v에 대해
    for (auto next_v : G[v]) {
        if (seen[next_v]) continue; // next_v를 이미 탐색했으면 건너뜀
        dfs(G, next_v); // 재귀적으로 탐색
    }
}

int main() {
    // 꼭짓점 개수와 변의 개수, s와 t
    int N, M, s, t;
    cin >> N >> M >> s >> t;

    // 그래프 입력받기
    Graph G(N);
    for (int i = 0; i < M; ++i) {
        int a, b;
        cin >> a >> b;
        G[a].push_back(b);
```

```
    }

    // 꼭짓점 s에서 탐색 시작
    seen.assign(N, false); // 모든 꼭짓점을 미방문으로 초기화
    dfs(G, s);

    // t에 도착 가능한가
    if (seen[t]) cout << "Yes" << endl;
    else cout << "No" << endl;
}
```

13.8 그래프 탐색 예(2): 이분 그래프 판정

다음은 주어진 무향 그래프가 **이분 그래프**(bipartite graph)인지 여부를 판정하는 문제를 생각해 봅시다. 이분 그래프란 흰색 꼭짓점끼리 인접하지 않고 검은색 꼭짓점끼리도 인접하지 않는 조건을 만족하도록 각 꼭짓점을 흰색 또는 검은색으로 나눠서 칠할 수 있는 그래프를 말합니다. 바꿔 말하면, 이분 그래프는 그림 13-12처럼 그래프를 좌우 카테고리로 분할해서 같은 카테고리에 속하는 꼭짓점끼리는 변이 없는 상태로 만들 수 있다는 것입니다.

▼ 그림 13-12 이분 그래프

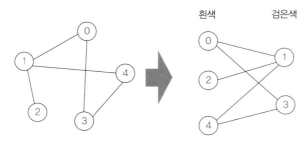

주어진 그래프 G가 이분 그래프인지 여부를 판정하는 방법을 생각해 봅시다. G가 연결이 아닌 경우라면, 모든 연결 요소가 이분 그래프인지 여부를 판정하면 되므로 G가 연결인 경우만 생각하면 됩니다. 우선 G의 한 꼭짓점 v를 골라서 v를 흰색으로 칠해도 일반성이 유지되므로 흰색으로 칠합니다. 이때 v에 인접한 꼭짓점은 모두 검은색으로 칠해야 하는 걸 알 수 있습니다. 마찬가지로,

- 흰색 꼭짓점에 인접한 꼭짓점은 검은색으로 칠한다.

- 검은색 꼭짓점에 인접한 꼭짓점은 흰색으로 칠한다.

이 작업을 반복하면 최종적으로 모든 꼭짓점이 흰색 또는 검은색으로 칠해진 상태가 됩니다. 이 과정에서 양 꼭짓점 색이 같은 변이 등장하면 이분 그래프가 아니라는 걸 확인할 수 있습니다. 반대로 그런 일 없이 탐색 처리가 끝나면 이분 그래프임이 확정됩니다.

위 고찰 내용을 바탕으로 깊이 우선 탐색을 사용해 이분 그래프를 판정하는 코드가 코드 13-5입니다. 여기서 배열 color 값은 1이 검은색, 0이 흰색, −1은 미탐색임을 뜻합니다. 각 꼭짓점 v에 대해 color[v] == −1과 seen[v] == false는 같은 결과입니다. 복잡도는 $O(|V| + |E|)$입니다.

코드 13-5 이분 그래프 판정

```cpp
#include <iostream>
#include <vector>
using namespace std;
using Graph = vector<vector<int>>;

// 이분 그래프 판정
vector<int> color;
bool dfs(const Graph &G, int v, int cur = 0) {
    color[v] = cur;
    for (auto next_v : G[v]) {
        // 인접 꼭짓점 색이 이미 정해진 경우
        if (color[next_v] != -1) {
            // 같은 색이 인접하면 이분 그래프가 아님
            if (color[next_v] == cur) return false;

            // 색이 정해져 있으면 탐색하지 않음
            continue;
        }

        // 인접 꼭짓점 색을 바꾸고 재귀적으로 탐색
        // false가 반환되면 false를 돌려주기
        if (!dfs(G, next_v , 1 - cur)) return false;
    }
    return true;
}

int main() {
    // 꼭짓점 개수와 변의 개수
    int N, M;
```

```cpp
    cin >> N >> M;

    // 그래프 입력
    Graph G(N);
    for (int i = 0; i < M; ++i) {
        int a, b;
        cin >> a >> b;
        G[a].push_back(b);
        G[b].push_back(a);
    }

    // 탐색
    color.assign(N, -1);
    bool is_bipartite = true;
    for (int v = 0; v < N; ++v) {
        if (color[v] != -1) continue; // v를 이미 탐색했으면 탐색하지 않음
        if (!dfs(G, v)) is_bipartite = false;
    }

    if (is_bipartite) cout << "Yes" << endl;
    else cout << "No" << endl;
}
```

13.9 그래프 탐색 예(3): 위상 정렬

위상 정렬(topological sort)은 그림 13-13처럼 주어진 유향 그래프에 대해 각 꼭짓점이 변 방향을 따르도록 순서를 재정렬하는 것입니다. 응용 예로 make 같은 빌드 시스템에서 의존 관계를 해결하는 처리가 있습니다. 모든 유향 그래프가 위상 정렬이 가능한 것은 아니므로 주의하길 바랍니다.

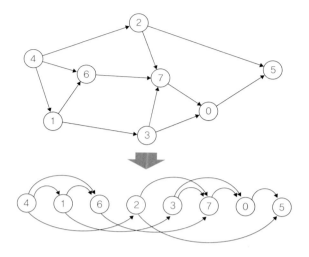

▼ 그림 13-13 DAG 위상 정렬

유향 사이클[2]을 포함하는 유향 그래프는 유향 사이클 내부의 꼭짓점에 순서를 매길 수 없습니다. 따라서 위상 정렬을 하려면 주어진 그래프 G에 유향 사이클이 없어야 한다는 조건이 필요(충분)합니다. 그런 유향 그래프를 **DAG**(directed acyclic graph)라고 부릅니다. 또한, 위상 정렬 순서는 하나가 아니라 여러 개 존재하는 게 보통입니다.

실은 DAG가 주어졌을 때 위상 정렬 순서를 구하는 알고리즘은 재귀 함수를 사용한 깊이 우선 탐색을 하는 코드 13-2를 아주 조금만 수정하면 구현할 수 있습니다. 각 꼭짓점 $v \in V$에 대해 재귀 함수 dfs(G, v)가 불리는 순간(전위 순회)을 v-in이라 하고, 재귀 함수 dfs(G, v)를 종료하는 순간(후위 순회)을 v-out이라 표현합니다. 그림 13-13의 그래프에 코드 13-2를 적용할 때 발생하는 이벤트를 시계열 순서로 정리하면 다음 순서가 됩니다.

$$0\text{-in} \to 5\text{-in} \to 5\text{-out} \to 0\text{-out}$$

$$\to 1\text{-in} \to 3\text{-in} \to 7\text{-in} \to 7\text{-out} \to 3\text{-out} \to 6\text{-in} \to 6\text{-out} \to 1\text{-out}$$

$$\to 2\text{-in} \to 2\text{-out}$$

$$\to 4\text{-in} \to 4\text{-out}$$

여기서 예를 들어 1-out에 주목하면 꼭짓점 1에서 갈 수 있는 꼭짓점 (5, 0, 7, 3, 6)에 대해 5-out, 0-out, 7-out, 3-out, 6-out이 모두 1-out보다 먼저 종료하는 걸 알 수 있습니다. 즉, 꼭짓점 5, 0, 7, 3, 6에 대한 재귀 함수를 모두 종료하고 나서야 드디어 꼭짓점 1에 대한 재귀 함수를 종료할 수 있다는 뜻입니다. 보통은 임의의 꼭짓점 v에 대해 v에서 갈 수 있는 모든 꼭짓점에 대한 재귀 함수를 종료해야 꼭짓점 v에 대한 재귀 함수도 종료합니다. 이 성질을 다음과 같이 정리할 수 있습니다.

> **위상 정렬 아이디어**
>
> 깊이 우선 탐색에서 재귀 함수를 빠져나가는 순서로 꼭짓점을 나열하고 그것을 거꾸로 뒤집으면 위상 정렬 순서를 얻을 수 있다.

이 아이디어를 바탕으로 깊이 우선 탐색을 사용한 위상 정렬을 구현한 코드가 코드 13–6입니다. 복잡도는 $O(|V| + |E|)$입니다.

코드 13–6 위상 정렬 구현

```cpp
#include <iostream>
#include <vector>
#include <algorithm>
using namespace std;
using Graph = vector<vector<int>>;

// 위상 정렬하기
vector<bool> seen;
vector<int> order; // 위상 정렬 순서를 나타냄
void rec(const Graph &G, int v) {
    seen[v] = true;
    for (auto next_v : G[v]) {
        if (seen[next_v]) continue; // 이미 방문했다면 탐색하지 않음
        rec(G, next_v);
    }

    // v-out 기록
    order.push_back(v);
}

int main() {
    int N, M;
    cin >> N >> M; // 꼭짓점 개수와 가지의 개수
    Graph G(N); // 꼭짓점 N개의 그래프
    for (int i = 0; i < M; ++i) {
```

```
        int a, b;
        cin >> a >> b;
        G[a].push_back(b);
    }

    // 탐색
    seen.assign(N, false); // 초기 상태에는 모든 꼭짓점이 미방문
    order.clear(); // 위상 정렬 순서
    for (int v = 0; v < N; ++v) {
        if (seen[v]) continue; // 이미 방문했으면 탐색하지 않음
        rec(G, v);
    }
    reverse(order.begin(), order.end()); // 역순으로

    // 출력
    for (auto v : order) cout << v << " -> ";
    cout << endl;
}
```

13.10 그래프 탐색 예(4): 트리 동적 계획법(*)

ALGORITHM & DATA STRUCTURES

트리 관련 문제를 풀 때 루트 존재 여부를 딱히 고려하지 않는 경우도 많습니다. 루트가 없는 트리는 꼭짓점의 부모 자식 관계성이 없습니다. 하지만 루트 없는 트리에 대해서도 편의를 위해 어떤 꼭짓점을 루트라고 정해서 루트 트리처럼 다루면 전체 모양을 파악하기 좋습니다(18.2절의 가중치 최대 안정 집합 문제 등). 그림 13-14는 루트 없는 트리를 가지고 파란색 화살표로 표시한 꼭짓점을 루트로 삼아 오른쪽의 루트 트리로 만드는 모습입니다. 트리에 루트를 지정하면, 어떤 꼭짓점이 부모이고 어떤 꼭짓점이 자손인지를 나타내는 계통수(phylogenetic tree) 구조가 만들어집니다.

❤ 그림 13-14 루트 없는 트리에서 항목 하나를 골라 루트 트리로 만드는 모습

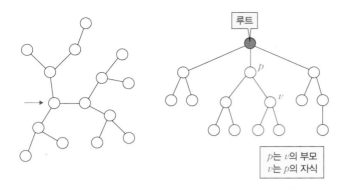

여기서는 루트 없는 트리에서 어떤 꼭짓점을 하나 고르고 루트로 삼아 형성한 루트 트리 형태를 구하는 문제를 살펴보겠습니다. 구체적으로 각 꼭짓점 v에 대해 다음 값을 구해 보겠습니다.

- 꼭짓점 v 깊이
- 꼭짓점 v를 루트로 하는 부분 트리 크기(부분 트리에 포함된 꼭짓점 개수)

루트 없는 트리는 입력 데이터가 다음 형태로 주어진다고 합시다.

N

$a_0 \ b_0$

$a_1 \ b_1$

$\vdots$

$a_{N-2} \ b_{N-2}$

이 입력 형태는 10.3절에서 본 것과 거의 같지만, 꼭짓점 개수를 N, 변의 개수를 M이라고 했을 때 $M = N - 1$이 늘 성립하므로 M에 대해서는 생략합니다(10장 연습 문제 10.5).

루트를 지정해서 루트 트리가 어떻게 되는지 구할 때 깊이 우선 탐색을 사용하면 명쾌합니다. 너비 우선 탐색도 사용 가능하지만, 각 꼭짓점의 후위 순회에서 자식 꼭짓점 정보를 합치고 싶을 때가 많으므로 깊이 우선 탐색을 사용하는 게 좋습니다. 트리에 대해 깊이 우선 탐색을 실행할 때 트리는 사이클을 가지지 않는다는 성질을 이용하면 구현이 조금 간결해집니다. 코드 13-2에서 등장하는 배열 seen을 제거하고 코드 13-7처럼 구현합니다. p는 v의 부모라는 걸 뜻합니다. 다만 실제로 탐색해 보기 전에는 p가 v의 부모라는 걸 알 수 없으므로 주의하길 바랍니다.

```
using Graph = vector<vector<int>>;

// 트리 탐색
// v: 현재 탐색 중인 꼭짓점 p: v의 부모(v가 루트라면 p = -1)
void dfs(const Graph &G, int v, int p = -1) {
    for (auto c : G[v]) {
        if (c == p) continue; // 탐색이 부모 방향으로 역류하는 걸 방지

        // c는 v의 각 자식 꼭짓점을 돌아다니고 c의 부모는 v가 됨
        dfs(G, c, v);
    }
}
```

루트 트리에 관한 다양한 문제는 코드 13-7을 조금 수정하면 풀 수 있습니다. 우선 각 꼭짓점 v의 깊이는 코드 13-8처럼 재귀 함수 인수에 깊이 정보를 추가하면 구할 수 있습니다.

코드 13-8 루트 없는 트리를 루트 트리로 만들 때 각 꼭짓점 깊이 구하기

```
using Graph = vector<vector<int>>;
vector<int> depth; // 편의를 위해 전역 변수에 답을 저장

// d: 꼭짓점 v의 깊이(v가 루트라면 d = 0)
void dfs(const Graph &G, int v, int p = -1, int d = 0) {
    depth[v] = d;
    for (auto c : G[v]) {
        if (c == p) continue; // 탐색이 부모 방향으로 역류하는 걸 방지
        dfs(G, c, v, d + 1); // d에 1을 더하고 자식 꼭짓점으로
    }
}
```

이번에는 각 꼭짓점 v를 루트로 하는 부분 트리의 크기 subtree_size[v]를 생각해 봅시다. 이는 다음 점화식으로 구할 수 있습니다. 1을 더하는 건 꼭짓점 v 자신을 나타냅니다.

부분 트리 크기 점화식(동적 계획법)

$$\text{subtree\_size}[v] = 1 + \sum\nolimits_{c:(v\text{의 자식 꼭짓점})}\text{subtree\_size}[c]$$

subtree_size[v]를 구하려면 꼭짓점 v의 각 자식 꼭짓점 c에 대해 subtree_size[c]를 확정해야 하므로 주의하길 바랍니다. 따라서 이 처리는 후위 순회로 작업합니다. 자식 꼭짓점에 대한 정보를 사용해서 부모 꼭짓점 정보를 갱신하는 처리는 **동적 계획법**(dynamic programming)을 트리에 적용한 것으로도 볼 수 있습니다. 이를 정리해서 구현하면 코드 13-9가 됩니다. 복잡도는 $O(|V|)$ 입니다.

코드 13-9 루트 없는 트리를 루트 트리로 만들 때 각 꼭짓점 깊이와 부분 트리 크기 구하기

```cpp
#include <iostream>
#include <vector>
using namespace std;
using Graph = vector<vector<int>>;

// 트리 탐색
vector<int> depth;
vector<int> subtree_size;
void dfs(const Graph &G, int v, int p = -1, int d = 0) {
    depth[v] = d;
    for (auto c : G[v]) {
        if (c == p) continue; // 탐색이 부모 방향으로 역류하는 걸 방지
        dfs(G, c, v, d + 1);
    }

    // 후위 순회 시 부분 트리의 크기 구하기
    subtree_size[v] = 1; // 자기 자신
    for (auto c : G[v]) {
        if (c == p) continue;

        // 자식 꼭짓점을 루트로 하는 부분 트리의 크기 더하기
        subtree_size[v] += subtree_size[c];
    }
}

int main() {
    // 꼭짓점 개수(트리이므로 변의 개수는 N - 1)
    int N;
    cin >> N;

    // 그래프 입력
    Graph G(N);
    for (int i = 0; i < N - 1; ++i) {
        int a, b;
```

```
        cin >> a >> b;
        G[a].push_back(b);
        G[b].push_back(a);
    }

    // 탐색
    int root = 0; // 일단 꼭짓점 0을 루트로 삼음
    depth.assign(N, 0);
    subtree_size.assign(N, 0);
    dfs(G, root);

    // 결과
    for (int v = 0; v < N; ++v) {
        cout << v << ": depth = " << depth[v]
            << ", subtree_size = " << subtree_size[v] << endl;
    }
}
```

마지막으로, 깊이와 부분 트리 크기를 어떻게 구하는지 복습해 봅시다. 각각의 값을 구하는 타이밍을 생각해 보면 다음과 같습니다.

- 각 꼭짓점의 깊이: 전위 순회 때 구함
- 각 꼭짓점을 루트로 하는 부분 트리의 크기: 후위 순회 때 구함

전위 순회를 의식한 처리는 부모 꼭짓점 정보를 자식 꼭짓점에 전하는 데 적합하고, 후위 순회를 의식한 처리는 자식 꼭짓점 정보를 모아서 부모 꼭짓점 정보를 갱신하는 데 적합합니다. 잘 구분해서 사용합시다.

13.11 / 정리

ALGORITHM & DATA STRUCTURES

이 장에서는 그래프 탐색 기법으로 깊이 우선 탐색과 너비 우선 탐색을 자세히 살펴봤습니다. 각종 그래프 알고리즘의 기초가 되는 중요한 내용입니다. 14장에서 설명할 최단 경로 알고리즘은 너비 우선 탐색을 일반화한 것으로 볼 수 있고, 16장에서 설명하는 네트워크 흐름은 서브 루틴으로 그래프 탐색 기법이 활약합니다.

마지막으로, 앞으로 등장할 그래프 관련 이야기를 간단히 소개합니다. 14장에서는 각 변에 가중치가 있는 가중 그래프를 다루고 더 빠른 최단 경로 알고리즘을 설명합니다. 15장에서는 최소 신장 트리 문제를 소개하고 탐욕법에 기반한 크러스컬 알고리즘을 설명합니다. 끝으로, 16장에서는 그래프 알고리즘의 꽃이라고 할 수 있는 네트워크 흐름 이론을 소개합니다.

13.12 연습 문제

13.1 11.7절에서는 무향 그래프 연결 요소의 개수를 세는 문제를 Union-Find를 사용해 풀었다. 같은 문제를 깊이 우선 탐색이나 너비 우선 탐색을 사용해서 풀어 보라. (난이도 ★)

13.2 코드 13-4는 그래프 $G = (V, E)$ 위의 두 꼭짓점 $s, t \in V$에 대한 s-t 패스가 존재하는지 여부를 판정한다. 이걸 너비 우선 탐색으로 구현하라. (난이도 ★★)

13.3 코드 13-5는 무향 그래프 $G = (V, E)$가 이분 그래프인지 판정한다. 이걸 너비 우선 탐색으로 구현하라. (난이도 ★★)

13.4 1.2.2절에서 본 미로에서 미로 크기가 $H \times W$일 때 스타트(S)에서 골(G)까지 가는 최단 경로를 $O(HW)$로 구하는 알고리즘을 설계하라. (난이도 ★★)

13.5 코드 13-6의 위상 정렬을 너비 우선 탐색으로 구현하라. (난이도 ★★★★)

13.6 유향 그래프 $G = (V, E)$가 유향 사이클을 포함하는지 여부를 판정해, 포함한다면 구체적으로 하나를 구하는 알고리즘을 설계하라. (난이도 ★★★★)

14^장

그래프(2): 최단 경로 문제

13장에서는 비가중 그래프에 대해 너비 우선 탐색으로 최단 경로를 구해 봤습니다. 이 장에서는 좀 더 일반적인, 그래프의 각 변에 가중치가 있을 때 최단 경로 문제를 푸는 방법을 정리해 보겠습니다. 이걸 이용하면 현실에서 일어나는 문제에 응용할 수 있는 범위가 비약적으로 넓어집니다. 그래프의 최단 경로 문제와 관련된 각종 알고리즘은 5장에서 설명한 동적 계획법의 직접적인 응용이라고 할 수 있습니다. 게다가 그래프 각 변의 가중치가 음수가 아닌 경우에 적용할 수 있는 다익스트라 알고리즘은 7장에서 설명한 탐욕법에 기반한 알고리즘입니다.

14.1 최단 경로 문제란?

최단 경로 문제는 이름 그대로 그래프에서 길이가 최소인 경로(워크)를 구하는 문제입니다. 이 장에서는 그래프 각 변 e의 가중치를 $l(e)$라고 씁니다. 그리고 경로 W, 닫힌 경로 C, 길 P의 길이를 각각 $l(W)$, $l(C)$, $l(P)$라고 표기합니다. 경로(워크), 닫힌 경로(사이클), 길(패스) 같은 개념이 계속해서 등장합니다. 용어의 정의를 다시 확인하고 싶다면 10.1.3절을 참조하길 바랍니다.

최단 경로 문제는 내비게이션이나 환승 안내 서비스 등과 같이 응용 범위가 넓고 이론적으로도 중요한 문제입니다. 먼저 이 장 전체에서 공유하는 문제 설정과 개념을 정리해 보겠습니다.

14.1.1 가중치 유향 그래프

이 장에서는 가중치 유향 그래프를 살펴봅니다. 비가중 그래프는 각 변의 가중치가 1인 그래프이고, 무향 그래프는 각 변 $e = (u, v)$에 대응하는 양방향의 변 (u, v), (v, u)가 존재하는 유향 그래프라고 생각할 수 있습니다. 따라서 가중치 유향 그래프는 일반성이 높은 고찰 대상입니다. 또한, 같은 꼭짓점 쌍을 묶은, 서로 역방향인 유향 변 (u, v), (v, u)가 서로 다른 가중치를 가질 수 있다고 합니다. 이는 예를 들어 자전거로 언덕길을 지날 때처럼 진행 방향에 따라 소요 시간에 변화가 있는 상황을 모델화할 때 유효합니다.

14.1.2 단일 시작점 최단 경로 문제

14.7절을 제외하고 이 장에서 다루는 문제는 **단일 시작점 최단 경로 문제**입니다. 단일 시작점 최단 경로 문제는 유향 그래프 $G = (V, E)$ 위에 있는 한 점 $s \in V$가 주어지고 s에서 각 꼭짓점 $v \in V$에 도달하는 최단 경로를 구하는 문제입니다. 그림 14-1은 가중치 유향 그래프의 구체적인 예와 그 그래프에서 $s = 0$을 시작점으로 할 때 각 꼭짓점을 향한 최단 경로 길이(빨간색 글자)와 최단 경로(빨간색 변)를 나타낸 것입니다. 각 꼭짓점을 향한 최단 경로를 겹쳐 보면 꼭짓점 $s(= 0)$를 루트로 하는 루트 트리가 되는 걸 볼 수 있습니다.

❤ 그림 14-1 단일 시작점 최단 경로 문제의 예. 예를 들어 꼭짓점 s(= 0)에서 꼭짓점 5를 향한 최단 경로 길이는 7이고 구체적인 최단 경로는 0 → 1 → 4 → 5가 된다.

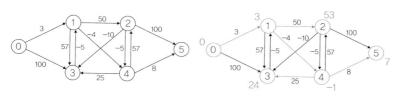

꼭짓점 $s(= 0)$를 시작점으로 하는
각 꼭짓점을 향한 최단 경로

14.1.3 음의 변과 음의 닫힌 경로

음의 가중치를 가진 변을 **음의 변**이라고 부릅니다. 이 장에서는 음의 변을 가진 그래프도 생각해 봅니다. 음의 변은 그 변을 통과하면 비용 절감 보너스를 얻을 수 있는 상황을 나타낸다고 볼 수 있습니다. 또한, 길이가 음수인 닫힌 경로를 **음의 닫힌 경로**(negative cycle)라고 합니다. 음의 닫힌 경로를 가진 그래프는 최단 경로 문제를 다룰 때 주의해야 합니다. 음의 닫힌 경로를 계속 돌면 경로 길이를 얼마든지 줄일 수 있기 때문입니다. 예를 들어 그림 14-2를 봅시다. 꼭짓점 0에서 꼭짓점 4를 향한 최단 경로를 생각할 때 닫힌 경로 1 → 2 → 3 → 1의 가중치가 −4이므로 이 경로를 계속 돌면 계속해서 경로 길이를 줄일 수 있습니다.

❤ 그림 14-2 음의 닫힌 회로

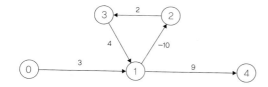

하지만 음의 변을 가진 그래프에 음의 닫힌 경로가 꼭 존재하는 건 아닙니다. 음의 닫힌 경로가 없는 그래프는 최단 경로를 구할 수 있습니다. 또한, 음의 닫힌 경로가 있는 그래프라도 시작점에서 음의 닫힌 경로에 도달할 수 없는 경우라면 음의 닫힌 경로를 무시할 수 있습니다(구현할 때 조금 주의해야 합니다). 게다가 시작점에서 음의 닫힌 경로에 도달할 수 있는 경우라도, 그 음의 닫힌 경로에서 도달 불가능한 꼭짓점 v에 대해서는 시작점에서 v를 향한 최단 경로를 구할 수 있습니다. 14.5절에서 설명하는 벨만–포드 알고리즘은 시작점에서 도달 가능한 음의 닫힌 경로가 있으면 그 사실을 보고하고, 없으면 각 꼭짓점을 향한 최단 경로를 구합니다. 그리고 그래프에 음의 변이 없다는 걸 알고 있다면 14.6절에서 설명하는 다익스트라 알고리즘으로 좀 더 빠르게 최단 경로를 구할 수 있습니다.

14.2 / 최단 경로 문제 정리

13.5절에서는 비가중 그래프의 최단 경로 문제를 너비 우선 탐색으로 풀었습니다. 5장의 동적 계획법에서는 몇몇 최적화 문제를 그래프의 최단 경로를 구하는 문제로 보고 풀었습니다. 5장에서 등장한 그래프는 유향의 닫힌 경로(사이클)가 없다는 점이 특징입니다. 유향의 닫힌 경로가 없으므로 상태가 반복되지 않고 위상 정렬 순서(13.9절)가 명확히 정해집니다. 이런 그래프를 DAG라고 부르는 건 13.9절에서 설명했습니다. DAG의 최단 경로 문제는 어떤 변에서부터 차례로 완화해야 하는지 이미 명확하므로 그 순서대로 완화 처리를 실행해 나가면 각 꼭짓점을 향한 최단 경로가 차례차례 정해졌습니다(5.3.1절).

하지만 닫힌 경로를 가진 그래프는 어떤 변에서부터 순서대로 완화해야 좋을지 명확하지 않으므로 좀 더 정밀한 알고리즘이 필요합니다. 이런 그래프에 대해서도 최단 경로를 구할 수 있는 알고리즘으로 벨만–포드 알고리즘과 다익스트라 알고리즘을 설명합니다. 이런 알고리즘을 적용할 수 있는 그래프의 성질 등을 정리한 것이 표 14–1입니다.[1]

---

1 그 외에 그래프의 각 변 가중치가 0 또는 1이라면 복잡도 $O(|V| + |E|)$인 해법도 있습니다. '0–1 BFS'로 검색해 보길 바랍니다.

그래프 특성	방법	복잡도	비고
음의 가중치 변을 포함하는 그래프	벨만-포드 알고리즘	$O(\lvert V \rvert \lvert E \rvert)$	어느 꼭짓점에서부터 순서대로 최단 경로를 확정할지 불명확하므로 $\lvert V \rvert$번 반복
변 가중치가 모두 음수가 아닌 그래프	다익스트라 알고리즘	$O(\lvert V \rvert^2)$ 또는 $O(\lvert E \rvert \log \lvert V \rvert)$	어느 꼭짓점에서 순서대로 최단 경로가 확정될지 미리 정해져 있지 않지만, 계산하는 과정에서 자동으로 정해짐
DAG	동적 계획법	$O(\lvert V \rvert + \lvert E \rvert)$	어느 꼭짓점에서 순서대로 최단 경로가 확정될지 미리 정해짐
비가중 그래프	너비 우선 탐색	$O(\lvert V \rvert + \lvert E \rvert)$	13장 참조

14.3 완화

여기서 동적 계획법을 설명할 때 소개한 **완화**(5.3.1절)를 좀 더 깊이 분석해 봅시다. 우선 5.3.1절에서 만든 함수 chmin을 코드 14-1에서 복습해 봅니다. 함수 chmin의 처리 내용은 다음과 같습니다.

1. 잠정 최솟값 a를
2. 새로운 최솟값 후보 b와 비교해서
3. $a > b$라면 a를 b로 갱신함

단, 코드 14-1의 함수 chmin은 5.3.1절의 함수 chmin의 기능을 확장해서 갱신 여부를 불 값(true 또는 false)으로 돌려줍니다.

코드 14-1 완화를 사용한 함수 chmin

```
template<class T> bool chmin(T& a, T b) {
    if (a > b) {
        a = b;
        return true;
    }
    else return false;
}
```

이 장에서 설명한 최단 경로 알고리즘은 모두 시작점 s에서 각 꼭짓점 v를 향한 최단 경로 길이를 추정하는 값 $d[v]$를 관리하고 각 변에 대한 완화를 반복합니다. 알고리즘 시작 시점에서 최단 경로 길이 추정값 $d[v]$의 초깃값은 다음과 같습니다.

$$d[v] = \begin{cases} \infty & (v \neq s) \\ 0 & (v = s) \end{cases}$$

변 $e = (u, v)$에 대한 완화는 다음 처리를 가리킵니다.

$$\text{chmin}(d[v], d[u] + l(e))$$

그림 14-3처럼 $d[v]$에 대해 $d[u] + l(e)$가 작으면 그 값으로 갱신합니다. 알고리즘 시작 시점에 시작점 s 이외의 꼭짓점 v에 대해 ∞ 값이던 최단 경로 길이 추정값 $d[v]$는 각 변에 대한 완화 처리를 반복함으로써 점점 줄어들게 됩니다. 최종적으로 임의의 꼭짓점 v에 대해 $d[v]$가 실제 최단 경로 길이(이후 $d^*[v]$라고 표시)로 수렴됩니다.

▼ 그림 14-3 완화 모습. 여기서 변 (u, v)(길이 5)에 대한 완화 처리를 해서 d[v] 값을 필요하면 갱신한다. 왼쪽은 d[v] = 100과 비교해서 d[u] + 5 = 8 쪽이 작으므로 d[v] 값을 8로 갱신한다. 오른쪽은 d[v] = 6이 d[u] + 5 = 8보다 작으므로 갱신하지 않고 그대로 둔다.

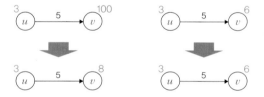

여기서 최단 경로 문제 및 완화의 의미를 간단히 설명합니다. 우선 최단 경로 문제는 그림 14-4처럼 몇몇 꼭짓점과 그것을 묶은 몇 개의 끈으로 구성된 객체에 대해, 특정 꼭짓점 s를 집어서 남은 각 꼭짓점을 팽팽하게 당겼을 때 각각의 꼭짓점이 s에서 얼마나 떨어져 있는지를 구하는 문제로 해석할 수 있습니다.[2]

---

2 사실 이 문제는 최단 경로 문제의 이중 문제라고 불리며, 원래의 최단 경로 문제에 해당합니다. 구체적으로는 '각 꼭짓점끼리 거리가 어떤 제한 값을 넘지 않는 범위 안에서 각 꼭짓점을 얼마나 s에서 멀리 떨어뜨릴 수 있는가'를 구하는 최대화 문제입니다. 이러한 이중 문제는 14.8절에서 자세히 분석합니다.

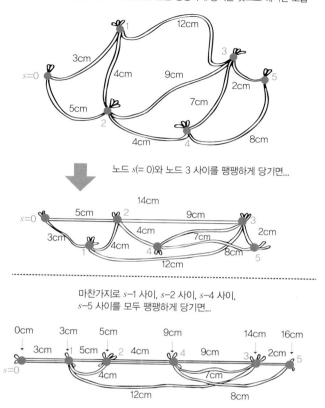

❤ 그림 14-4 최단 경로를 구하는 것을 끈을 팽팽하게 당기는 것으로 해석한 모습

노드 $s(= 0)$와 노드 3 사이를 팽팽하게 당기면...

마찬가지로 s–1 사이, s–2 사이, s–4 사이,
s–5 사이를 모두 팽팽하게 당기면...

다음으로는 완화의 의미를 생각해 봅시다. 최단 경로 알고리즘이 관리하는 최단 경로 길이 추정값 $d[v]$를 수직선 위에 구상하는 방법을 생각해 봅시다.

꼭짓점 v를 수직선 위의 좌표 $d[v]$에 배치합니다. 여기서 좌표 $d[v]$에 배치된 꼭짓점 v를 특별히 노드 v라고 부릅니다. 알고리즘 초기 상태라면 노드 s만 좌표 0 지점에 있고($d[s] = 0$), 다른 노드 v는 무한대 지점에 있습니다($d[v] = \infty$). 변 $e = (u, v)$에 대한 완화는 노드 v의 위치 $d[v]$를 다음과 같이 움직이는 처리입니다.

- 노드 v의 위치 $d[v]$가 노드 u의 위치 $d[u]$보다 $l(e)$ 이상 오른쪽에 있다면, 노드 v를 노드 u 방향으로 끌어오고 노드 u와 노드 v 사이를 길이 $l(e)$인 끈으로 연결해서 팽팽하게 당깁니다.

- 이때 노드 v의 위치 $d[v]$를 $d[u] + l(e)$로 갱신합니다.

그림 14-5의 예를 봅시다. 완화를 하기 전 시점에 노드 v의 위치($d[v] = 100$)는 노드 u의 위치 ($d[u] = 3$)에서 $l(e) = 5$만큼 오른쪽으로 진행한 위치($d[u] + l(e) = 8$)보다 더 오른쪽에 있는 상

황입니다. 이때 변 $e = (u, v)$에 대한 완화를 실시해서 노드 v의 위치 $d[v]$는 $d[u] + l(e) = 8$로 갱신됩니다.

❤ 그림 14-5 완화 처리의 의미

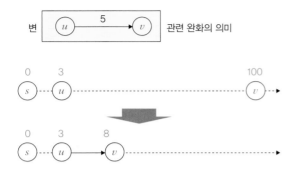

앞으로 검토할 최단 경로 알고리즘은 완화를 반복하여 각 노드를 조금씩 노드 s 방향으로 끌어 당기는 알고리즘입니다. 어느 변에 대해 완화를 하더라도 노드 위치가 갱신되지 않는 상태가 되면 알고리즘을 종료할 수 있습니다.

여기서 '최단 경로를 구하는 건 끈을 팽팽하게 당기는 것으로 해석할 수 있다'고 앞서 말했던 걸 떠올려 보세요(그림 14-4). 완화 처리를 반복한 끝에 확정된 각 노드 v의 위치 $d[v]$는 s에서 v를 향한 최단 경로 길이 $d^*[v]$와 일치하는 걸 알 수 있습니다. 한편 끈 관련 논의를 좀 더 파고들어 보면 **포텐셜**(potential)이라는 개념이 나옵니다. 포텐셜에 관심이 있는 분은 14.8절의 설명을 참조하길 바랍니다.

14.4 DAG의 최단 경로 문제: 동적 계획법

우선 그래프가 DAG인 경우를 생각해 봅시다. 이미 5.2절에서 DAG 최단 경로 문제를 풀어 봤습니다. 그림 14-6과 같은 그래프를 가지고 꼭짓점 0에서 각 꼭짓점을 향한 최단 경로 길이를 동적 계획법에 기반해 순서대로 구했습니다.

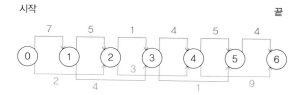

▼ 그림 14-6 개구리 문제를 나타낸 그래프

이때 끌기 전이 형식과 밀기 전이 형식을 모두 검토했지만, 어쨌든 중요한 건 다음 성질을 만족하는지 여부였습니다.

> **DAG의 완화 처리 순서 포인트**
>
> 각 변 $e = (u, v)$에 대한 완화 처리를 실시할 때는 꼭짓점 u에 대한 $d[u]$가 실제 최단 경로 길이에 수렴된다.

이 성질을 담보하기 위해 중요한 건 13.9절에도 등장한 위상 정렬입니다. DAG 전체를 위상 정렬하면 완화해야 할 변의 순서가 명확해집니다. 위상 정렬로 얻은 꼭짓점 순서를 끌기 전이 형식 또는 밀기 전이 형식에 의해 정해진 차례대로 변을 완화함으로써 각 꼭짓점에 도달하는 최단 경로 길이를 구할 수 있습니다.[3] 위상 정렬과 각 변의 완화 처리는 모두 $O(|V| + |E|)$ 복잡도로 실행할 수 있으므로 전체 복잡도도 $O(|V| + |E|)$입니다.

한편 5.2절에서는 그림 14-6과 같은 그래프에 대한 최단 경로 문제를 풀 때 명시적인 위상 정렬을 하지 않았습니다. 그건 위상 정렬 순서가 이미 명확했기 때문입니다(꼭짓점 번호 순서).

ALGORITHM & DATA STRUCTURES

14.5 단일 시작점 최단 경로 문제: 벨만–포드 알고리즘

앞 절에서는 유향의 닫힌 경로가 존재하지 않는 유향 그래프에 대한 최단 경로 문제를 살펴봤습니다. 이번에는 유향의 닫힌 경로를 포함하는 유향 그래프에 대해서도 최단 경로를 구할 수 있는 알

---

3   게다가 메모라이제이션을 사용하면 '위상 정렬하기', '얻은 꼭짓점 순서대로 완화하기'라는 두 단계 처리를 한꺼번에 실행할 수 있습니다.

고리즘을 생각해 봅시다. 이번에 소개하는 **벨만-포드**(Bellman-Ford) **알고리즘**은 만약 시작점 s에서 도달 가능한 음의 닫힌 경로가 존재하면 그 사실을 보고하고, 음의 닫힌 경로가 존재하지 않으면 각 꼭짓점 v를 향한 최단 경로를 구하는 알고리즘입니다. 게다가 변의 가중치가 모두 음수가 아닌 것이 보장된다면 다음 절에서 배우는 다익스트라 알고리즘이 유효합니다.

14.5.1 벨만-포드 알고리즘 아이디어

그런데 유향의 닫힌 경로를 포함하는 그래프는 DAG 최단 경로 문제와 다르게, 유효한 변 완화 순서를 알지 못합니다. 따라서 각 변에 대해 일단 완화하는(순서 불명) 작업을 최단 경로 길이 추정값 $d[v]$가 갱신되지 않을 때까지 반복한다고 합시다(그림 14-7). 실은 시작점 s에서 도달 가능한 음의 닫힌 경로가 존재하지 않으면, 많아도 $|V| - 1$번 반복하면 $d[v]$ 값이 실제 최단 경로 길이 $d*[v]$에 수렴되는 걸 볼 수 있습니다(14.5.3절 참조). 즉, $|V|$번째 반복해도 $d[v]$ 값은 갱신되지 않습니다. 각 변에 대한 완화가 $O(|E|)$ 복잡도이고 그걸 $O(|V|)$회 반복하므로 벨만-포드 알고리즘 복잡도는 $O(|V||E|)$입니다.

반대로 시작점 s에서 도달 가능한 음의 닫힌 경로가 존재하면 $|V|$번째 반복 시 어떤 변 $e = (u, v)$가 존재하고 변 e에 관한 완화로 $d[v]$ 값이 갱신되는 걸 알 수 있습니다(14.5.3절 참조).

❤ 그림 14-7 벨만-포드 알고리즘 실행 예. 꼭짓점 0을 시작점으로 하는 단일 시작점 최단 경로 문제를 푼다. 1회 반복에 있어 변 완화 순서는 변 (2, 3), (2, 4), (2, 5), (4, 2), (4, 3), (4, 5), (3, 1), (1, 2), (1, 3), (1, 4), (0, 1), (0, 3) 순서다. 무척 비효율적인 순서지만, 그럼에도 반복함으로써 각 꼭짓점을 향한 최단 경로를 구할 수 있다. 각 반복에 있어 최단 경로를 구한 부분은 굵은 빨간색으로 표시한다(실제로는 어디에서 최단 경로가 확정되는지 알고리즘이 종료할 때까지 알 수 없으므로 주의). 또한, 이 그래프는 3회째 반복에서 최단 경로가 구해진다(실제로는 4회째 반복을 실시해서 갱신이 발생하지 않는 것을 확인할 때까지는 확정되지 않으므로 주의).

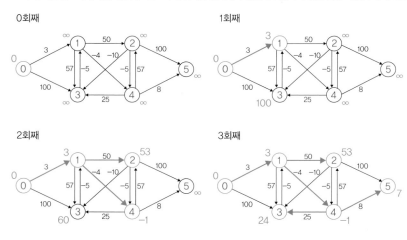

14.5.2 벨만-포드 알고리즘 구현

벨만-포드 알고리즘은 코드 14-2처럼 구현할 수 있습니다.[4] 입력 형식은 다음과 같습니다. N은 그래프 꼭짓점 개수, M은 변의 개수, s는 시작점 번호입니다. 또한, $i(= 0, 1, ..., M - 1)$번째 변이 꼭짓점 a_i에서 꼭짓점 b_i를 향하고 가중치 w_i로 묶인 것을 나타냅니다.

$N\ M\ s$

$a_0\ b_0\ w_0$

$a_1\ b_1\ w_1$

$\vdots$

$a_{M-1}\ b_{M-1}\ w_{M-1}$

코드 14-2는 다음 처리를 합니다.

- 각 변에 대해 일단 완화하는 작업을 $|V|$번 반복합니다(음의 닫힌 경로가 없으면 $|V|$번째 작업은 갱신이 발생하지 않습니다).
- $|V|$번째 작업으로 갱신이 발생한다면, 시작점 s에서 도달 가능한 음의 닫힌 경로가 존재하는 걸 의미하므로 그 사실을 보고합니다.

여기서는 시작점 s에서 도달 불가능한 음의 닫힌 경로에 대해서는 묻지 않습니다. 즉, 48번째 줄 처리에서 시작점 s에서 도달할 수 없는 꼭짓점으로 시작하는 완화는 처리하지 않습니다. 그리고 마지막으로 시작점 s에서 도달 가능한 음의 닫힌 경로가 존재하지 않는 것이 확정되면 각 꼭짓점 v를 향한 최단 경로 길이 $d[v]$를 출력합니다(69번째 줄). 다만 $d[v]$ = INF라면 s에서 v에 도달할 수 없다는 의미이므로 그 사실을 보고합니다(70번째 줄).

또한, 갱신이 발생하지 않았다면 최단 경로를 이미 구한 사실이 확정이므로 반복을 중단하는(59번째 줄) 처리가 들어 있습니다. 이는 알고리즘을 빠르게 종료하기 위함입니다.

코드 14-2 벨만-포드 알고리즘 구현

```
1   #include <iostream>
2   #include <vector>
3   using namespace std;
4
```

---

4   세세한 주의점이지만, 지금까지의 구현은 어떤 반복에 있어 꼭짓점 u에 대한 최단 경로 추정값 $d[u]$가 갱신될 때 그 값을 같은 반복 중에서 u를 시작점으로 하는 변 완화에 사용할 가능성이 있습니다. 실제로는 이렇게 함으로써 반복 횟수가 줄어드는 효과를 기대할 수 있지만, 본래의 벨만-포드 알고리즘에서는 같은 반복 시에는 갱신하기 전 추정값을 사용합니다.

```cpp
  5    // 무한대를 뜻하는 값
  6    const long long INF = 1LL << 60; // 충분히 큰 값을 사용(여기서는 2^60)
  7
  8    // 변의 자료형. 가중치는 long long형을 사용
  9    struct Edge {
 10        int to; // 인접 꼭짓점 번호
 11        long long w; // 가중치
 12        Edge(int to, long long w) : to(to), w(w) {}
 13    };
 14
 15    // 가중 그래프 자료형
 16    using Graph = vector<vector<Edge>>;
 17
 18    // 완화를 실시하는 함수
 19    template<class T> bool chmin(T& a, T b) {
 20        if (a > b) {
 21            a = b;
 22            return true;
 23        }
 24        else return false;
 25    }
 26
 27    int main() {
 28        // 꼭짓점 개수, 변의 개수, 시작점
 29        int N, M, s;
 30        cin >> N >> M >> s;
 31
 32        // 그래프
 33        Graph G(N);
 34        for (int i = 0; i < M; ++i) {
 35            int a, b, w;
 36            cin >> a >> b >> w;
 37            G[a].push_back(Edge(b, w));
 38        }
 39
 40        // 벨만-포드 알고리즘
 41        bool exist_negative_cycle = false; // 음의 닫힌 경로가 존재하는가
 42        vector<long long> dist(N, INF);
 43        dist[s] = 0;
 44        for (int iter = 0; iter < N; ++iter) {
 45            bool update = false; // 갱신 발생 여부 플래그
 46            for (int v = 0; v < N; ++v) {
 47                // dist[v] = INF라면 꼭짓점 v에서의 완화를 하지 않음
```

```
48              if (dist[v] == INF) continue;
49
50              for (auto e : G[v]) {
51                  // 완화 처리를 하고 갱신되면 update를 true로
52                  if (chmin(dist[e.to], dist[v] + e.w)) {
53                      update = true;
54                  }
55              }
56          }
57
58          // 갱신이 없다면 최단 경로가 이미 구해졌음
59          if (!update) break;
60
61          // N번째 반복에서 갱신되었다면 음의 닫힌 경로가 존재함
62          if (iter == N - 1 && update) exist_negative_cycle = true;
63      }
64
65      // 결과 출력
66      if (exist_negative_cycle) cout << "NEGATIVE CYCLE" << endl;
67      else {
68          for (int v = 0; v < N; ++v) {
69              if (dist[v] < INF) cout << dist[v] << endl;
70              else cout << "INF" << endl;
71          }
72      }
73 }
```

14.5.3 벨만–포드 알고리즘의 정확성(*)

시작점 s에서 도달 가능한 음의 닫힌 경로가 존재하지 않는 그래프는 많아도 $|V| - 1$번 반복하면 알고리즘이 수렴되고, 시작점 s에서 도달 가능한 음의 닫힌 경로가 존재하는 그래프는 $|V|$번째 반복할 때 반드시 갱신이 발생하는 걸 봤습니다.

우선 도달 가능한 음의 닫힌 경로가 존재하지 않는 그래프에서 길이가 최소인 경로(워크)를 구하는 최단 경로 문제를, 길이가 최소인 길(패스)을 구하는 최단 경로 문제로 바꿔 생각해도 된다는 점에 주의하길 바랍니다. 길은 경로와 달리 같은 꼭짓점을 두 번 이상 통과하지 않는다(= 한 번만 통과한다)는 제약이 있습니다. 도달 가능한 닫힌 경로가 존재하지 않는 그래프에서 길이가 최소인 경

로를 생각할 때 같은 꼭짓점을 두 번 이상 통과하는 건 낭비에 불과합니다. 좀 더 정확하게 말하면, 경로 중에 포함된 닫힌 경로를 제거해서 길로 만들어도 길이는 늘어나지 않습니다(그림 14-8).

❤ 그림 14-8 경로를 길로 만들기

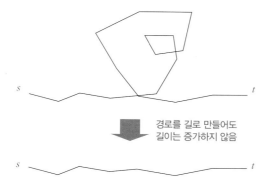

따라서 그래프에 음의 닫힌 경로가 존재하지 않으면 최단 경로 문제는 길만 대상으로 고려합니다. 즉, 경로에 변의 개수가 많아도 $|V| - 1$ 이하인 것만 생각하면 됩니다. 이건 벨만-포드 알고리즘으로 각 변을 완화하는 처리를 최대 $|V| - 1$회 반복하면 시작점 s에서 도달 가능한 모든 꼭짓점에 대한 최단 경로 길이를 구할 수 있다는 의미입니다.

이번에는 시작점 s에서 도달 가능한 음의 닫힌 경로가 존재한다면 $|V|$번째 반복 시 반드시 갱신이 발생하는 걸 증명해 봅시다. 시작점 s에서 도달 가능한 음의 닫힌 경로 P의 각 꼭짓점을 v_0, v_1, ..., v_{k-1}, v_0이라고 합시다. 만약 P에 포함된 모든 변에서 갱신이 발생하지 않았다고 가정하면 다음 식이 성립합니다.

$$l(P) = \sum_{i=0}^{k-1} l((v_i, v_{i+1})) \qquad (v_k = v_0 \text{이라고 가정})$$
$$\geq \sum_{i=0}^{k-1} (d[v_{i+1}] - d[v_i])$$
$$= 0$$

이건 P가 음의 닫힌 경로라는 사실과 모순됩니다. 따라서 시작점 s에서 도달 가능한 음의 닫힌 경로가 존재하면 $|V|$번째 반복할 때 반드시 갱신이 발생합니다.

14.6

단일 시작점 최단 경로 문제: 다익스트라 알고리즘

앞에서 본 벨만-포드 알고리즘은 음의 변을 포함하는 그래프가 대상입니다. 하지만 모든 변의 가중치가 음수가 아니라는 걸 알고 있다면 훨씬 효율적인 해법이 있습니다. 이 절에서 배우는 **다익스트라**(Dijkstra) **알고리즘**이 바로 그렇습니다.

14.6.1 두 종류의 다익스트라 알고리즘

다익스트라 알고리즘은 어떤 자료 구조를 사용하는가에 따라 복잡도가 달라집니다. 이 절에서는 다음 두 가지를 소개합니다.

- 단순히 구현하고 싶은 경우의 $O(|V|^2)$ 방법
- 힙(10.7절)을 사용하는 경우의 $O(|E|\log|V|)$ 방법

밀집 그래프 ($|E| = \Theta(|V|^2)$)라면 $O(|V|^2)$ 방법을 사용하는 게 유리하고, 희소 그래프 ($|E| = O(|V|)$)라면 $O(|E|\log|v|)$ 방법을 사용하는 게 유리합니다. 둘 다 벨만-포드 알고리즘의 $O(|E||V|)$보다 개선된 복잡도입니다.[5]

14.6.2 단순한 다익스트라 알고리즘

우선 단순히 구현한 복잡도 $O(|V|^2)$ 방법을 소개합니다. 힙을 사용한 $O(|E|\log|V|)$ 해법은 14.6.5절에서 다시 설명합니다. 다익스트라 알고리즘은 7장에서 설명한 탐욕법에 기반한 알고리즘입니다. 이미 몇 번 반복해서 설명했듯이 DAG인지 모르는 일반 그래프라면 적절한 변의 완화 순서를 미리 알 수 없습니다. 하지만 모든 변이 음수가 아니라는 걸 알고 있다면, 최단 경로 추정값 $d[v]$를 동적으로 갱신하는 과정에서 완화해야 할 꼭짓점 순서가 자동적으로 정해지는 구조가 됩니다.

---

[5] 좀 더 개선하면, 복잡도는 $O(|E| + |V|\log|V|)$가 되고 밀집 그래프, 희소 그래프 모두 점근적으로 빨라진다고 알려져 있습니다. 하지만 실제로 사용해 보면 오히려 느려집니다. 관심이 있다면 참고 문헌 [9]의 피보나치 힙 관련 내용을 확인해 보길 바랍니다.

다익스트라 알고리즘은 '이미 최단 경로가 확정된 꼭짓점 집합 S'를 관리합니다. 다익스트라 알고리즘을 시작할 때 다음과 같이 초기화합니다.

- $d[s] = 0$
- $S = \{s\}$

S에 포함된 꼭짓점 v는 $d[v]$ 값이 이미 참의 최단 경로 길이 $d^*[v]$에 수렴됩니다. 그리고 매번 반복할 때마다 아직 S에 포함되지 않은 꼭짓점 v 중에서 $d[v]$ 값이 최소인 꼭짓점에 주목합니다. 사실 그런 꼭짓점 v는 이미 $d[v] = d^*[v]$가 성립합니다(나중에 증명합니다). 그리고 꼭짓점 v를 새롭게 S에 삽입하고 꼭짓점 v를 시작점으로 각 변을 완화합니다. 이런 처리를 모든 꼭짓점이 S에 삽입될 때까지 반복합니다(그림 14-9).

❤️ 그림 14-9 다익스트라 알고리즘 실행 예. 꼭짓점 0을 시작점으로 하는 최단 경로 문제를 푼다. 각 단계에서 사용이 끝난 꼭짓점 집합 S와 완화를 완료한 변을 빨간색으로 표시한다. 예를 들어 2단계 종료 시점이라면 사용이 끝난 꼭짓점 집합 S에 포함되지 않은 건 꼭짓점 2(dist[2]=5), 꼭짓점 3(dist[3]=15), 꼭짓점 4(dist[4]=∞), 꼭짓점 5(dist[5]=∞)로 네 개다. 그중 dist 값이 최소인 것은 꼭짓점 2이므로 3단계에서 꼭짓점 2를 새롭게 S에 삽입하고 꼭짓점 2를 시작점으로 각 변을 완화한다.

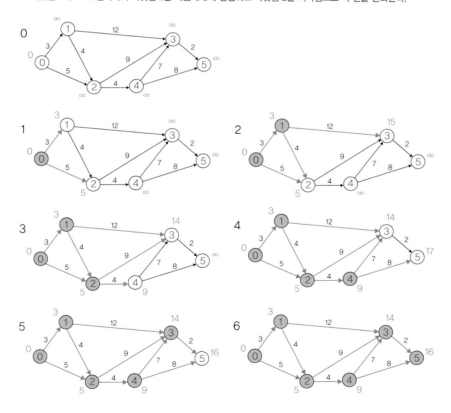

이 절차는 코드 14-3처럼 구현할 수 있습니다. 꼭짓점 v가 S에 포함되는지 여부를 효율적으로

관리하기 위해 std::vector<bool>형 변수 used를 사용합니다. 각 꼭짓점 v에 있어 used[v] == true라면 $v \in S$에 해당합니다. 그리고 이때 v는 사용이 끝났다고 합니다. 코드 14-3의 복잡도는 매회 반복($O(|V|)$회)에 있어 dist 값이 최소인 꼭짓점을 선형 탐색하는 부분($O(|V|)$)이 병목이 므로 전체로 보면 $O(|V|^2)$가 됩니다.

코드 14-3 다익스트라 알고리즘 구현

```cpp
#include <iostream>
#include <vector>
using namespace std;

// 무한대를 뜻하는 값
const long long INF = 1LL << 60; // 충분히 큰 값을 사용(여기서는 2^60)

// 변을 나타내는 자료형. 여기서는 가중치를 나타내는 자료형으로 long long형을 사용
struct Edge {
    int to; // 인접 꼭짓점 번호
    long long w; // 가중치
    Edge(int to, long long w) : to(to), w(w) {}
};

// 가중 그래프를 나타내는 자료형
using Graph = vector<vector<Edge>>;

// 완화를 실시하는 함수
template<class T> bool chmin(T& a, T b) {
    if (a > b) {
        a = b;
        return true;
    }
    else return false;
}

int main() {
    // 꼭짓점 개수, 변의 개수, 시작점
    int N, M, s;
    cin >> N >> M >> s;

    // 그래프
    Graph G(N);
    for (int i = 0; i < M; ++i) {
        int a, b, w;
        cin >> a >> b >> w;
```

```
            G[a].push_back(Edge(b, w));
    }


    // 다익스트라 알고리즘
    vector<bool> used(N, false);
    vector<long long> dist(N, INF);
    dist[s] = 0;
    for (int iter = 0; iter < N; ++iter) {
        // 미사용 꼭짓점 중 dist 값이 최소인 꼭짓점 찾기
        long long min_dist = INF;
        int min_v = -1;
        for (int v = 0; v < N; ++v) {
            if (!used[v] && dist[v] < min_dist) {
                min_dist = dist[v];
                min_v = v;
            }
        }

        // 만약 그런 꼭짓점이 없다면 종료
        if (min_v == -1) break;

        // min_v를 시작점으로 각 변을 완화
        for (auto e : G[min_v]) {
            chmin(dist[e.to], dist[min_v] + e.w);
        }
        used[min_v] = true; // min_v를 사용이 끝났다고 표시
    }

    // 결과 출력
    for (int v = 0; v < N; ++v) {
        if (dist[v] < INF) cout << dist[v] << endl;
        else cout << "INF" << endl;
    }
}
```

14.6.3 다익스트라 알고리즘의 직감적인 이미지

다익스트라 알고리즘의 직관적인 이미지를 이야기해 봅시다. 14.3절에서도 본 것처럼 최단 경로

알고리즘을 끈을 팽팽하게 만드는 작업에 빗대어 생각해 봅시다(그림 14-10). 노드 s를 고정하고 s에서 나온 끈을 손으로 잡아 오른쪽으로 조금씩 당긴다고 상상해 봅시다.

▼ 그림 14-10 다익스트라 알고리즘 모습

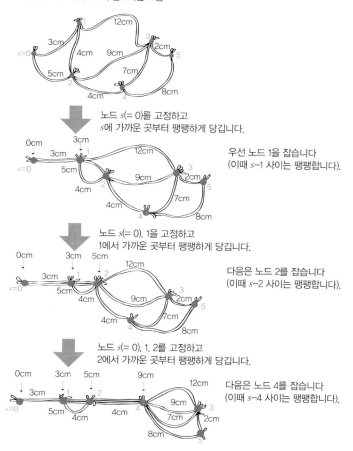

예를 들어 그림 14-10에서 노드 s, 1, 2가 고정된 순간을 생각해 봅시다(위에서 세 번째). 이때 s-1 사이, s-2 사이는 이미 팽팽한 상태입니다. 그리고 노드 s, 1, 2를 고정하고 노드 2의 위치에서 끈을 점점 오른쪽으로 움직입니다. 이때 노드 s, 1, 2 다음에 잡는 건 노드 4가 됩니다(위에서 네 번째). 이 순간 s-4 사이도 팽팽한 상태가 됩니다. 다익스트라 알고리즘은 이렇게 각 노드를 왼쪽부터 순서대로 팽팽하게 당기는 동작을 알고리즘으로 실현한 것이라 하겠습니다. 다익스트라 알고리즘 절차와 끈을 팽팽하게 당기는 동작을 대응시키면 표 14-2와 같습니다.

다익스트라 알고리즘 절차	끈을 팽팽하게 당기는 동작
미사용 꼭짓점 중 $d[v]$가 최소인 꼭짓점 v를 탐색하기	노드 v를 잡아 들기
꼭짓점 v를 시작점으로 각 변을 완화하기	잡아 든 걸 오른쪽으로 이동시켜서 노드 v와 다른 노드 사이의 끈을 팽팽하게 만들기

14.6.4 다익스트라 알고리즘 정확성(*)

다익스트라 알고리즘의 정확성(미사용 꼭짓점 중 $d[v]$가 최소인 꼭짓점 v에 대해 $d[v] = d^*[v]$가 성립하는 것)을 수학적 귀납법으로 증명해 봅시다. 구체적으로 다익스트라 알고리즘의 각 단계에서 사용이 끝난 모든 꼭짓점 u에 대해 $d[u] = d^*[u]$가 성립한다고 가정하고, 사용되지 않은 꼭짓점 중 $d[v]$가 최소인 꼭짓점 v에서 $d[v] = d^*[v]$가 성립하는 걸 증명합니다.

시작점 s에서 꼭짓점 v를 향하는 최단 경로 하나를 P라 하고, P에서 v의 직전 꼭짓점을 u라 합니다. u가 사용된 경우와 사용되지 않은 경우를 나눠서 생각해 봅시다.

우선 꼭짓점 u가 사용이 끝난 경우라면 귀납법 가정에 의해 $d[u] = d^*[u]$가 성립합니다. 알고리즘 절차에서 변 (u, v)에 대해 완화가 이미 이뤄졌으므로 $d[v] \leq d^*[u] + l(e) = d^*[v]$가 성립합니다. 따라서 $d[v] = d^*[v]$가 됩니다.

다음으로 꼭짓점 u가 사용되지 않은 경우를 생각해 봅시다. 경로 P에서 s부터 순서대로 따라가서 미사용인 꼭짓점 중 첫 번째를 x라고 합시다(그림 14–11).

❤ 그림 14–11 다익스트라 알고리즘 증명하기

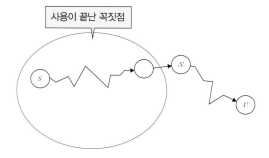

이때 앞과 같은 논리에 따라 다음 식이 성립합니다.

$$d[x] = d^*[x]$$

또한, s에서 v를 향한 최단 경로 P에 있어 s부터 x까지의 부분을 잘라내도 해당 부분이 s에서 x를 향한 최단 경로가 됩니다. 여기서 그래프 G의 각 변은 가중치가 음수가 아니므로 다음 식이 성립합니다.

$$d^*[x] \leq d^*[v]$$

게다가 미사용 꼭짓점 중에서 d 값이 최소인 꼭짓점이 v이므로 다음과 같습니다.

$$d[v] \leq d[x]$$

이상을 정리하면,

$$d[v] \leq d[x] = d^*[x] \leq d^*[v]$$

이런 관계가 성립하므로 $d[v] = d^*[v]$라는 것을 도출했습니다.

14.6.5 희소 그래프인 경우: 힙을 사용한 고속화(*)

앞에서는 $O(|V|^2)$ 복잡도인 다익스트라 알고리즘을 구현했습니다. 이번에는 힙을 사용한 $O(|E|\log|V|)$ 복잡도인 다익스트라 알고리즘을 구현합니다. 이건 그래프가 희소 그래프일 때 ($|E| = O(|V|)$인 경우) $O(|V|\log|V|)$ 복잡도가 됩니다. 앞서 본 $O(|V|^2)$에 비교하면 고속화된 알고리즘입니다. 다만, 그래프가 밀집 그래프라면($|E| = \Theta(|V|^2)$인 경우) $\Theta(|V|^2\log|V|)$ 복잡도가 됩니다. 이 경우라면 $O(|V|^2)$ 복잡도를 가진 단순한 다익스트라 알고리즘을 사용하는 게 빠릅니다.

코드 14-3에서 본 다익스트라 알고리즘을 힙을 사용해 효율적으로 바꿀 부분은 다음과 같습니다.

> **다익스트라 알고리즘에서 고속화 가능한 부분**
>
> 미사용 꼭짓점 v 중 $d[v]$ 값이 최소인 꼭짓점을 찾는 부분

코드 14-3에서는 이런 처리에 선형 탐색(3.2절)을 사용했습니다. 이런 처리를 힙(10.7절)을 사용해서 표 14-3처럼 바꿔 구현합니다. 힙의 각 요소는 다음의 조합입니다.

- 미사용 꼭짓점 v

- 해당 꼭짓점 v의 $d[v]$

$d[v]$ 값을 키로 사용합니다. 다만, 힙은 보통 키 값이 최대인 요소를 취득하지만 이번에는 키 값이 최소인 요소를 취득하도록 변경합니다. 표 14-3에서 본 것처럼 최소 d 값을 취득하는 부분이 빨라집니다.

❤ 표 14-3 다익스트라 알고리즘에서 힙 활용하기

필요한 처리	방법	복잡도	개선하기 전의 복잡도
미사용 꼭짓점에서 $d[v]$가 최소인 것을 추출하기	힙의 루트를 제거하고 힙을 정리하기	$O(\log|V|)$	$O(|V|)$
변 $e = (u, v)$에 대해 완화하기	$d[v]$ 값이 갱신될 때 힙에 변경 내용을 반영하기	$O(\log|V|)$	$O(1)$

하지만 그 대신 각 변의 완화 처리에는 쓸데없이 시간이 걸립니다. 결국 이 부분에 병목 현상이 생겨서 전체 복잡도는 $O(|E|\log|V|)$가 됩니다.

마지막으로, $d[v]$ 값을 변경하는 처리를 힙에서 다루는 방법을 보충 설명합니다.[6] 생각해 볼 법한 방법은 힙 기능을 확장해 힙 안의 특정 요소에 임의로 접근 가능한 상태로 만들어서 그 키 값을 변경하는 방법입니다. 키 값을 변경한 후에는 힙 조건을 만족하도록 정리합니다. 힙을 정리해야 하므로 복잡도는 $O(\log|V|)$가 됩니다. 많은 책에서 이 방법을 소개하지만, 구현이 무척 복잡합니다.

그래서 힙 기능을 확장하지 않아도 실현할 수 있는 간단하고 쉬운 방법을 소개합니다. 그건 힙의 키 값 $d[v]$를 갱신하는 대신에 갱신 후의 $d[v]$ 값을 힙에 새로 삽입하는 방법입니다. 이때 힙에는 같은 꼭짓점 v에 대해 여러 종류의 요소 $(v, d_1[v])$, $(v, d_2[v])$가 존재할 수 있습니다.

하지만 힙에서 추출할 요소는 그중에서 $d[v]$ 값이 최소이자 최신인 것입니다. $d[v]$ 값이 오래된 요소는 쓰레기로 남을 뿐이므로 문제없습니다. 걱정되는 건 힙에 쓰레기 값이 넘쳐나면 복잡도가 늘어나지는 않을까라는 점입니다. 하지만 변을 완화하는 횟수는 $|E|$번이므로 힙 크기는 아무리 커도 $|E|$입니다. $|E| \leq |V|^2$에 의해 $\log|E| \leq 2\log|V|$이므로 힙 쿼리 처리에 필요한 복잡도는 결국 $O(\log|V|)$가 됩니다. 이상으로 쓰레기를 포함하는 힙을 사용해도 복잡도에 악영향이 없다는 것을 알 수 있습니다.

위 개선점을 더해서 다익스트라 알고리즘을 구현한 것이 코드 14-4입니다. 여기서 힙으로 C++ 표준 라이브러리 std::priority_queue를 사용합니다. std::priority_queue 기본 설정은 최댓값

---

6   10.7절에서 소개한 힙 구현은 힙 내부에서 특정 요소의 키 값을 변경하는 처리는 지원하지 않으므로 주의하길 바랍니다.

을 취득하므로 최솟값을 취득하도록 지정합니다. 또한, 힙에서 꼭짓점 v를 추출할 때 그 값이 쓰레기 값이라면 꼭짓점 v는 이미 사용이 끝난 상태입니다. 따라서 힙에서 꺼낸 요소가 쓰레기 값인지 여부를 판정하고, 쓰레기라면 꼭짓점 v를 시작점으로 하는 각 변의 완화를 생략합니다(60번째 줄).

그런데 다익스트라 알고리즘을 실현한 코드 14-4가 13.5절에서 구현한 너비 우선 탐색의 코드 13-3과 비슷하다고 느낄 수도 있습니다. 실제로 60번째 줄의 쓰레기 처리를 제외하면, 너비 우선 탐색에서 사용하는 std::queue를 std::priority_queue로 변경한 것과 코드가 동일합니다. 이건 다익스트라 알고리즘이 짧은 거리의 우선 탐색이라고 볼 수 있다는 의미입니다. 이러한 탐색을 최상 우선 탐색(best-first search)이라고 부르기도 합니다.

코드 14-4 힙을 사용한 다익스트라 알고리즘 구현

```
1    #include <iostream>
2    #include <vector>
3    #include <queue>
4    using namespace std;
5
6    // 무한대를 나타내는 값(여기서는 2^60)
7    const long long INF = 1LL << 60;
8
9    // 변을 나타내는 자료형. 가중치 자료형은 long long형
10   struct Edge {
11       int to; // 인접 꼭짓점 번호
12       long long w; // 가중치
13       Edge(int to, long long w) : to(to), w(w) {}
14   };
15
16   // 가중 그래프를 나타내는 자료형
17   using Graph = vector<vector<Edge>>;
18
19   // 완화를 실시하는 함수
20   template<class T> bool chmin(T& a, T b) {
21       if (a > b) {
22           a = b;
23           return true;
24       }
25       else return false;
26   }
27
28   int main() {
```

```
29      // 꼭짓점 개수, 변의 개수, 시작점
30      int N, M, s;
31      cin >> N >> M >> s;
32
33      // 그래프
34      Graph G(N);
35      for (int i = 0; i < M; ++i) {
36          int a, b, w;
37          cin >> a >> b >> w;
38          G[a].push_back(Edge(b, w));
39      }
40
41      // 다익스트라 알고리즘
42      vector<long long> dist(N, INF);
43      dist[s] = 0;
44
45      // (d[v], v) 쌍을 요소로 하는 힙을 작성
46      priority_queue<pair<long long, int>,
47                      vector<pair<long long, int>>,
48                      greater<pair<long long, int>>> que;
49      que.push(make_pair(dist[s], s));
50
51      // 다익스트라 알고리즘 반복을 시작
52      while (!que.empty()) {
53          // v: 미사용 꼭짓점 중 d[v]가 최소인 꼭짓점
54          // d: v에 대한 키 값
55          int v = que.top().second;
56          long long d = que.top().first;
57          que.pop();
58
59          // d > dist[v]는 (d, v)가 쓰레기라는 걸 의미함
60          if (d > dist[v]) continue;
61
62          // 꼭짓점 v를 시작점으로 하는 각 변을 완화
63          for (auto e : G[v]) {
64              if (chmin(dist[e.to], dist[v] + e.w)) {
65                  // 갱신이 있으면 힙에 새롭게 삽입
66                  que.push(make_pair(dist[e.to], e.to));
67              }
68          }
69      }
70
71      // 결과 출력
```

```
72      for (int v = 0; v < N; ++v) {
73          if (dist[v] < INF) cout << dist[v] << endl;
74          else cout << "INF" << endl;
75      }
76  }
```

14.7 모든 쌍의 최단 경로 문제: 플로이드-워셜 알고리즘

지금까지 검토한 최단 경로 문제는 모두 그래프의 한 꼭짓점 s에서 각 꼭짓점을 향한 최단 경로 길이를 구하는 단일 시작점 최단 경로 문제였습니다. 여기서는 조금 다르게 그래프에서 **모든 쌍의 최단 경로 문제**(all pair shortest path problem)를 생각해 봅시다.

모든 쌍의 최단 경로 문제를 동적 계획법에 기반해서 푸는 방법입니다. 여기서 소개하는 건 **플로이드-워셜**(Floyd-Warshall) **알고리즘**으로 복잡도는 $O(|V|^3)$입니다. 뜬금없어 보이겠지만, 부분 문제를 다음과 같이 정의합니다.

> **플로이드-워셜 알고리즘의 동적 계획법**
>
> $d[k][i][j]$ ← 꼭짓점 0, 1, ..., $k - 1$만 중계 꼭짓점으로 통과해도 된다고 할 때 꼭짓점 i에서 꼭짓점 j를 향한 최단 경로 길이

우선 초기 조건은 이렇게 나타냅니다.

$$d[0][i][j] = \begin{cases} 0 & (i = j) \\ l(e) & (\text{변 } e = (i, j)\text{가 존재}) \\ \infty & (\text{그 외}) \end{cases}$$

다음으로 dp$[k][i][j](i = 0, ..., |V| - 1, j = 0, ..., |v| - 1)$ 값을 사용해서 dp$[k + 1][i][j](i = 0, ..., |V| - 1, j = 0, ..., |V| - 1)$ 값을 갱신하는 걸 생각해 봅시다. 이건 다음의 두 경우를 살펴보면 해결할 수 있습니다(그림 14-12).

- 새롭게 사용 가능한 꼭짓점 k를 사용하지 않는 경우: $dp[k][i][j]$

- 새롭게 사용 가능한 꼭짓점 k를 사용하는 경우: $dp[k][i][k] + dp[k][k][j]$

두 선택지 중에서 값이 작은 쪽을 채택합니다. 그러면 다음과 같습니다.

$$dp[k + 1][i][j] = \min(dp[k][i][j],\ dp[k][i][k] + dp[k][k][j])$$

▼ 그림 14-12 플로이드-워셜 알고리즘의 갱신 모습

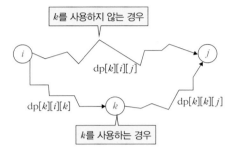

이 처리를 구현하면 코드 14-5와 같습니다. 여기서 실제로 배열 dp는 3차원일 필요가 없고 k에서 $k + 1$으로의 갱신을 in-place로 실현할 수 있습니다.

또한, 코드 14-5의 핵심 내용은 단 네 줄로 26~29번째 줄이며, 무척이나 간결하게 구현할 수 있다는 걸 알 수 있습니다.[7] 게다가 플로이드-워셜 알고리즘으로 음의 닫힌 경로가 존재하는지 여부를 판정할 수 있습니다. 만약 $dp[v][v] < 0$이 되는 꼭짓점 v가 존재하면 음의 닫힌 경로가 존재합니다.

코드 14-5 플로이드-워셜 알고리즘 구현

```
1   #include <iostream>
2   #include <vector>
3   using namespace std;
4
5   // 무한대를 나타내는 값
6   const long long INF = 1LL << 60;
7
8   int main() {
```

---

7 플로이드-워셜 알고리즘의 핵심 내용에서 for문 구조가 행렬곱 계산과 비슷하다고 느꼈을 수도 있습니다. 실제로 이 부분은 **트로피컬 선형 대수** 분야에서 어떤 종류의 행렬 제곱 계산을 실현한 것으로 볼 수 있습니다. 관심이 있다면, L. 패처(L. Pachter)와 B. 스텀펠스(B. Sturmfels)가 저술한 『Algebraic Statistics for Computational Biology』의 'Tropical arithmetic and dynamic programming' 절을 읽어 보길 바랍니다.

```
  9        // 꼭짓점 개수, 변의 개수
 10        int N, M;
 11        cin >> N >> M;
 12
 13        // dp 배열(INF로 초기화)
 14        vector<vector<long long>> dp(N, vector<long long>(N, INF));
 15
 16        // dp 초기 조건
 17        for (int e = 0; e < M; ++e) {
 18            int a, b;
 19            long long w;
 20            cin >> a >> b >> w;
 21            dp[a][b] = w;
 22        }
 23        for (int v = 0; v < N; ++v) dp[v][v] = 0;
 24
 25        // dp 전이(플로이드-워셜 알고리즘)
 26        for (int k = 0; k < N; ++k)
 27            for (int i = 0; i < N; ++i)
 28                for (int j = 0; j < N; ++j)
 29                    dp[i][j] = min(dp[i][j], dp[i][k] + dp[k][j]);
 30
 31        // 결과 출력
 32        // 만약 dp[v][v] < 0이라면 음의 닫힌 경로가 존재함
 33        bool exist_negative_cycle = false;
 34        for (int v = 0; v < N; ++v) {
 35            if (dp[v][v] < 0) exist_negative_cycle = true;
 36        }
 37        if (exist_negative_cycle) {
 38            cout << "NEGATIVE CYCLE" << endl;
 39        }
 40        else {
 41            for (int i = 0; i < N; ++i) {
 42                for (int j = 0; j < N; ++j) {
 43                    if (j) cout << " ";
 44                    if (dp[i][j] < INF/2) cout << dp[i][j];
 45                    else cout << "INF";
 46                }
 47                cout << endl;
 48            }
 49        }
 50 }
```

14.8 참고: 포텐셜과 차분 제약계(*)

최단 경로 알고리즘의 이론적인 배경에 관심 있는 독자를 위해 포텐셜 개념을 보충 설명합니다. 그림 14-4의 끈을 팽팽하게 당기는 문제를 떠올려 보세요. 각 노드 사이가 모두 팽팽하게 당겨져 있다고 확신할 수 없는 경우에 각 노드의 위치 관계로 가능성이 있는 것을 포텐셜이라고 부릅니다. 좀 더 정확하게는 각 꼭짓점 v에 대해 값 $p[v]$가 정해졌을 때 임의의 변 $e = (u, v)$에 대해 다음을 만족하는 p를 **포텐셜**(potential)이라고 합니다.

$$p[v] - p[u] \leq l(e)$$

그러면 포텐셜에 대해 다음 명제가 성립합니다. 이건 p를 포텐셜이라고 할 때 $p[v] - p[s]$의 최댓값을 구하는 문제가, s를 시작점으로 해서 v를 향한 최단 경로 길이를 구하는 문제의 **쌍대 문제**(dual problem)라는 걸 뜻합니다.[8]

최단 경로 문제의 최적성 증거

꼭짓점 s에서 꼭짓점 v를 향해 도달 가능하다고 할 때 다음이 성립한다.

$$d^*[v] = \max\{p[v] - p[s] | p\text{는 포텐셜}\}$$

쌍대성을 이용하면,

최대화 $x_t - x_s$

조건 $x_{v_1} - x_{u_1} \leq d_1$

           $x_{v_2} - x_{u_2} \leq d_2$

           ...

           $x_{v_m} - x_{u_m} \leq d_m$

이런 **차분 제약계**(system of difference constraints) 최적화 문제에 대한 적절한 그래프를 구축하고 나서 최단 경로 알고리즘을 적용하여 풀 수 있습니다.

---

8   이 책에서는 쌍대 문제의 정의를 생략하지만, 관심이 있다면 참고 문헌 [18], [22], [23]을 참조하길 바랍니다.

이 성질을 증명해 봅시다. 우선 시작점 s에서 꼭짓점 v를 향한 임의의 경로 P에 대해 다음이 성립합니다.

$$l(P) = \sum_{e:P의\ 변} l(e) \ = \sum_{e:P의\ 변} (p[e의\ 끝점] - p[e의\ 시작점]) = p[v] - p[s]$$

이는 임의의 경로 P, 포텐셜 p에 대해 성립하므로, P로 특히 꼭짓점 s에서 꼭짓점 v를 향한 최단 경로를 취하면 다음과 같습니다.

$$d^*[v] \geq \max\{p[v] - p[s] \,|\, p는\ 포텐셜\}$$

d^*는 그 자체가 포텐셜이므로 다음 식이 성립합니다.

$$d^*[v] = d^*[v] - d^*[s] \leq \max\{p[v] - p[s] \,|\, p는\ 포텐셜\}$$

이 내용을 합치면 다음과 같은 관계를 도출할 수 있습니다.

$$d^*[v] = \max\{p[v] - p[s] \,|\, p는\ 포텐셜\}$$

14.9 정리

ALGORITHM & DATA STRUCTURES

이 장에서는 그래프에서 최단 경로를 구하는 문제의 해법으로 잘 알려진 고전적인 방법을 정리했습니다. 그러면서 5장에서 설명한 동적 계획법, 7장에서 설명한 탐욕법, 13장에서 설명한 그래프 탐색, 10.7절에서 설명한 힙 등 지금까지 살펴본 이런저런 알고리즘 설계 기법과 자료 구조를 활용했습니다. 최단 경로 문제는 실제로 무척 유용한 문제일 뿐만 아니라 이론적으로도 중요한 위치를 차지하고 있습니다.

14.10 연습 문제

ALGORITHM & DATA STRUCTURES

14.1 닫힌 경로가 없는 유향 그래프 $G = (V, E)$가 주어졌을 때 G의 유향 패스 중에서 가장 긴 길

이를 $O(|V| + |E|)$로 구하는 알고리즘을 설계하라. (출처: AtCoder Educational DP Contest G – Longest Path, 난이도 ★★★)

14.2 가중 유향 그래프 $G = (V, E)$가 주어졌을 때 $V = \{0, 1, ..., N - 1\}$이라고 하자. 그래프 G의 꼭짓점 0에서 꼭짓점 $N - 1$에 도달할 때까지 가장 긴 경로 길이를 구하라. 다만, 끝없이 커질 때는 inf라고 출력한다. (출처: AtCoder Beginner Contest 061 D – Score Attack, 난이도 ★★★)

14.3 유향 그래프 $G = (V, E)$와 두 꼭짓점 $s, t \in V$가 주어졌을 때 s에서 t를 향해 갈 수 있는 패스 중에서 길이가 3의 배수인 것에 대해 최솟값을 구하라. (출처: AtCoder Beginner Contest 132 E – Hopscotch Addict, 난이도 ★★★)

14.4 다음과 같은 $H \times W$ 맵이 주어졌을 때 '.'은 통로, '#'은 벽을 의미한다. s에서 시작해 상하좌우로 이동하면서 g를 향한다. '.' 칸은 진행할 수 있지만, '#' 칸은 진행할 수 없다. '#' 칸을 몇 개 부수면 s에서 g로 갈 수 있다고 한다. 부셔야 하는 '#' 칸의 최솟값을 $O(HW)$로 구하는 알고리즘을 설계하라. (출처: AtCoder Regular Contest 005 C – 기물파손! 타카하시 군, 난이도 ★★★)

```
10 10
s.........
#########.
#.......#.
#..####.#.
##....#.#.
#####.#.#.
g##.#.#.#.
###.#.#.#.
###.#.#.#.
#.....#...
```

14.5 양의 정수 K가 주어졌다. K의 배수 중에서 십진법 표기로 각 자리 수의 합을 구했을 때 생각할 수 있는 최솟값을 $O(K)$로 구하는 알고리즘을 설계하라. (출처: AtCoder Regular Contest 084 D – Small Multiple, 난이도 ★★★★★)

15장

그래프(3): 최소 신장 트리 문제

이 장에서는 네트워크 설계의 기본적인 문제 중 하나인 최소 신장 트리 문제를 다룹니다. 최소 신장 트리 문제는 몇몇 통신 거점을 모두 통신용 케이블로 연결해서 모든 건물끼리 통신 가능하게 만들고 싶다고 할 때 이를 최소 비용으로 실현할 수 있는 방법을 묻는 것입니다.

이 장에서는 최소 신장 트리 문제를 푸는 알고리즘으로 크러스컬 알고리즘을 설명합니다. 이는 7장에서 설명한 탐욕법에 기반합니다. 7장에서 탐욕법으로 최적해를 도출할 수 있는 문제는 그 구조 자체에 좋은 성질을 내포할 가능성이 높다고 이야기했습니다. 최소 신장 트리 문제가 바로 그런 문제에 해당하며, 그 배경에 아주 심오하고 아름다운 이론을 가지고 있습니다. 이 장에서는 그 아름다운 구조의 한 단면을 소개하겠습니다.

15.1 최소 신장 트리 문제란?

연결 가중 무향 그래프 $G = (V, E)$를 생각해 봅시다. 이 장에서는 그래프의 각 변 e의 가중치를 $w(e)$라 하고, G의 부분 그래프이자 트리인 것 중에서 G의 모든 꼭짓점이 이어져 있는 것을 **신장 트리**(spanning tree)라 합니다. 신장 트리 T의 **가중치**는 신장 트리에 포함된 변 e의 가중치 $w(e)$의 총합으로 정의합니다. 이걸 $w(T)$라고 합니다.

이 장에서 설명하는 **최소 신장 트리 문제**는 가중치가 최소인 신장 트리를 구하는 문제입니다(그림 15-1). 이 문제는 N 지점을 케이블로 서로 이을 때 케이블을 최소한으로 사용해서 모든 지점을 연결하는 문제로도 볼 수 있습니다.

> **최소 신장 트리 문제**
>
> 연결 가중 무향 그래프 $G = (V, E)$가 주어졌을 때 G의 신장 트리 T의 가중치 $w(T)$가 될 수 있는 최솟값을 구하라.

예를 들어 그림 15-1의 그래프라면 답은 31입니다.

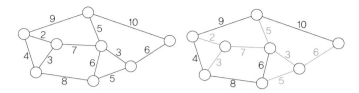

❤ 그림 15-1 최소 신장 트리 문제

15.2 크러스컬 알고리즘

최소 신장 트리 문제는 누구라도 금방 생각해낼 수 있는 단순한 탐욕법으로 최적해를 구합니다.
바로 **크러스컬 알고리즘**(Kruskal algorithm)이라고 부르는 방법입니다.[1]

> **최소 신장 트리를 구하는 크러스컬 알고리즘**
>
> 비어 있는 변 집합 T를 만든다.
>
> 각 변을 가중치가 작은 순서로 정렬해서 e_0, e_1, ..., e_{M-1}이라고 한다.
>
> 각 i = 0, 1, ..., $M - 1$에 대해,
>
> T에 변 e_i를 추가할 때 사이클이 형성된다면
>
>   변 e_i를 파기한다.
>
>   사이클이 형성되지 않으면
>
> T에 변 e_i를 추가한다.
>
> T가 구하고자 하는 최소 신장 트리다.

크러스컬 알고리즘의 동작을 살펴봅시다(그림 15-2).

---

1   최소 신장 트리를 구하는 알고리즘은 크러스컬 알고리즘 외에도 프림 알고리즘(Prim's algorithm) 등과 같이 다양하게 고안되어 있습니다.

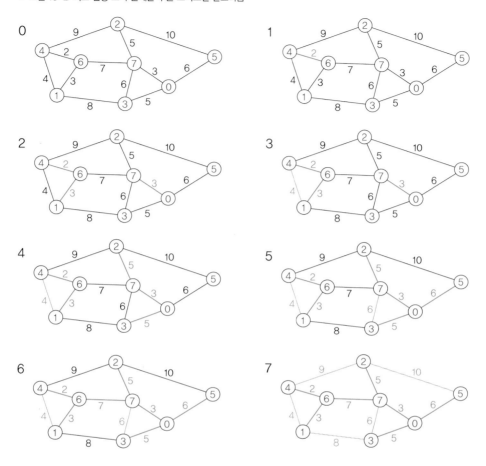

- 초기 상태: 변 집합 T를 빈 집합으로 만듭니다.

- 1단계: 가중치가 최소인 변(꼭짓점 4와 꼭짓점 6을 연결하는 변, 가중치 2)을 T에 추가합니다.

- 2단계: 두 번째로 가중치가 작은 변은 가중치가 3입니다. 가중치 3인 변은 두 개이고 모두 T에 추가합니다.

- 3단계: 그다음으로 가중치가 작은 변은 가중치 4(꼭짓점 1과 꼭짓점 4를 연결하는 변)입니다. 하지만 그 변을 T에 더하면 사이클이 형성되므로 파기합니다.

- 4단계: 그다음으로 가중치가 작은 변은 가중치 5입니다. 가중치 5인 변은 두 개이고 모두 T에 추가합니다.

- 5단계: 그다음으로 가중치가 작은 변은 가중치 6입니다. 가중치 6인 변은 두 개지만, 그중

하나(꼭짓점 0과 꼭짓점 5를 연결하는 변)는 T에 추가하고 다른 하나(꼭짓점 3과 꼭짓점 7을 연결하는 변)는 사이클이 형성되므로 파기합니다.

- 6단계: 그다음으로 가중치가 작은 변은 가중치 7입니다. 가중치 7인 변(꼭짓점 6과 꼭짓점 7을 연결하는 변)을 T에 추가합니다. 이 시점에 T는 최소 신장 트리가 됩니다.

- 7단계: 남은 변도 순서대로 살펴보지만, T에 추가하면 사이클이 형성되므로 파기합니다.

15.3 크러스컬 알고리즘 구현

크러스컬 알고리즘의 정확성 증명은 다음으로 미루고 먼저 크러스컬 알고리즘을 구현해 봅시다. 우선 그래프 G의 각 변을 변의 가중치가 작은 순서대로 정렬합니다. 그리고 변을 가중치가 작은 순서대로 T에 추가하는데, 새롭게 추가하려는 변 때문에 사이클이 형성되면 해당 변은 추가하지 않고 파기합니다.

구현할 때 11장에서 설명한 Union-Find를 사용하면 효율적으로 실현할 수 있습니다. Union-Find의 각 꼭짓점을 그래프 G의 각 꼭짓점에 대응시킵니다. 크러스컬 알고리즘 시작 시점에는 Union-Find의 각 꼭짓점이 단독으로 따로따로 그룹을 형성한 상태입니다.

새로운 변 $e = (u, v)$를 T에 추가할 때 꼭짓점 u, v에 대응하는 Union-Find 위의 두 꼭짓점 u', v'에 대해 병합 처리 unite(u', v')를 실시합니다. 또한, 새로운 변 $e = (u, v)$를 T에 추가함으로써 사이클이 형성되는지 여부를 u'와 v'가 같은 그룹에 속하는지 여부로 판정합니다. 지금까지 내용을 바탕으로 크러스컬 알고리즘은 코드 15-1처럼 구현합니다. 코드에서 사용하는 Union-Find는 11장에서 설명했으므로 생략합니다. 복잡도는 다음과 같으므로 전체는 $O(|E|\log|V|)$입니다.

- 변을 가중치가 작은 순서로 정렬하는 부분: $O(|E|\log|V|)$

- 각 변을 순서대로 처리하는 부분: $O(|E|\alpha(|V|))$

코드 15-1 크러스컬 알고리즘 구현

```
#include <iostream>
#include <vector>
#include <algorithm>
```

```cpp
using namespace std;

// Union-Find
struct UnionFind {
    vector<int> par, siz;

    // 초기화
    UnionFind(int n) : par(n, -1) , siz(n, 1) { }

    // 루트 구하기
    int root(int x) {
        if (par[x] == -1) return x; // x가 루트라면 x를 반환
        else return par[x] = root(par[x]);
    }

    // x와 y가 같은 그룹에 속하는지 여부(루트가 일치하는지 여부)
    bool issame(int x, int y) {
        return root(x) == root(y);
    }

    // x를 포함하는 그룹과 y를 포함하는 그룹 병합하기
    bool unite(int x, int y) {
        // x, y를 각각 루트까지 이동시킴
        x = root(x);
        y = root(y);

        // 이미 같은 그룹이라면 아무것도 안함
        if (x == y) return false;

        // union by size(y 쪽 크기가 작아지도록 만듦)
        if (siz[x] < siz[y]) swap(x, y);

        // y를 x의 자식으로 만듦
        par[y] = x;
        siz[x] += siz[y];
        return true;
    }

    // x를 포함하는 그룹 크기
    int size(int x) {
        return siz[root(x)];
    }
};
```

```cpp
// 변 e = (u, v)를 {w(e), {u, v}}로 표현함
using Edge = pair<int, pair<int,int>>;

int main() {
    // 입력
    int N, M; // 꼭짓점 개수와 변의 개수
    cin >> N >> M;
    vector<Edge> edges(M); // 변 집합
    for (int i = 0; i < M; ++i) {
        int u, v, w; // w는 가중치
        cin >> u >> v >> w;
        edges[i] = Edge(w, make_pair(u, v));
    }

    // 각 변을 변의 가중치가 작은 순서로 정렬
    // pair는 기본값으로(첫 번째 요소, 두 번째 요소) 사전순으로 비교
    sort(edges.begin(), edges.end());

    // 크러스컬 알고리즘
    long long res = 0;
    UnionFind uf(N);
    for (int i = 0; i < M; ++i) {
        int w = edges[i].first;
        int u = edges[i].second.first;
        int v = edges[i].second.second;

        // 변 (u, v) 추가로 사이클이 형성되면 추가하지 않음
        if (uf.issame(u, v)) continue;

        // 변 (u, v)를 추가하기
        res += w;
        uf.unite(u, v);
    }
    cout << res << endl;
}
```

15.4 신장 트리 구조

크러스컬 알고리즘은 자연스런 탐욕법에 기반한 알고리즘이지만, 최적해를 구할 수 있는 이유가 아직 확실하지 않습니다. 이제 크러스컬 알고리즘의 정확성을 증명해 봅시다. 크러스컬 알고리즘의 정확성을 확인하기 전에 우선 신장 트리 구조부터 살펴봅니다.

15.4.1 컷

우선 그래프의 **컷**(cut)을 정의합니다. 그래프 $G = (V, E)$의 컷[2]이란 꼭짓점 집합 V를 서로 다른 집합 (X, Y)로 분할하는 것을 말합니다. 단 X, Y는 둘 다 공집합이 될 수 없습니다. 또한, $X \cup Y = V$, $X \cap Y = \varnothing$을 만족해야 합니다. X에 포함된 꼭짓점과 Y에 포함된 꼭짓점을 연결하는 변을 **컷 변**(cut edge)이라 부르고[3] 컷 변 전체 집합을 **컷 집합**(cut set)이라 합니다(그림 15-3).

▼ 그림 15-3 그래프의 컷과 컷 변

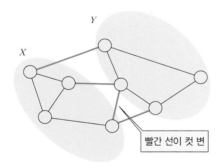

15.4.2 **기본 사이클**

연결 무향 그래프 $G = (V, E)$의 신장 트리를 하나 골라서 T라고 합시다. 여기서 T에 포함되지 않은 변 e를 하나 고르면 e와 T 사이에 사이클이 형성됩니다. 이것을 T와 e에 관한 **기본 사이클**이라고 부르겠습니다(그림 15-4).

---

2   컷은 유향 그래프, 무향 그래프 모두 정의할 수 있습니다.

3   유향 그래프라면 X 쪽 꼭짓점을 시작점, Y 쪽 꼭짓점을 끝점으로 하는 변으로 정의합니다.

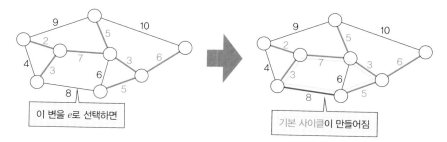

▼ 그림 15-4 신장 트리 기본 사이클

이 변을 e로 선택하면

기본 사이클이 만들어짐

▼ 그림 15-5 신장 트리의 미세 변형

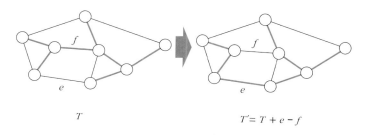

T

$T' = T + e - f$

이때 그림 15-5처럼 기본 사이클 위에 있는 변 $f(\neq e)$를 하나 골라서,

$$T' = T + e - f$$

이렇게 하면 T'는 새로운 신장 트리가 되므로 주의합시다. 최소 신장 트리에 대해서는 다음 성질을 도출할 수 있습니다.

> **최소 신장 트리의 기본 사이클에 관한 성질**
>
> 연결 가중 무향 그래프 G에서 T를 최소 신장 트리라고 하자. T에 포함되지 않은 변 e를 하나 고르고 T와 e에 관한 기본 사이클을 C라 한다. 이때 C에 포함된 변 중에서 변 e는 가중치가 최대인 변이 된다.

C에 포함된 e 이외의 임의의 변을 f라고 합시다. 이때 $T' = T + e - f$도 신장 트리가 됩니다. T가 최소 신장 트리이므로 다음이 성립합니다.

$$w(T) \leq w(T') = w(T) + w(e) - w(f)$$

이상으로 $w(e) \geq w(f)$임을 도출했습니다.

15.4.3 기본 컷 집합

T에 포함된 변 e를 하나 고르고, T에서 e를 제외하고 만들어진 분할된 두 부분 트리의 꼭짓점 집합을 X, Y라 합시다. (X, Y)가 컷이므로 컷 집합을 생각해 볼 수 있습니다. 이것을 T와 e에 관한 **기본 컷 집합**이라고 부릅니다(그림 15-6).

기본 컷 집합에서도 기본 사이클과 같은 성질을 도출할 수 있습니다.

❤ 그림 15-6 신장 트리의 기본 컷 집합

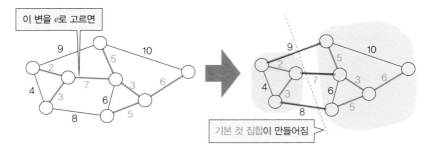

우선 기본 컷 집합에서 변 $f(\neq e)$를 하나 골라 $T' = T - e + f$라고 하면 T'도 신장 트리가 됩니다. 따라서 다음 성질을 도출할 수 있습니다. 이에 대한 증명은 연습 문제 15.1로 출제했습니다.

> **최소 신장 트리의 기본 컷 집합에 관한 성질**
>
> 연결 가중 무향 그래프 G에서 T를 최소 신장 트리라고 하자. T에 포함된 변 e를 하나 고르고 T, e에 관한 기본 컷 집합을 C라 한다. 이때 C에 포함된 변 중에서 변 e는 가중치가 최소인 변이 된다.

ALGORITHM & DATA STRUCTURES

15.5 크러스컬 알고리즘의 정확성(*)

지금까지 논의한 신장 트리 성질을 바탕으로 크러스컬 알고리즘의 정확성을 증명해 봅시다. 다음과 같은 성질을 나타내는데, 이는 최소 신장 트리의 최적성을 알기 쉬운 조건으로 바꿔 본 것입니다.

> **최소 신장 트리의 최적성 조건**
>
> 연결 가중 무향 그래프 $G = (V, E)$가 주어졌을 때 G의 신장 트리 T에 대해 다음 두 조건은 동치다.[4]
>
> > A: T는 최소 신장 트리다.
> >
> > B: T에 포함되지 않는 임의의 변 e에 대해 T와 e에 관한 기본 사이클에서 e의 가중치는 최대다.
>
> 특히 크러스컬 알고리즘으로 구한 신장 트리는 조건 B를 만족하므로 최소 신장 트리가 된다.

조건 B는 신장 트리 T를 조금 변형해서 만든 신장 트리 T'의 가중치가 T보다 크다는 것을 의미합니다. 즉, 신장 트리 전체를 정의역으로 하는 가중치 함수의 최솟값을 구하고 싶은 문제에서 T는 그 가중치 함수의 골짜기라는 상태를 나타냅니다. 이러한 국소적인 최적해를 **국소 최적해**(local optimal solution)라고 합니다. 국소 최적해는 일반적으로 전체의 최적해가 아닐 수 있습니다. 그림 15-7처럼 진짜 최적해는 다른 장소에 있기도 합니다. 한편, 최소 신장 트리의 최적성 조건에 관한 위의 명제는 최소 신장 트리 문제에 있어 국소 최적해가 전체에서도 최적해라는 것을 주장합니다.[5]

▼ 그림 15-7 국소 최적해 모습

조건 B는 신장 트리 T가 골짜기에 있는 걸 의미해.

하지만 진짜 최적해는 다른 장소에 있을 가능성도 있음

---

4 T에 포함된 임의의 변 e에 대해 'T와 e에 관련된 기본 컷 집합에서 e의 가중치는 최소다'라는 조건도 동치입니다.
5 볼록 해석을 알고 있다면 신장 트리의 이런 성질에서 이산 볼록성의 일면을 느낄 수 있을 것입니다.

A ⇒ B에 대해서는 이미 살펴본 대로입니다. 그럼 B ⇒ A가 성립한다는 걸 증명해 봅시다. 따라서 신장 트리에 관한 다음 성질을 증명합니다.

신장 트리 사이의 변 교환

연결 가중 무향 그래프 $G = (V, E)$에서 서로 다른 두 신장 트리를 S, T라고 하자. 그리고 S에는 포함되지만 T에는 포함되지 않는 변 e를 하나 고른다. 이때 T에 포함되지만 S에는 포함되지 않는 변 f가 존재하고 $S' = S - e + f$도 신장 트리가 된다.

그림 15-8처럼 다음의 양쪽에 포함된 변은 두 개입니다.

- S, e에 관한 기본 컷 집합
- T, e에 관한 기본 사이클

그중 하나는 변 e입니다. 또 다른 하나를 변 f라고 합시다. 이때 $f \notin S, f \in T$를 만족하고 $S' = S - e + f$도 신장 트리가 됩니다.[6]

이러한 신장 트리 사이의 변 교환에 관한 명제는 다음을 의미합니다.

▼ 그림 15-8 신장 트리 사이의 변 교환

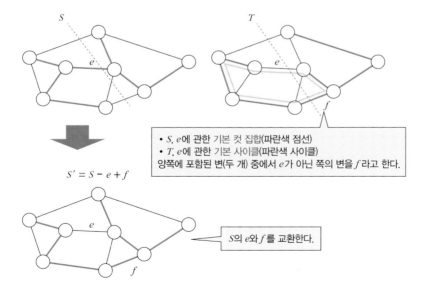

- S, e에 관한 기본 컷 집합(파란색 점선)
- T, e에 관한 기본 사이클(파란색 사이클)
양쪽에 포함된 변(두 개) 중에서 e가 아닌 쪽의 변을 f라고 한다.

$S' = S - e + f$

S의 e와 f를 교환한다.

---

6 동시에 $T + e - f$도 신장 트리가 됩니다.

T가 어떤 신장 트리라고 할 때 임의의 신장 트리 S를 조금 변형해서 S'로 만들면 T에 근접시킬 수 있습니다. 구체적으로는 T에는 포함되지만 S에는 포함되지 않는 변의 개수(이후 S와 T 사이의 거리라고 부릅니다)가 1만큼 감소합니다. 이 값이 최종적으로 0이 될 때 $S = T$가 됩니다.

이런 성질을 사용해서 최소 신장 트리의 최적성 조건으로 돌아간 후 B $\Rightarrow$ A를 증명해 봅시다. T가 조건 B를 만족하는 신장 트리라고 할 때 임의의 신장 트리 S에 대해 $w(T) \leq w(S)$가 성립하는 걸 보이겠습니다. 신장 트리 S, T에 대해 신장 트리 사이의 변 교환에 관한 명제에서 본 것처럼 변 e, f를 골라서 $S' = S - e + f$를 합니다. 변 f가 T, e에 관한 기본 사이클의 변이므로 조건 B에 의해 다음 관계가 성립합니다.

$$w(f) \leq w(e)$$

따라서,

$$w(S') = w(S) - w(e) + w(f) \leq w(S)$$

이렇게 됩니다. 여기서 S'와 T 사이의 거리는 S와 T 사이의 거리보다 작다는 점에 주목합시다. S'와 T에 대해 같은 작업을 반복하면 T로 수렴되는 신장 트리 나열 S, S', S'', ..., T를 얻을 수 있습니다. 이에 대해 다음이 성립합니다.

$$w(S) \geq w(S') \geq w(S'') \geq ... \geq w(T)$$

이상으로 신장 트리 T가 조건 B를 만족할 때 임의의 신장 트리 S에 대해 $w(T) \leq w(S)$를 만족함을 증명했습니다.

마지막으로, 이 장에서 고찰한 최소 신장 트리 문제는 무척이나 심오한 이론적 배경이 있으므로 소개합니다. 지금까지 해온 논의는 **매트로이드**(matroid)로 일반화할 수 있습니다. 매트로이드는 이산적인 볼록 집합을 나타낸다고 생각해 볼 수 있습니다. 매트로이드 개념을 더욱 확장한 **M 볼록 집합**(M-convex set)도 가능합니다. 관심이 있다면, 참고 문헌 [18] 등을 통해 **이산 볼록 분석**(discrete convex analysis)을 공부해 보길 바랍니다.

15.6 정리

이 장에서는 네트워크 설계에서 가장 기본적인 문제 중 하나인 최소 신장 트리 문제를 풀어 봤습니다. 최소 신장 트리 문제를 푸는 크러스컬 알고리즘은 7장에서 설명한 탐욕법에 기반한 것이며, 11장에서 등장한 Union-Find를 효과적으로 활용했습니다.

최소 신장 트리 문제는 단순한 그래프 관련 문제에 그치지 않으며, 그 배경에는 무척 심오하고 아름다운 이론이 자리 잡고 있습니다. 최소 신장 트리의 최적성 조건을 신장 트리의 국소적인 성질만 사용해서 서술할 수 있다는 건 최소 신장 트리 문제 구조의 풍부함을 분명히 보여줍니다. 다음 장에서 설명하는 네트워크 흐름 이론도 배후에 심오하고 아름다운 이론이 존재합니다.

15.7 연습 문제

15.1 15.4.3절에서 소개한 최소 신장 트리의 기본 컷 집합에 관한 성질을 증명하라. (난이도 ★★)

15.2 연결 가중 무향 그래프 $G = (V, E)$가 주어졌을 때 G의 신장 트리 중에서 신장 트리에 포함된 변의 가중치의 중앙값 중에서 최솟값을 $O(|E|\log|V|)$로 구하는 알고리즘을 설계하라. (출처: JAG Practice Contest for ACM-ICPC Asia Regional 2012 C- Median Tree, 난이도 ★★★★)

15.3 연결 가중 무향 그래프 $G = (V, E)$가 주어졌을 때 G의 최소 신장 트리는 여러 개 존재할 수 있다. 그중에 어느 최소 신장 트리에서도 반드시 포함되는 변을 모두 구하는 알고리즘을 설계하라. 복잡도는 $O(|V||E|\alpha(|V|))$ 정도를 허용한다. (출처: ACM-ICPC Asia 2014 F − There is No Alternative, 난이도 ★★★★)

16^장

그래프(4): 네트워크 흐름

드디어 네트워크 흐름 이론을 설명합니다. 네트워크 흐름 이론은 풀이가 아름다운 문제의 대표격으로 그래프 알고리즘 중에서도 특히 유려하고 선명한 체계가 존재하며, 이 책의 핵심이라고 볼 수 있습니다. 네트워크 흐름 이론은 수송 네트워크의 트래픽을 관리하는 문제를 계기로 발전했는데 다양한 분야에도 응용되어 풍부한 성과를 내왔습니다. 이 장에서는 그 일부를 소개합니다.

16.1 / 네트워크 흐름을 배우는 의의

네트워크 흐름(network flow)(네트워크 유량)과 관련된 문제는 '효율 좋게 다항식 시간으로 풀 수 있는 문제'를 상징합니다. 17장에서 설명하겠지만, 이 세상에는 다항식 시간으로 풀 수 없는 문제가 많습니다. 그중에 고효율로 풀리는 문제가 있다면, 눈부시게 빛나는 흥미 깊은 성질과 구조가 숨어 있는 게 분명합니다. 네트워크 흐름에는 그러한 흥미로운 구조가 응축되어 있습니다. 그리고 연결도(16.2절), 이중 매칭(16.5절), 프로젝트 선택(16.7절) 등과 같이 다채롭게 응용됩니다. 실제 업무에서 발생하는 문제는 네트워크 흐름으로 공식화하면 풀 수 있을 것 같아도 특수한 제약 조건 때문에 풀 수 없는 문제도 많습니다. 하지만 네트워크 흐름은 어느 정도의 제약 조건이라면 표현할 수 있는 유연성을 가지고 있으며, 응용 영역도 풍부합니다. 야구에서 타자가 치기 쉬운 공을 놓치지 않는 것처럼, 알고리즘 설계자라면 네트워크 흐름으로 효율 좋게 풀 수 있는 문제를 놓치면 아쉽겠지요.

이 장에서는 **최대 흐름 문제**(max-flow problem)(최대 유량 문제)와 **최소 컷 문제**(min-cut problem)를 중심으로 설명합니다. 이 장에서는 유향 그래프를 대상으로 설명하며, 무향 그래프 예는 생략하지만 유향 그래프와 같은 방식으로 적용할 수 있습니다.

16.2 / 그래프 연결도

최대 흐름 문제를 다루기 전에 그래프 연결도 관련 문제를 생각해 봅시다. 이건 최대 흐름 문제에서 각 변의 용량을 1로 설정한 특수 케이스라고 볼 수 있습니다(용량은 16.3절에서 다시 설명합니다).

16.2.1 변 연결도

그림 16-1의 왼쪽 그래프에서 꼭짓점 s에서 꼭짓점 t에 대해 서로 변을 공유하지 않는 s-t 패스는 최대 몇 개 있을까요? 답은 그림 16-1의 오른쪽 그래프처럼 두 개입니다. 이 값을 그래프의 두 꼭짓점 s, t에 관한 **변 연결도**(edge-connectivity)라고 합니다. 변 연결도는 그래프 네트워크의 강건성(robustness)[1]을 평가하는 지표로 예전부터 활발히 연구되어 왔습니다. 또한, 서로 변을 공유하지 않으면 **변 서로소**(edge-disjoint)라고 합니다.

▼ 그림 16-1 변 연결도를 구하는 문제. 이 그래프의 답은 2다.

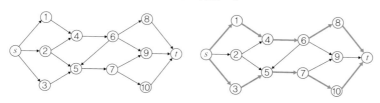

최대 두 개

그러면 왜 그림 16-1 그래프는 s-t 사이의 변 연결도가 2가 될까요? 직감적으로는 분명하지만 증거를 찾아봅시다. 여기서는 그림 16-2처럼 꼭짓점 집합 $S = \{s, 1, 2, 3, 4, 5\}$에서 나가는 변이 두 개뿐이라는 것이 증거입니다. 모든 s-t 패스는 꼭짓점 집합 S를 빠져나와야 하므로 두 개보다 많은 변 서로소인 s-t 패스를 만들 수 없습니다.

그리고 꼭짓점 집합 V를 분할한 부분 집합 (S, T)를 **컷**(cut)이라 하고 S 쪽에 시작점, T 쪽에 끝점이 있는 변 집합을 컷 (S, T)에 관한 **컷 집합**(cut set)이라 합니다(그림 16-2).[2] 또한, 컷 (S, T)의 **용량**(capacity)을 컷 집합에 포함되는 변의 개수로 정의하고 $c(S, T)$라 표현합니다.

▼ 그림 16-2 꼭짓점 집합 S = {s, 1, 2, 3, 4, 5}와 T = V − S에 관한 컷 집합은 {(4, 6), (5, 7)}이다. c(S, T) = 2가 s-t 패스를 두 개보다 늘리는 게 불가능하다는 증거다. 그리고 변 (6, 5)는 변의 방향이 반대이므로 컷 집합 (S, T)에는 포함되지 않으므로 주의하길 바란다.

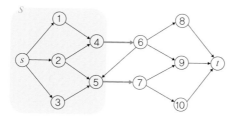

---

1 〔역주〕 구조적으로 튼튼하고 건강한 정도를 의미합니다. 변화가 있더라도 영향받는 정도가 낮으면 강건성이 높다고 합니다.
2 컷은 15.4절에도 등장합니다.

16.2.2 최소 컷 문제

그림 16-1 그래프에서는 최대 개수인 걸로 보이는 변 서로소인 s–t 패스 집합에 대해 실제로 최대 개수를 달성했다는 증거가 되는 컷 집합을 쉽게 찾았습니다. 일반 그래프에서도 최대 개수로 보이는 변 서로소인 s–t 패스 집합에서 손쉽게 증거가 되는 컷 집합을 찾을 수 있을까요? 이런 의문에서 다음과 같은 **최소 컷 문제**(min-cut problem)를 생각해 볼 수 있습니다. 여기서 $s \in S$, $t \in T$를 만족하는 컷 (S, T)는 특별히 **s–t 컷**이라고 부릅니다.

최소 컷 문제(변의 용량이 1인 경우)

유향 그래프 $G = (V, E)$와 두 꼭짓점 $s, t \in V$가 주어졌을 때 s–t 컷 중에서 용량이 최소인 것을 구하라.

최소 컷 문제는 그래프 G에서 가능한 한 적은 개수의 변을 제거해 s–t 사이를 분리하는 문제입니다. 다음은 비교적 분명하게 알 수 있습니다.

변 연결도에 관한 문제의 약 쌍대성

변 서로소인 s–t 패스의 최대 개수 $\leq$ s–t 컷의 최소 용량

이 성질은 임의의 변 서로소인 s–t 패스 집합(k개)에 대해 임의의 s–t 컷 (S, T)를 생각할 때 $c(S, T) \geq k$가 되는지 보이면 증명할 수 있습니다. 그림 16-3처럼 s–t 컷 (S, T)를 k개의 변 서로소인 s–t 패스가 가로지르므로 s–t 컷 (S, T)에 포함된 변은 적어도 k개 이상입니다. 따라서 $c(S, T) \geq k$가 성립합니다.

▼ 그림 16-3 k개의 변 서로소인 s–t 패스가 있을 때 패스를 따라 S에서 나가는 변은 적어도 k개 이상 있다. 예를 들어 왼쪽 그림은 s–t 패스가 두 개 있고 각각 S에서 한 번씩 나간다. 그 외에 S에서 나가는 변이 두 개 있고 합계로 네 개가 나가므로 용량은 $c(S, T) = 4$다. 또한, 오른쪽 그림에서 s–t 패스는 한 개뿐이지만 S에서 두 번 빠져나간다. 그 외에 S에서 나가는 변이 없으므로 $c(S, T) = 2$가 된다.

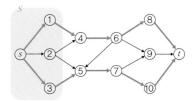

s–t 패스가 두 개 있고 $S = \{s, 1, 2, 3\}$에서 나가는 변은 적어도 두 개 존재함 (실제로는 네 개고 $c(S, T) = 4$임)

s–t 패스는 한 개이지만 한 개의 패스로 인해 2회 이상 S에서 밖으로 나가기도 함 (실제로는 $c(S, T) = 2$임)

이런 성질을 **약 쌍대성**(weak duality)이라고 합니다. 약 쌍대성은 다음을 의미하는데, k개의 변 서로소인 $s-t$ 패스 집합이 있을 때 만약 어떤 $s-t$ 컷이 존재하고 그 용량이 바로 k라면 다음이 성립합니다.

- 변 서로소인 $s-t$ 패스의 최대 개수 = k
- $s-t$ 컷의 최소 용량 = k

즉, 이 경우라면 실제로 얻은 k개의 변 서로소인 $s-t$ 패스로 만든 집합이 생각해 볼 수 있는 최대 크기가 된다는 것이 확정입니다. 게다가 변 서로소인 $s-t$ 패스의 최대 개수와 $s-t$ 컷의 최소 용량이 일치하는 걸 알 수 있습니다. 사실, 이건 임의의 그래프에서 성립합니다. 이러한 성질을 **강 쌍대성**(strong duality)이라고 합니다. 변 연결도를 구하는 문제와 최소 컷 문제는 서로 **쌍대 문제**[3]입니다.

> **변 연결도에 관한 문제의 강 쌍대성**
>
> 변 서로소인 $s-t$ 패스의 최대 개수 = $s-t$ 컷의 최소 용량

이 정리는 1956년 포드-풀커슨(Ford–Fulkerson)이 일반 최대 흐름 문제에 대한 해법을 고안하기 훨씬 이전인 1927년에 멩거(Menger)가 증명했습니다. 다음 절에서 멩거의 정리를 증명하고, 실제로 변 서로소인 $s-t$ 패스 집합의 최대 개수를 구하는 알고리즘을 살펴봅시다.

16.2.3 변 연결도를 구하는 알고리즘과 강 쌍대성 증명

그러면 실제로 유향 그래프 $G = (V, E)$와 두 꼭짓점 $s, t \in V$가 주어졌을 때 변 서로소인 $s-t$ 패스의 최대 개수를 구하는 알고리즘을 생각해 봅시다. 여기서 설명하는 건 16.4절에서 구현하는 포드-풀커슨 알고리즘을 각 변의 용량이 1인 그래프에 적용한 것으로 볼 수 있습니다.

실은 변 서로소인 $s-t$ 패스의 최대 개수는 $s-t$ 패스를 더 이상 추가로 취할 수 없을 때까지 계속 반복하는 탐욕법에 기반한 알고리즘으로 구할 수 있습니다. $s-t$ 패스를 더 이상 취할 수 없는 시점에 알고리즘 동작은 정지하고 최대 개수가 됩니다. 최대 개수가 되었음을 보증하는 데 앞에서 본 최소 컷 문제와의 쌍대성을 활용합니다.

하지만 '이렇게 단순한 탐욕법으로 정말 괜찮을까'라는 의문이 듭니다. 예를 들어 그림 16–4의 왼

---

3   14.8절에서 소개했지만, 최단 경로 문제와 포텐셜에 관한 문제 사이에도 강 쌍대성이 성립합니다.

쪽 그래프처럼 $s-t$ 패스를 취하면 더 이상 추가할 $s-t$ 패스가 없어 보입니다. 하지만 그림 16-4의 오른쪽 그림처럼 이미 존재하는 $s-t$ 패스의 반대 방향(역류)으로 패스를 취하면 $s-t$ 패스가 늘어납니다. 패스가 양방향으로 통과하는 변은 서로 상쇄한다고 볼 수 있습니다. 이렇듯 이미 존재하는 $s-t$ 패스로 사용된 변에 역류를 허용해서 새롭게 추가 가능한 $s-t$ 패스를 **증가 패스**(augmenting path)라고 부릅니다.

▼ 그림 16-4 왼쪽 $s-t$ 패스에 대해 오른쪽 위의 파란색 패스가 증가 패스가 된다. 꼭짓점 5, 6을 잇는 부분이 상쇄되어 결과적으로 두 개의 s-t 패스가 남는다.

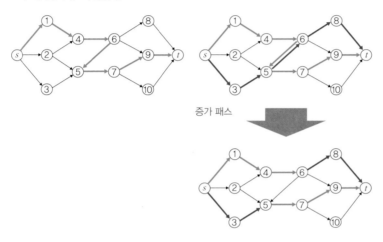

증가 패스

▼ 그림 16-5 잔여 그래프 작성법. 잔여 그래프에서 그림 16-4에 표시한 증가 패스에 대응하는 s-t 패스($s→3→5→6→8→t$)를 취할 수 있으므로 주의해야 한다.

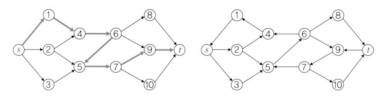

왼쪽 그림 $s-t$ 패스에 관한 잔여 그래프
(변 5→6을 진행하므로 주의)

증가 패스를 파악할 때 **잔여 그래프**(residual graph)를 염두에 두면 좋습니다. 그림 16-5처럼 $s-t$ 패스를 취했을 때 이 패스에 있는 모든 변이 역방향으로 이어진 새로운 그래프를 생각해 봅시다. 이를 잔여 그래프라고 부릅니다. 그리고 잔여 그래프에서 $s-t$ 패스가 없어질 때까지 $s-t$ 패스를 계속 취합니다. 잔여 그래프에서 $s-t$ 패스가 없어지면 최대 개수에 도달했다고 할 수 있습니다(나중에 설명합니다). 정리하면, 그래프 G의 변 서로소인 $s-t$ 패스의 최대 개수를 구하는 알고리즘은 다음과 같이 작성합니다. 구체적인 구현 방법은 16.4절에서 일반적인 변 용량을 가진 그래프에 대한 포드–풀커슨 알고리즘을 다룰 때 살펴봅니다.

두 꼭짓점 s–t 사이의 변 연결도를 구하는 알고리즘

패스 개수를 나타내는 변수 f를 $f \leftarrow 0$으로 초기화한다.

잔여 그래프 G'를 원본 그래프 G로 초기화한다.

while G'에 의해 $s-t$ 패스 P가 존재하면,

  f를 1 증가시킨다.

  G'를 P에 관한 잔여 그래프로 갱신한다.

f가 구하려는 변 연결도다.

알고리즘을 종료할 때 k개의 변 서로소인 $s-t$ 패스 P_1, P_2, ..., P_k를 얻게 되므로 그걸 바탕으로 용량 k의 컷을 구성할 수 있다는 것을 나타냅니다. 그러면 변 서로소인 $s-t$ 패스의 최대 개수가 k임이 확정입니다. 그림 16–6처럼 잔여 그래프 G'에 있어 s에서 도달 가능한 꼭짓점 집합을 S라 하고 $T = V - S$라 합시다. G' 위에 $S-t$ 패스가 존재하지 않으므로 $s \in S$, $t \in T$가 됩니다. 또한, 원래 그래프 G와 S에 관해 다음이 성립합니다.

▼ 그림 16–6 왼쪽 위 그림에서 s–t 패스는 두 개가 최대 개수라는 것을 증명한다. 잔여 그래프 G'에 있어 s에서 도달 가능한 꼭짓점 집합을 S라고 한다. 꼭짓점 1, 3도 꼭짓점 4, 5를 경유해 도달 가능하므로 주의하길 바란다. 이때 원래 그래프 G에서 c(S, T) = 2가 된다.

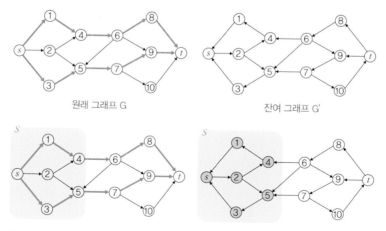

원래 그래프 G에서 S에 관한 컷 집합을 생각해 보면
• S에서 나가는 변은 모두 $s-t$ 패스에 포함됩니다.
• S로 들어오는 변은 모두 $s-t$ 패스에 포함되지 않습니다.

잔여 그래프 G'에 있어 s에서
도달 가능한 꼭짓점 집합을 S라고 합니다.

- 원래 그래프 G에 있어 S에서 나가는 임의의 변 $e = (u, v)(u \in S, v \in T)$는 k개의 $s-t$ 패스 $P_1, P_2, ..., P_k$ 중에 포함됩니다(그렇지 않으면 v도 잔여 그래프에서 꼭짓점 s로부터 도달 가능하므로 $v \in T$와 모순입니다).

- 원래 그래프 G에 있어 S를 향해 들어가는 임의의 변 $e = (u, v)(u \in T, v \in S)$는 어느 $s-t$ 패스 $P_1, P_2, ..., P_k$ 중에도 포함되지 않습니다(그렇지 않으면 잔여 그래프에서 변 e 방향은 반대이므로 꼭짓점 u도 꼭짓점 s에서 도달 가능해 $u \in T$와 모순입니다).

이상으로 $u \in S$, $v \in T$인 변 $e = (u, v)$는 각각 $P_1, P_2, ..., P_k$와 일대일로 대응하므로 $c(S, T) = k$가 됩니다. 이건 해당 알고리즘을 종료할 때 얻은 k개의 변 서로소인 $s-t$ 패스 $P_1, P_2, ..., P_k$가 최대 개수가 된다는 의미입니다.

마지막으로, 이런 알고리즘은 반복 횟수가 유한하다는 점에 주의하길 바랍니다. 1회 반복으로 변 서로소인 $s-t$ 패스 개수가 하나씩 늘어나므로, 변 서로소인 $s-t$ 패스의 최대 개수를 k라고 할 때 k번 반복하면 종료합니다. 또한, k는 아무리 커도 $O(|V|)$ 이내입니다(꼭짓점 s에서 나가는 변의 개수는 아무리 많아도 $|V| - 1$개입니다). 각 반복에서 $s-t$ 패스를 찾는 처리는 $O(|E|)$이므로 전체 복잡도는 $O(|V||E|)$입니다.

16.3 최대 흐름 문제와 최소 컷 문제

16.3.1 최대 흐름 문제란?

앞 절에서는 유향 그래프 $G = (V, E)$와 두 꼭짓점 s, $t \in V$에 대해 최대 개수의 변 서로소인 $s-t$ 패스를 구하는 알고리즘을 봤습니다. 이 절에서는 드디어 각 변 e가 **용량**(capacity) $c(e)$를 가지는 일반적인 경우의 최대 흐름 문제를 생각해 봅니다.

최대 흐름 문제(최대 유량 문제)는 예를 들어 그림 16-7처럼 물류 라인에서, 공급지인 s 지점에서 목적지인 t 지점으로 물건을 가능한 한 많이 보내는 방법을 생각하는 문제입니다. 다만, 각 변 e에는 옮길 수 있는 상한값인 용량 $c(e)$가 정해져 있습니다($c(e)$는 정수). 예를 들어 꼭짓점 1에서 꼭짓점 3으로 37만큼 유량을 옮길 수 있지만, 꼭짓점 1에서 꼭짓점 2로는 4만큼만 옮길 수 있습니다. 또한, 꼭짓점 s, t 이외의 꼭짓점에서는 물류가 멈추는 일 없이 계속 흘러야 합니다. 예를 들어 꼭짓점 3을 보면, 꼭짓점 s와 꼭짓점 1에서 합계 f의 유량이 흘러 들어올 경우 꼭짓점 2와 꼭짓점 4를 향해 합계 f만큼 흘려 보내야 합니다.

이런 제약이 있을 때 꼭짓점 s에서 꼭짓점 t로 얼마나 많은 유량을 최대로 보낼 수 있을까요? 답은 그림 16-7의 오른쪽 그림처럼 9입니다. 그리고 각 변 e에는 유량을 나타내는 값 $x(e)$가 있고, 다음 조건을 만족할 때 x를 **흐름**(flow) 또는 **허용 흐름**이라고 부릅니다.

- 임의의 변 e에 대해 $0 \leq x(e) \leq c(e)$
- s, t 이외의 임의의 꼭짓점 v에서 v로 들어가는 변 e에 대한 $x(e)$의 총합과 v에서 나가는 변 e에 대한 $x(e)$의 총합은 같음

이때 각 변 e에 대한 $x(e)$를 변 e의 **유량**이라 부르고 꼭짓점 s에서 나가는 변 e에 대한 $x(e)$의 총합을 흐름 x의 **총유량**이라 부릅니다. 총유량이 가장 큰 흐름을 **최대 흐름**(max-flow)이라 부르고, 최대 흐름을 구하는 문제를 **최대 흐름 문제**(max-flow problem)라 합니다.[4]

▼ 그림 16-7 용량이 존재하는 유향 그래프의 최대 흐름 문제. 오른쪽 그림이 최적해 중 하나다. 붉은색 글자는 각 변의 유량이다. 또한, 붉은색 화살표의 굵기는 유량에 비례한다. 예를 들어 꼭짓점 3에서 꼭짓점 4를 향하는 유량은 2다. 변 (s, 1), (1, 2), (3, 2), (4, t)는 유량이 상한과 일치하는 포화 상태다. 나머지 변은 유량에 여유가 있다.

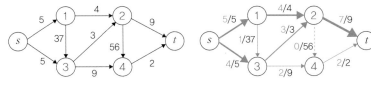

최대 유량: 9

16.3.2 흐름의 성질

일반적으로 최대 흐름 문제에서 각 변 e의 용량 $c(e)$는 양의 정수입니다. 따라서 앞 절에서 등장한 변 연결도 관련 문제는 각 변의 용량이 1인 최대 흐름 문제라고 볼 수 있습니다. 변 연결도를 구하는 문제의 변 서로소라는 조건은 용량이 1인 변에 2 이상의 유량을 흘릴 수 없다는 내용에 해당합니다.

흐름 x는 다음과 같은 성질을 만족합니다. 임의의 $s \in S$, $t \in T$를 만족하는 컷 (S, T)에 대해 S에서 T를 향해 나가는 각 변 e의 유량 $x(e)$의 총합에서, T에서 S를 향해 들어오는 각 변 e의 유

4　**역주** 이 책에서는 흐름과 유량을 구분해 설명하지만, 책에 따라서는 엄밀한 구분 없이 흐름과 유량을 혼용해서 설명하는 경우도 있습니다.

량 $x(e)$의 총합을 뺀 값이 흐름 x의 총유량과 일치합니다(그림 16-8). 이런 성질은 형식적인 흐름의 정의로 증명할 수 있지만, 흐름을 물이 흐르는 것에 비유해 보면 어디에서 관측하더라도 유량은 일정하다는 점에서 직관적으로 납득이 갑니다.

▼ 그림 16-8 총유량이 9인 흐름에서 꼭짓점 집합 S를 어떻게 정하더라도 S에서 나가는 유량에서 S로 들어오는 유량을 뺀 값은 9이다. 특히 오른쪽 그림은 S에 들어오는 유량이 변 (1, 3)을 1만큼만 흐르고 있지만, 나가는 유량 총합이 10이므로 10 − 1 = 9가 유량이 된다.

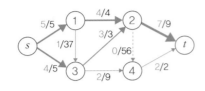

총유량: 9

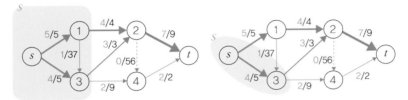

꼭짓점 집합 $S = \{s, 1, 3\}$에서 본 유량은
$4 + 3 + 2 = 9$

꼭짓점 집합 $S = \{s, 3\}$에서 본 유량은
$5 − 1 + 3 + 2 = 9$

16.3.3 최소 컷 문제와 쌍대성

변 연결도를 구하는 문제는 쌍대 문제인 최소 컷 문제를 통해 최적성의 증거를 찾았습니다. 마찬가지로 일반적인 최대 흐름 문제도 쌍대 문제인 최소 컷 문제(변에 가중치가 존재)를 생각해 볼 수 있습니다.

우선, 그림 16-7에서 유량 9의 흐름이 최적해라는 증거는 어떻게 찾을 수 있을까요? 그림 16-9처럼 꼭짓점 집합 $S = \{s, 1, 3, 4\}$에서 나가는 변의 용량 총합이 9라는 것을 이용해 증명할 수 있습니다. 즉, 어떤 흐름도 총유량은 9를 넘을 수 없습니다. 한편, 실제로 총유량이 9인 흐름은 얻었으므로 최적해로 확정입니다.

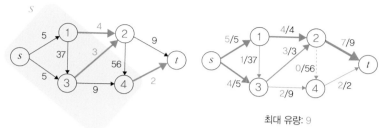

❤ 그림 16-9 꼭짓점 집합의 부분 집합 S = {s, 1, 3, 4}와 T = V − S에 관한 컷 집합에 포함된 변은 (1, 2), (3, 2), (4, t) 이렇게 세 개이며 용량 총합은 9이다. 여기서 컷 집합에 변 (2, 4)는 포함되지 않으므로 주의하길 바란다(변 방향이 반대).

S에서 나가는 변 용량의 합 = 9

최대 유량: 9

여기까지의 내용은 변 연결도 관련 문제와 동일합니다. 변 연결도의 경우와 마찬가지로 다음과 같이 최소 컷 문제를 공식화합니다. 그리고 각 변에 용량이 지정된 그래프는 $s-t$ 컷 (S, T)의 용량을 $s-t$ 컷 (S, T)에 포함된 변 e의 용량 $c(e)$의 총합으로 정의하고 $c(S, T)$라 표시합니다.

최소 컷 문제

용량이 존재하는 유향 그래프 $G = (V, E)$와 두 꼭짓점 $s, t \in V$가 주어졌을 때 $s-t$ 컷 중에서 용량이 최소인 것을 구하라.

그리고 변 연결도와 마찬가지로 다음의 **강 쌍대성**(**최대 유량 최소 컷 정리**라고 부릅니다)이 성립합니다.

최대 유량 최소 컷 정리(강 쌍대성)

최대 흐름의 총유량 = $s-t$ 컷의 최소 용량

증명하는 방법은 변 연결도를 구하는 문제와 똑같습니다. 잔여 그래프에서 찾은 $s-t$ 패스에 흐름(유량)을 흘릴 수 있을 만큼 흘려 보내는 처리를 잔여 그래프 위에 $s-t$ 패스가 없어질 때까지 반복합니다. 이 알고리즘을 **포드-풀커슨**(Ford–Fulkerson) **알고리즘**이라고 합니다. 포드-풀커슨 알고리즘을 종료했을 때 총유량 F의 흐름 x가 구해집니다. 실은 이때 어떤 $s-t$ 컷이 구성되고 그 용량이 F가 됩니다. 이렇게 해서 최대 흐름의 총유량과 $s-t$ 컷의 최소 용량이 모두 F와 같다는 것을 증명합니다. 다음 절에서 포드-풀커슨 알고리즘을 구체적으로 설명하겠습니다.

16.3.4 포드-풀커슨 알고리즘

변 연결도를 구하는 문제에서 정의한 잔여 그래프를 변에 용량이 있는 그래프에 대해서도 정의합니다. 용량 $c(e)$를 가진 변 $e = (u, v)$에 크기 $x(e)(0 < x(e) \le c(e))$의 흐름이 흘렀을 때 변 e는 다음 상태가 됩니다.

- u에서 v 방향으로 추가로 $c(e) - x(e)$ 유량을 보낼 수 있습니다($x(e) = c(e)$일 때는 흘리지 않습니다).
- v에서 u 방향으로 몇몇 흐름을 흘려서 되돌릴 수 있습니다. 최대로 $x(e)$ 유량을 되돌릴 수 있습니다.

따라서 잔여 그래프는 각 변 $e = (u, v)$에 대해 u에서 v 방향으로 $c(e) - x(e)$ 용량을 가진 변을 긋습니다. 그리고 $c(e) = x(e)$인 경우라도 용량 0인 변을 그리면 구현이 간결해집니다. 그리고 v에서 u 방향은 원래 그래프에 변 $e' = (v, u)$가 존재하지 않으면 용량 $x(e)$인 변을 그립니다. 존재한다면 용량 $c(e') + x(e)$인 변을 그립니다. 이렇게 만든 그래프를 잔여 그래프로 삼습니다(그림 16-10).

▼ 그림 16-10 잔여 그래프 작성법

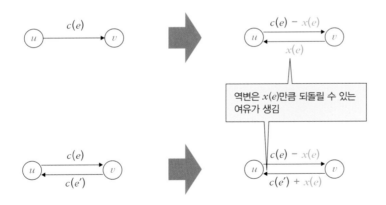

그리고 잔여 그래프 위에 s-t 패스가 없어질 때까지 잔여 그래프 위에 s-t 패스 P를 하나 찾아서 P에 흐름을 흘려 보냅니다. 구체적으로는 P에 포함된 변의 용량 중 최솟값을 f라 하고 P에 크기 f인 흐름을 흘려 보냅니다. 이때 f는 정수입니다. 정리하면, 그래프 $G = (V, E)$의 최대 흐름을 구하는 포드-풀커슨 알고리즘을 다음과 같이 서술할 수 있습니다.

그림 16-11은 포드-풀커슨 알고리즘의 실행 예입니다.

❤ 그림 16-11 포드-풀커슨 알고리즘 실행 예. 우선, 패스 s → 1 → 2 → t를 따라 유량 4인 흐름을 흘린다. 이때 잔여 그래프는 오른쪽 그래프처럼 된다. 다음은 패스 s → 1 → 3 → 2 → t를 따라 유량 1인 흐름을 흘린다. 그리고 패스 s → 3 → 2 → t를 따라 유량 2인 흐름을 흘리고, 마지막으로 패스 s → 3 → 4 → t를 따라 유량 2인 흐름을 흘리면 잔여 그래프 위에 s-t 패스가 없어진다. 따라서 최대 유량은 9이다.

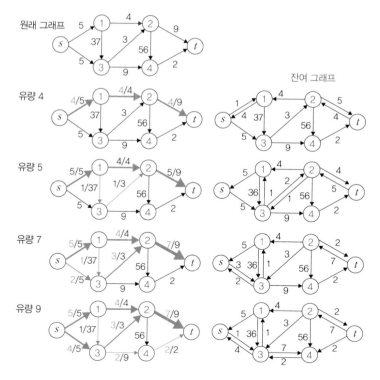

알고리즘 종료 시 F가 최대 유량이 되는 걸 증명하는 방법은 앞 절에서 변 연결도를 구하는 문제의 경우와 동일합니다. 잔여 그래프 G'에서 s로부터 도달 가능한 꼭짓점 집합을 S라 하고 $T = V - S$일 때 컷 (S, T) 용량이 F가 됨을 보입니다(그림 16-12). 이 컷이 알고리즘 종료 시에 얻은 흐름이 최대 유량을 달성한 증거입니다.

▼ 그림 16-12 포드–풀커슨 알고리즘 종료 시 얻은 흐름에 대해 총유량과 동일한 용량을 가진 컷을 얻을 수 있다. 잔여 그래프 G'에서 s로부터 도달 가능한 꼭짓점 집합을 $S(= \{s, 1, 3, 4\})$라고 한다. 원래 그래프 G에서, S로부터 나오는 변 $(1, 2)$, $(3, 2)$, $(4, t)$는 모두 포화 상태이고 S에 들어가는 변 $(2, 4)$는 흐름이 흐르지 않는 상태. 따라서 컷 (S, T) 용량은 얻은 흐름의 총유량과 같다.

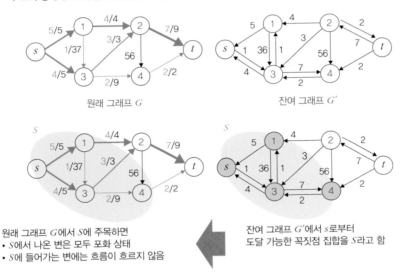

그런데 포드–풀커슨 알고리즘을 사용한 흐름의 구성 방법에서, 얻은 최대 흐름의 각 변에서 유량은 모두 정수입니다. 이는 최대 흐름 문제의 최적해에서 각 변의 유량이 정수인 값이 존재하는 것을 의미합니다.

마지막으로 포드–풀커슨 알고리즘의 복잡도를 평가해 봅시다. 최대 유량을 F라고 하면 반복할 때마다 총유량이 적어도 1 이상 증가하므로 반복 횟수는 F회가 상한입니다. 각 반복의 복잡도는 $O(|E|)$이므로 전체 복잡도는 $O(F|E|)$입니다. 실제로 이런 복잡도는 다항식 시간 알고리즘이 아닙니다. 그 이유를 간단히 설명하면, $|V|$나 $|E|$는 개수를 나타내는 양이지만 F는 수치를 나타내는 양이기 때문입니다(17.5.2절 참조). 이렇게 수치에 관해서는 다항식이지만 실제로는 다항식 시간이 아닌 복잡도를 **의사 다항식 시간**(psuedo–polynomial time)이라고 합니다.

하지만 포드–풀커슨 알고리즘이 등장한 이후, 좀 더 빠른 최대 유량 알고리즘이 다수 고안되었습니다. 1970년에는 에드몬드–카프(Edmonds–Karp), 디닉(Dinic)에 의해 독립적으로 다항식 시간 알고리즘이 개발되었습니다. 2013년에는 올린(Orlin)에 의해 $O(|V||E|)$ 복잡도의 알고리즘도 개

발되었습니다. 이러한 알고리즘에 관심이 있다면 참고 문헌 [19], [20], [21] 등을 참조하길 바랍니다.

16.4 / 포드-풀커슨 알고리즘 구현

그러면 포드-풀커슨 알고리즘을 구현해 봅시다. 우선 잔여 그래프를 그림 16-13처럼 만들던 걸 떠올려 보길 바랍니다. 변 $e = (u, v)$에 대해 흐름을 흘릴 때 변 e 용량뿐만 아니라 역방향 변 e' $= (v, u)$ 용량도 변경해야 합니다.

▼ 그림 16-13 잔여 그래프 작성법

변 $e = (u, v)$를 따라 $x(e)$만큼 흘려 보내면...

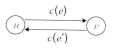

또한, 구현할 때 그래프 G에 변 $e = (u, v)$에 대한 역변 $e' = (v, u)$가 존재하지 않더라도 편의를 위해 용량 0인 변 $e' = (v, u)$가 있다고 가정합니다. 그러면 이제 포드-풀커슨 알고리즘을 구현하는 데 남은 걸림돌은 다음과 같습니다.

각 변 $e = (u, v)$에 대해 역방향 변 $e' = (v, u)$를 취득할 수 있어야 합니다.

이에 대해서는 다음과 같이 대응하고, 그래프 G의 각 꼭짓점 v에 대해 v를 시작점으로 하는 각 변을 저장하는 배열을 $G[v]$로 나타냅니다.

변 e = (u, v)에서 역변 e' = (v, u)를 취득할 수 있게 만들기

그래프 G의 입력을 받을 때 변 $e = (u, v)$를 배열 $G[u]$ 끝에 삽입하는 동시에 배열 $G[v]$에 대해서도 용량 0인 역변 $e' = (v, u)$를 끝에 삽입합니다. 여기서 e'가 $G[v]$ 안에서 몇 번째 요소에 해당하는지 가리키는 변수 rev를 변 e에 부여하고 이러한 변수를 e'에도 부여합니다.

이때 변 $e = (u, v)$의 역변은 $G[v][e.rev]$로 표시할 수 있습니다.

이 내용을 바탕으로 포드-풀커슨 알고리즘은 코드 16-1처럼 구현합니다. 그리고 입력 데이터는 다음 형식으로 주어진다고 가정합니다.

$$N\ M$$
$$a_0\ b_0\ c_0$$
$$a_1\ b_1\ c_1$$
$$\vdots$$
$$a_{M-1}\ b_{M-1}\ c_{M-1}$$

N은 그래프 꼭짓점 개수, M은 변의 개수를 나타냅니다. 또한, $i(=0,\ 1,\ ...,\ M-1)$번째 변이 꼭짓점 a_i에서 꼭짓점 b_i를 향하고 용량은 c_i라는 걸 뜻합니다. 코드 16-1은 최종적으로 $s=0$, $t=N-1$로 s–t 사이의 최대 유량값을 출력합니다.

코드 16-1 포드-풀커슨 알고리즘 구현

```cpp
#include <iostream>
#include <vector>
using namespace std;

// 그래프를 나타내는 구조체
struct Graph {
    // 변을 나타내는 구조체
    // rev: 역변 (to, from)이 G[to]에서 몇 번째 요소인가
    // cap: 변 (from, to) 용량
    struct Edge {
        int rev, from, to, cap;
        Edge(int r, int f, int t, int c) :
            rev(r), from(f), to(t), cap(c) {}
    };

    // 인접 리스트
    vector<vector<Edge>> list;

    // N: 꼭짓점 개수
    Graph(int N = 0) : list(N) { }

    // 그래프 꼭짓점 개수 취득
    size_t size() {
        return list.size();
    }
```

```cpp
        // Graph 인스턴스를 G라고 하면
        // G.list[v]를 G[v]라고 표현 가능하게 해 둠
        vector<Edge> &operator [] (int i) {
            return list[i];
        }


        // 변 e = (u, v)의 역변 (v, u)를 취득
        Edge& redge(const Edge &e) {
            return list[e.to][e.rev];
        }


        // 변 e = (u, v)에 유량 f의 흐름을 흘리면
        // e = (u, v) 유량이 f만큼 감소함
        // 이때 역변 (v, u)의 유량을 증가시킴
        void run_flow(Edge &e, int f) {
            e.cap -= f;
            redge(e).cap += f;
        }


        // 꼭짓점 from에서 꼭짓점 to를 향해 용량 cap인 변을 잇고
        // 이때 to에서 from으로도 용량 0인 변을 연결함
        void addedge(int from, int to, int cap) {
            int fromrev = (int)list[from].size();
            int torev = (int)list[to].size();
            list[from].push_back(Edge(torev, from, to, cap));
            list[to].push_back(Edge(fromrev, to, from, 0));
        }
};

struct FordFulkerson {
    static const int INF = 1 << 30; // 적절하게 고른 무한대를 뜻하는 값
    vector<int> seen;

    FordFulkerson() { }

    // 잔여 그래프 위에서 s-t 패스 찾기(깊이 우선 탐색)
    // 반환값은 s-t 패스에서 용량의 최솟값(찾지 못한 경우는 0)
    // f: s에서 v로 도착하는 과정의 각 변 용량의 최솟값
    int fodfs(Graph &G, int v, int t, int f) {
        // 끝점 t에 도달하면 반환
        if (v == t) return f;

        // 깊이 우선 탐색
        seen[v] = true;
```

그래프(4): 네트워크

```cpp
    for (auto &e : G[v]) {
        if (seen[e.to]) continue;

        // 용량 0인 변은 실제로는 존재하지 않음
        if (e.cap == 0) continue;

        // s-t 패스 찾기
        // 찾으면 flow는 패스 위의 최소 용량
        // 찾지 못하면 f = 0
        int flow = fodfs(G, e.to, t, min(f, e.cap));

        // s-t 패스를 찾지 못하면 다음 변을 탐색
        if (flow == 0) continue;

        // 변 e에 용량 flow인 흐름을 흘려 보내기
        G.run_flow(e, flow);

        // s-t 패스를 찾으면 패스의 최소 용량을 반환
        return flow;
    }

    // s-t 패스를 찾지 못했을 때
    return 0;
}

// 그래프 G의 s-t 사이의 최대 유량을 구하기
// 단, 반환 시 G는 잔여 그래프가 됨
int solve(Graph &G, int s, int t) {
    int res = 0;

    // 잔여 그래프에 s-t 패스가 없어질 때까지 반복
    while (true) {
        seen.assign((int)G.size(), 0);
        int flow = fodfs(G, s, t, INF);

        // s-t 패스를 찾지 못하면 종료
        if (flow == 0) return res;

        // 답을 더하기
        res += flow;
    }
```

```
            // no reach
            return 0;
        }
    };

    int main() {
        // 그래프 입력
        // N: 꼭짓점 개수, M: 변의 개수
        int N, M;
        cin >> N >> M;
        Graph G(N);
        for (int i = 0; i < M; ++i) {
            int u, v, c;
            cin >> u >> v >> c;

            // 용량 c인 변 (u, v)를 잇기
            G.addedge(u, v, c);
        }

        // 포드-풀커슨 알고리즘
        FordFulkerson ff;
        int s = 0, t = N - 1;
        cout << ff.solve(G, s, t) << endl;
    }
```

ALGORITHM & DATA STRUCTURES

16.5 응용 예(1): 이분 매칭

네트워크 흐름의 전형적인 응용 예로 **이분 매칭**(bipartite matching)이 있습니다. 그림 16-14의 왼쪽 그림처럼 남자, 여자 몇 명이 있고 짝을 이루고 싶은 사람끼리 변으로 이어져 있습니다. 가능한한 많은 짝을 만들고 싶다면 최대 몇 쌍이 만들어질까요? 다만, 같은 사람이 다른 쌍에 속하는 건 금지입니다. 답은 네 쌍입니다.

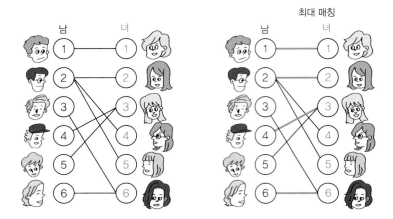

이렇게 두 카테고리 사이의 관계성을 고찰하는 문제는 다음과 같이 다양하게 응용되는 중요한 문제입니다.

- 인터넷 광고 분야에서 사용자와 광고를 매칭
- 추천 시스템에서 사용자와 상품을 매칭
- 직원 근무 시간표에서 직원과 근무 시간을 매칭
- 트럭 배달 계획에서 화물과 트럭을 매칭
- 팀 대항전에서 우리 멤버와 상대 멤버를 매칭

이러한 이분 매칭 문제는 그림 16-15처럼 새로운 꼭짓점 s, t를 준비해서 그래프 네트워크를 만들어 풀 수 있습니다. 원래 이분 그래프는 변에 방향이 없지만, 새로운 그래프 네트워크에서는 변의 방향이 정해져 있고 각 변의 용량은 1입니다.

❤ 그림 16-15 이분 매칭 문제를 최대 흐름 문제로 바꾼 모습

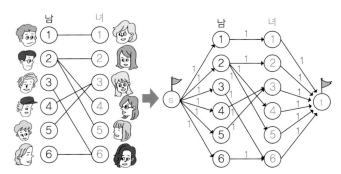

이렇게 만든 그래프에서 $s-t$ 사이에 최대 흐름을 흘려 보냅니다. 그리고 다시 꼭짓점 s, t를 제거하면 최대 크기의 이분 매칭을 구할 수 있습니다(그림 16-16).

▼ 그림 16-16 최대 흐름에서 원래 이분 매칭을 구성하는 모습

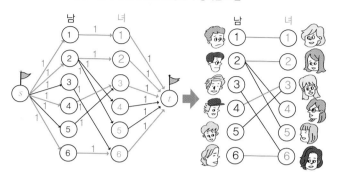

16.6

응용 예(2): 점 연결도

최대 흐름 문제나 최소 컷 문제는 역사적으로 네트워크 강건성을 평가하는 문제로 활발하게 연구되었습니다. 16.2절에서는 유향 그래프의 두 꼭짓점 s, t 사이에 최대 몇 개의 변 서로소인 패스가 있는지(변 연결도) 구하는 문제를 풀었습니다(그림 16-17). 변 연결도가 k라면, 어떤 $k-1$개의 변을 파괴하더라도 $s-t$ 사이의 연결을 확보 가능하다는 의미입니다. 따라서 변 연결도는 네트워크 파괴가 변에서 발생한다는 변 고장 모델에 있어서의 네트워크 내고장성(fault tolerance)을 평가할 수 있습니다.

▼ 그림 16-17 변 연결도를 구하는 문제. s–t 사이에 최대 두 개의 변 서로소 패스가 있다. 또한, s–t 컷 용량의 최솟값은 2이다.

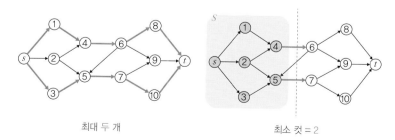

한편, 네트워크 파괴가 꼭짓점에서 발생한다는 점 고장 모델이라면 내고장성은 어떻게 평가할까

357

요? 이런 의문에서 생겨난 것이 **점 연결도**(vertex-connectivity)입니다. 변 서로소에 대응하는 개념으로 **점 서로소**(vertex-disjoint) 개념을 정의합니다. 두 패스가 점 서로소라면 꼭짓점을 공유하지 않는다는 것입니다. 실은 점 고장 모델에서도 점 서로소인 s-t 패스의 최대 개수와 s-t 사이를 분단하기 위해 파괴해야 하는 꼭짓점 개수의 최솟값이 서로 같다는 강 쌍대성이 성립합니다. 이 값을 점 연결도라고 부릅니다.

점 연결도를 구하는 문제는 변 연결도를 구하는 문제로 바꿔서 풀 수 있습니다. 그림 16-18처럼 각 꼭짓점 v를 꼭짓점 v_{in}과 v_{out} 두 개로 분열시킵니다. v_{in}은 v에 들어가는 변만 복사하고 v_{out}은 v에서 나오는 변만 복사합니다. 그리고 꼭짓점 v_{in}에서 v_{out}을 향한 변을 만듭니다. 원래 그래프의 점 연결도는 이렇게 해서 새로 만든 그래프의 변 연결도와 일치합니다.

❤ 그림 16-18 점 연결도를 구하는 문제를 변 연결도를 구하는 문제로 바꾸는 방법. 꼭짓점을 두 개로 분열시킨다.

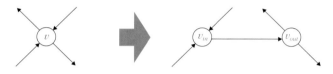

16.7 / 응용 예(3): 프로젝트 선택 문제

마지막으로, 그래프와 전혀 관계없어 보이는 문제를 네트워크 흐름으로 바꿔서 풀어 봅시다. N개 버튼이 있고 $i(= 0, 1, ..., N - 1)$번째 버튼을 누를 때 g_i만큼 이익을 얻을 수 있습니다. g_i는 음수도 가능합니다. 버튼을 누르지 않으면 이득은 0입니다. 버튼마다 누른다, 누르지 않는다를 선택할 수 있으며, 선택으로 얻을 수 있는 총이익은 각 버튼에서 얻은 이익의 총합입니다. 얻을 수 있는 총이익의 최댓값을 구하는 문제를 생각해 봅시다.

하지만 아무런 제약이 없을 때 얻을 수 있는 이익의 최댓값은 분명합니다. 다음과 같이 됩니다.

$$\sum_{i=0}^{N-1} \max(g_i, 0)$$

여기서 다음 형식의 제약 조건이 존재하는 상황을 생각해 봅시다.

이 제약에서 얻을 수 있는 총이익의 최댓값을 구하는 문제를 생각해 봅시다. 이러한 문제는 1960년대부터 채굴 분야에서 **노천 채굴 문제**(open-pit mining problem)라고 부르던 역사적으로 뜨거운 주제였습니다. N개의 채굴 지역이 있고, 각각 채굴 이익이 얼마나 나올지에 대한 견적이 존재하며(채굴 비용을 빼면 마이너스가 되기도 합니다), 어떤 지역끼리는 지역 A를 채굴하려면 지역 B도 채굴해야 한다는 제약이 걸려 있었다고 합니다.[5]

버튼 문제로 돌아가 봅시다. 우선 각 버튼 사양을 표 16-1로 정리했습니다. 달리 보면, 이익을 최대화하는 문제가 아니라 비용을 최소화하는 문제가 됩니다. 버튼을 눌러서 g_i 이익을 얻는다는 건 $g_i \geq 0$일 때는 버튼을 누르면 0인 기본 비용이 들고, 버튼을 누르지 않으면 g_i 비용이 든다고 해석할 수 있습니다. $g_i < 0$일 때는 버튼을 누르면 $|g_i|$ 비용이 들고, 버튼을 누르지 않으면 0인 기본 비용이 든다고 해석 가능합니다.

▼ 표 16-1 버튼 사양

버튼 성질	버튼을 누를 때 비용	버튼을 누르지 않을 때 비용
$g_i \geq 0$	0	g_i
$g_i < 0$	$|g_i|$	0

다음으로 제약 조건을 다루는 방법을 생각해 봅시다. 간단한 설명을 위해 버튼이 0, 1 두 개인 경우를 생각해 봅시다. 여기서 버튼 0, 1을 누른다는 선택을 할 때 비용이 a_0, a_1이고 버튼 0, 1을 누르지 않는다는 선택을 할 때 비용이 b_0, b_1이라 합시다(모두 음수가 아닌 정수입니다). 그리고 버튼 0을 누르면 버튼 1도 눌러야 한다고 합시다. 이때 각 선택의 비용을 정리하면 표 16-2가 됩니다. 이번에는 버튼이 두 개밖에 없으므로 $2^2 = 4$종류의 패턴을 조사하면 최적해를 구할 수 있습니다.

5　참고 문헌 [10]에 그런 내용이 있습니다.

▼ 표 16-2 각 선택의 비용

	버튼 1을 누름	버튼 1을 누르지 않음
버튼 0을 누름	$a_0 + a_1$	∞[6]
버튼 0을 누르지 않음	$b_0 + a_1$	$b_0 + b_1$

하지만 버튼이 N개 있다면 2^N종류의 패턴을 조사해야 하므로 무리에 가깝습니다. 따라서 다음과 같은 영리한 아이디어를 실현해 볼 수 없을지 생각해 봅시다.

프로젝트 선택을 컷으로 바꿔 보는 아이디어

$\{s, t, 0, 1\}$을 꼭짓점 집합으로 가지는 그래프가 있을 때 다음 조건을 만족하는 것을 구성하려고 한다.

- 버튼 0, 1을 같이 누를 때 비용이 $S = \{s, 0, 1\}$, $T = V - S$ 컷의 용량과 일치
- 버튼 0만 누를 때 비용이 $S = \{s, 0\}$, $T = V - S$ 컷의 용량과 일치
- 버튼 1만 누를 때 비용이 $S = \{s, 1\}$, $T = V - S$ 컷의 용량과 일치
- 버튼을 둘 다 누르지 않을 때 비용이 $S = \{s\}$, $T = V - S$ 컷의 용량과 일치

이 아이디어를 실현한 것이 그림 16-19입니다.

▼ 그림 16-19 프로젝트 선택을 컷으로 표현하는 그래프

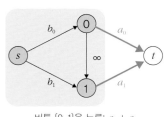

버튼 {0, 1}을 누름: $a_0 + a_1$

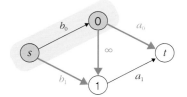

버튼 {0}을 누름: ∞

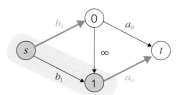

버튼 {1}을 누름: $b_0 + a_1$

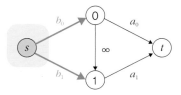

버튼을 아무것도 누르지 않음: $b_0 + a_1$

---

6 제약에 의해 금지된 행위는 비용이 무한대라고 생각합니다.

다음과 같은 변을 만듭니다.

- 꼭짓점 s에서 꼭짓점 0, 1로는 각각 용량 b_0, b_1인 변
- 꼭짓점 0, 1에서 꼭짓점 t로는 각각 용량 a_0, a_1인 변
- 꼭짓점 0에서 꼭짓점 1로는 용량 ∞인 변

용량 ∞인 변 $(0, 1)$은, 버튼 0은 누르지만 버튼 1은 누르지 않는다라는 제약으로 금지된 상황을 표현한 것입니다(즉, 있을 수 없는 경우라는 뜻입니다). 이런 그래프에서 최소 컷 문제를 풀면 버튼 누르는 방법의 최적해를 구할 수 있습니다.

이런 고찰을 바탕으로 N개의 버튼과 M개의 제약 조건에 대해서도 자연스럽게 확장 가능합니다. 우선 $N + 2$개의 꼭짓점 0, 1, ..., $N - 1$, s, t를 준비합니다. 그리고 $i(= 0, 1, ..., N - 1)$번째 버튼에 대응하는 적절한 용량이 정해진 변 (s, i), (i, t)를 그립니다. 그리고 $j(= 0, 1, ..., M - 1)$번째 제약 조건에 대응하는, 버튼 u_j를 누르면 버튼 v_j도 눌러야 한다는 제약을 표현하도록 용량 ∞인 변 (u_j, v_j)를 그립니다. 이렇게 만든 그래프에서 최소 컷을 구합니다.

16.8 정리

네트워크 흐름 이론은 무척이나 아름다운 이론 체계입니다. 특히 16.3절에서 등장한 최대 유량 최소 컷 정리를 1956년에 포드–풀커슨이 제시한 이후, 폭발적으로 연구가 진행되었습니다. 어떤 문제에 대해 고안해낸 알고리즘으로 얻은 답의 최적성을 증명하려고 쌍대 문제의 실행가능해를 구성해서 그것을 최적성의 증거로 삼는 논법은 조합 최적화 문제의 전형적인 방법으로 정착했습니다. 이렇게 해서 풍부한 조합 구조가 차례차례 밝혀졌습니다. 이러한 이론적 연구와 동시에 각종 분야에 널리 응용되면서 네트워크 흐름 이론은 다양한 문제를 훌륭하게 해결해 왔습니다.

한편으로 효율 좋게 다항식 시간으로 풀 수 있는 문제가 차례로 해결되는 반면에, 해밀튼 경로 (Hamiltonian path) 문제나 최소 꼭짓점 커버(minimum vertex cover) 문제처럼 아무리 해도 다항식 시간 내에 풀 수 없는 문제도 부상했습니다. 그리고 마침내 1970년대가 되면서 풀기 어려운 문제의 대다수가 NP 완전 또는 NP 난해 문제라고 부르는 난이도 등급에 속하는 문제라는 것이 밝혀졌습니다. 이런 어려운 문제는 현재에도 다항식 시간으로 풀 수 없을 거라고 보는 시각이 많습니다. 이러한 배경은 17장에서 설명합니다. 위 배경과 함께 네트워크 흐름 문제는 효율 좋게 다항식 시간

에 풀 수 있는 문제를 상징하는 존재가 되었습니다.

16.9 연습 문제

16.1 무향 그래프 $G = (V, E)$와 꼭짓점 s가 주어졌을 때 s 이외의 M개 꼭짓점이 있고 그 모두가 꼭짓점 s에서 도달 불가능해야 한다고 하자. 구체적으로는 그래프의 변과 M개의 꼭짓점 중 몇 개를 제거해 s에서 도달 불가능하게 만든다. 이때 제거해야 하는 변이나 꼭짓점 개수의 최솟값을 구하는 알고리즘을 설계하라. (출처: AtCoder Beginner Contest 010 D – 바람 예방, 난이도 ★★★)

16.2 가중 유향 그래프 $G = (V, E)$와 두 꼭짓점 $s, t \in V$가 주어졌을 때 그래프 각 변의 가중치를 적절하게 늘려서 $s-t$ 사이의 최단 경로 길이를 늘리고 싶다고 하자. 각 변 e의 가중치를 1 늘리는 데 필요한 비용은 c_e이다. $s-t$ 사이의 최단 경로 길이를 1 이상 늘릴 때 필요한 최소 비용을 구하는 알고리즘을 설계하라. (출처: 리츠메이칸 대학 프로그래밍 콘테스트 2018 day3 F – 최단 거리를 늘리는 에비짱, 난이도 ★★★)

16.3 유향 그래프 $G = (V, E)$와 두 꼭짓점 $s, t \in V$가 주어졌을 때 그래프의 변을 하나 골라서 방향을 반전시킬 수 있다고 하자. 그로 인해 $s-t$ 사이의 최대 유량이 늘어나는 변이 몇 개인지 구하는 알고리즘을 설계하라. (출처: JAG Practice Contest for ACM-ICPC Asia Regional 2014 F – Reverse a Road II, 난이도 ★★★★)

16.4 양의 정수 $a_0, a_1, ..., a_{N-1}$이 적힌 N개의 빨간색 카드와 양의 정수 $b_0, b_1, ..., b_{N-1}$이 적힌 M개의 파란색 카드가 있다. 빨간색 카드와 파란색 카드는 서로소가 아닐 때만 짝을 이룰 수 있다. 최대로 몇 개의 짝을 만들 수 있는지 구하는 알고리즘을 설계하라. (출처: ICPC 국내 예선 2009 E – 카드 게임, 난이도 ★★★)

16.5 $H \times W$인 2차원 보드가 주어졌다. 각 칸에는 '.' 또는 '*'가 적혀 있다. '.' 칸을 '#'으로 바꾸는데 상하좌우로 인접한 칸은 '#'이 될 수 없다. 최대 몇 칸을 '#'으로 바꿀 수 있는지 구하는

알고리즘을 설계하라. (출처: AtCoder SoundHound Inc. Programming Contest 2018(봄) C – 광고. 난이도 ★★★★)

16.6 N개의 보석이 있고 각각 1, 2, ..., N이라 적혀 있는데 a_1, a_2, ..., a_N만큼 가치가 있다고 하자($a_i < 0$인 경우도 존재). 이에 대해 양의 정수 x를 골라서 x의 배수가 적힌 보석을 모두 쪼개는 행동을 원하는 횟수만큼 할 수 있을 때, 깨지지 않고 남은 보석 가치의 총합이 최종적인 점수가 된다. 점수의 최댓값을 구하는 알고리즘을 설계하라. (출처: AtCoder Regular Contest 085 E – MUL. 난이도 ★★★★)

16.7 $H \times W$인 2차원 보드가 주어졌다. '#' 칸 부분을 한 변의 길이가 1인 가늘고 긴 사각형을 사용해서 둘러싼다고 하자(아래 예에서는 최소 두 개). 이때 필요한 사각형의 최소 개수를 구하는 알고리즘을 설계하라. (출처: 아이즈 대학 프로그래밍 콘테스트 2018 day1 H – Board. 난이도 ★★★★★)

```
4 10
##########
....#.....
....#.....
..........
```

memo

17장

P와 NP

지금까지 다양한 문제를 해결하는 알고리즘을 생각해 봤는데, 효율 좋은 알고리즘을 찾는 게 불가능하다고 여겨지는 문제도 많이 있습니다. 오히려 현실 세계에서 마주하는 문제는 이런 등급에 속하는 경우가 훨씬 많습니다. 이 장에서는 이러한 문제를 특징짓는 NP 완전, NP 난해 문제라고 부르는 어려운 문제의 등급을 설명합니다.

17.1 / 문제의 어려움을 측정하는 방법

지금까지 다양한 문제에 대해 알고리즘을 설계했습니다. 특히 동적 계획법(5장), 이진 탐색법(6장), 탐욕법(7장), 그래프 탐색(13장) 같은 설계 기법은 분야를 넘나들며 광범위한 문제에 적용할 수 있습니다.

하지만 세상에는 이런 기법을 잘 사용하더라도 효율적인 알고리즘을 설계하기 힘든, 어려운 문제가 많은 것도 사실입니다. 여기서 효율적으로 문제를 풀 수 있는가, 아닌가라는 기준점은 어디에 둬야 할까요? 알고리즘이 효율적이라면 보통은 다항식 시간으로 풀 수 있습니다. 다항식 시간 알고리즘으로 풀 수 있는 문제라면 '다룰 수 있는(tractable) 문제'라 보고, 다항식 시간에 풀 수 없다면 '다룰 수 없는(intractable) 문제'라 보는 게 통례입니다. 분명 $O(N^{100})$ 복잡도인 알고리즘은 $O(2^N)$ 같은 지수 시간 알고리즘보다 오히려 비현실적입니다. 하지만 다항식 시간에 풀 수 있는 문제 대부분은 최악인 경우라도 $O(N^3)$ 복잡도 정도로 풀 수 있습니다.[1] 따라서 문제를 마주할 때는 다음 중 하나를 달성하는 것을 목표로 합니다.

- 다항식 시간 알고리즘을 만듭니다. (해냈다면, 다음으로 복잡도를 조금이라도 개선합니다.)
- 다항식 시간 알고리즘으로 풀 수 없음을 증명합니다.

하지만 어떤 문제를 다항식 시간으로 풀 수 있는 알고리즘이 존재하지 않음을 수학적으로 증명하는 것이 과연 가능할지 막막한 기분이 듭니다. 문제가 얼마나 어려운지 설득력 있게 평가하는 방법은 없을까요? 이 장에서 설명하는 NP 완전, NP 난해라는 개념은 이런 시행착오 속에 생겨난 개념입니다. 놀랍게도 다양한 분야에서 다항식 시간으로 풀 수 없다고 여기는 어려운 문제의 대부분이 비슷한 난이도라는 것이 밝혀졌습니다. 우선 문제의 어려움을 서로 비교하는 방법을 다음과 같이 생각해 봅시다.

---

1 물론 문제 중에서는 현재까지 알려진 가장 우수한 복잡도가 5승 이상인 경우도 있습니다.

문제 X가 문제 Y에 대해 동등 이상으로 어렵다면, 문제 X를 푸는 다항식 시간 알고리즘을 도출했을 때 그것을 사용해 문제 Y를 푸는 다항식 시간 알고리즘도 도출할 수 있다.[2]

이 논법은 풀고 싶은 문제를 풀 수 있는 문제로 환원시켜 풀 때도 사용하지만, 반대로 다음과 같은 사용법도 가능합니다. 풀 수 없을 것 같은 문제 X에 대해 어렵다는 걸 알고 있는 문제 Y를 가져와서 그것을 X로 환원시킵니다. 그리고 만약 X가 다항식 시간에 풀리면 Y도 다항식 시간으로 풀 수 있다는 걸 보입니다. 이로써 X가 Y와 동등 이상으로 어렵다는 것이 증명됩니다(그림 17-1). Y가 다항식 시간으로 풀 수 없다고 널리 알려진 문제(NP 완전 문제나 NP 난해 문제)라면, X에 대한 다항식 시간 알고리즘을 설계하는 걸 포기할 만한 충분한 증거가 됩니다. 이렇게 Y를 X로 환원시키는 것을 **다항식 시간 환원**(polynomial–time reduction)[3]이라 부르고, Y를 X로 다항식 시간 환원할 수 있다는 것을 **다항식 시간 환원 가능**(polynomial–time reducible)하다고 합니다.

❤ 그림 17-1 다항식 환원 사고법

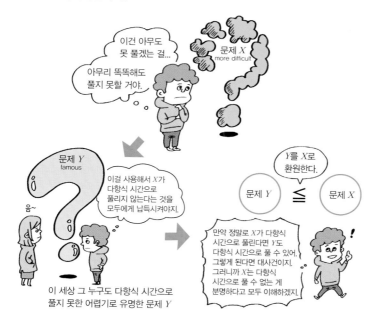

2   좀 더 정확하게는 X를 푸는 알고리즘 $P(X)$가 있을 때 문제 Y에 대해 다항식 횟수 $P(X)$를 호출하면 그 이외의 다항식 횟수의 계산으로 풀 수 있다는 말입니다.

3   다항식 시간 환원 정의 방법은 몇 가지가 있습니다. 여기서 사용한 정의는 튜링 환원이라고 부르는 방법입니다. 그 외에 복잡도 이론에서 주로 사용하는 다대일 다항식 시간 환원이 있습니다.

17.2 P와 NP

앞 절에서는 다항식 시간으로 푸는 알고리즘이 없다고 널리 알려진 문제에 대해 이야기했습니다. 이번에는 P나 NP 같은 문제 등급을 정리해 봅시다. 이걸로 문제의 난이도를 논의할 수 있습니다. 다만, P나 NP 같은 등급은 Yes인가 No인가 답할 수 있는 문제만 고찰 대상에 해당합니다. 이런 문제를 **판정 문제**(decision problem)라고 합니다. 예를 들어 N개의 정수에서 정수 몇 개를 골라 더한 값이 특정값이 될 수 있는지 묻는 부분합 문제(3.5절 참조)는 판정 문제이지만, N개의 물건에서 무게 총합이 W를 넘지 않도록 고른 물건의 가격 총합의 최댓값을 구하는 냅색 문제(5.4절 참조)는 판정 문제가 아니라 최적화 문제(optimization problem)입니다. P나 NP는 판정 문제의 집합을 나타냅니다.

하지만 6장에서 본 이진 탐색법의 응용 예처럼 최적화 문제라도 판정 문제로 다룰 수 있는 경우가 종종 있습니다. 예를 들어 냅색 문제에 대응하는 판정 문제로 다음과 같은 문제가 있습니다.

냅색 문제를 판정 문제로 만든 문제

N개의 물건이 있고 $i(= 0, 1, ..., N - 1)$번째 물건의 무게는 $weight_i$, 가격은 $value_i$로 주어진다.

이 N개의 물건에서 무게 총합이 W를 넘지 않도록 고른 물건의 가격 총합이 x 이상이 될 수 있는지 판정하라. (단 W, x, $weight_i$는 0 이상의 정수다.)

이 판정 문제를 다항식 시간으로 풀 수 있다면, 이진 탐색법을 사용해서 원래 냅색 문제도 다항식 시간으로 풀 수 있습니다. 하지만 실제로 '냅색 문제를 판정 문제로 바꾼 문제'는 나중에 설명하는 NP 완전 문제 등급에 속하므로 다항식 시간으로 풀 수 없다고 알려져 있습니다.

P와 NP 정의로 돌아갑시다. 우선 다항식 시간 알고리즘이 존재하는 판정 문제의 전체는 **등급 P**(class P)입니다. 예를 들어 13.8절에서 봤던 주어진 무향 그래프가 이분 그래프인지 여부를 판정하는 문제 등은 다항식 시간으로 풀 수 있으므로 등급 P에 속합니다. 다음과 같은 **안정 집합 문제**(stable set problem)나 **해밀턴 사이클 문제**(Hamilton cycle problem)는 현재까지 알려진 다항식 시간 알고리즘이 없는 데다가 다항식 시간 알고리즘이 존재하지 않는 것도 증명되지 않았습니다. 등급 P에 속하는지 속하지 않는지 자체가 미해결 과제입니다.

안정 집합 문제

무향 그래프 $G = (V, E)$에 있어 꼭짓점 집합의 부분 집합 $S \subset V$가 **안정 집합**(stable set)이라
는 건 S의 어느 두 꼭짓점도 변으로 이어지지 않는다는 뜻이다(그림 17-2의 왼쪽 그림). 양
의 정수 k가 주어졌을 때 크기가 k 이상인 안정 집합이 존재하는지 여부를 판정하라.

해밀턴 사이클 문제

유향 그래프 $G = (V, E)$에서 각 꼭짓점을 한 번씩만 포함하는 사이클을 **해밀턴 사이클**
(Halilton cycle)이라고 한다(그림 17-2의 오른쪽 그림). 그래프 G에 해밀턴 사이클이 존재하
는지 판정하라.

❤ 그림 17-2 안정 집합과 해밀턴 사이클

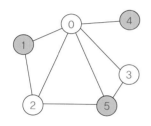
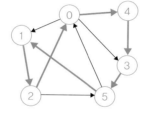

안정 집합

그림에서 빨간색 꼭짓점으로 이뤄진
집합 {1, 4, 5}는 어떤 두 꼭짓점 사이에도
변이 존재하지 않음

해밀턴 사이클

$0 \to 4 \to 3 \to 5 \to 1 \to 2 \to 0$은
모든 꼭짓점을 한 번씩만 통과함

한편, **등급 NP**(class NP)에 속한다는 건 판정 문제의 답이 Yes일 때 그 증거가 존재하고 다항식 시
간으로 검증할 수 있는 문제란 뜻입니다.[4] NP 정의에 따라 P에 속하는 문제는 NP에도 속합니다.
예를 들어, 안정 집합 문제는 만약 답이 Yes라면 구체적인 안정 집합 S(크기는 k 이상)를 증거로
들 수 있습니다. 이런 증거에 대해 실제로 답이 Yes가 되는지 다음과 같이 다항식 시간으로 검증
할 수 있습니다. 따라서 등급 NP에 속합니다.

- S의 임의의 두 꼭짓점 사이에 변이 없다는 것은 $O(|V|^2)$로 검증 가능합니다.
- S의 크기가 k 이상이라는 것은 간단히 검증 가능합니다.

---

4   오해하기 쉽지만, NP는 non-polynomial time이 아니라 non-deterministic polynomial time(비결정론적 다항 시간)의 약어입니다.

마찬가지로 해밀턴 사이클 문제도 NP에 속한다는 것을 간단히 증명할 수 있습니다(연습 문제 17.1).

그런데 NP라고 하면 지수 시간 알고리즘으로 풀리는 문제 등급이라고 많이 오해합니다. 지수 시간 알고리즘으로 풀리는 문제의 등급은 EXP라 하고, NP를 내포하는 등급입니다. 지금까지의 내용을 정리하면 다음 관계가 성립합니다(그림 17-3).

$$P \subset NP \subset EXP$$

▼ 그림 17-3 P와 NP

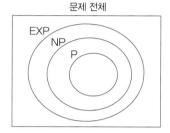

NP 정의가 복잡하고 부자연스럽게 느껴질 수도 있지만 **튜링 기계**(Turing machine)를 사용해서 논의하면 깊이 이해할 수 있습니다. 관심이 있다면 참고 문헌 [15], [16] 등을 읽어 보길 바랍니다.

17.3 P ≠ NP 문제

앞 절에서 P ⊂ NP ⊂ EXP 관계를 이야기했습니다. EXP라는 문제 등급은 대단히 광범위한데, 실제로 대다수의 어려운 문제는 NP에 속한다고 알려져 있습니다. 여기서 'NP에 속하는 문제가 모두 P에도 속할 수 있는 것이 아닌가?'라는 의문이 생깁니다. 만약 P = NP가 성립한다면 현실 세계의 다양한 어려운 문제가 다항식 시간으로 풀리게 됩니다. 그렇다면 컴퓨터 과학 범주를 넘어서 (제한 시간 안에 답을 찾는 게 힘들어서) 뚫기 어려워서 안전하다고 믿어온 암호 체계가 그렇지 않다는 것이 밝혀지는 등 사회 전체에 엄청난 충격을 주게 될 것입니다. 하지만 실제로는 수많은 연구자가 오랫동안 노력해 왔지만 다항식 시간 알고리즘을 찾지 못한 어려운 문제가 NP에는 많이 있습니다. 많은 사람이 P ≠ NP라고 예상하고 있습니다.

그런데 기묘하게도 NP에는 속하지만 P에는 속하지 않는 문제는 지금까지 하나도 발견되지 않았습니다. 안정 집합 문제나 해밀턴 사이클 문제처럼 다항식 시간으로 풀 수 있을 것이라고 도저히 생각할 수 없는 문제마저도, 문제를 푸는 다항식 시간 알고리즘이 존재하지 않는다는 것도 증명되지 않았습니다. 일반적으로 존재하지 않는 것을 증명하는 건 무척이나 힘든 일입니다.

P = NP인가, P ≠ NP인가 확실하게 밝히고 싶은 수많은 연구자가 노력을 거듭해 왔습니다. 이 문제를 'P ≠ NP 문제(P is not NP)'라고 합니다. 컴퓨터 과학에서 중요한 미해결 문제로, 미국의 클레이 수학 연구소에서 2000년에 100만 달러의 상금을 걸고 발표한 일곱 가지 문제 중 하나로 선정되기도 했습니다.

다음 절에서는 이 문제와 관련된 'NP 완전' 문제 등급을 소개합니다. NP에 속하는 문제 중에서 가장 어려운 문제 등급입니다. 만약 NP 완전 등급에 속하는 문제를 푸는 다항식 시간 알고리즘을 개발할 수 있다면, NP에 속하는 다른 모든 문제에 대해서도 다항식 시간 알고리즘을 개발할 수 있게 됩니다.

17.4 NP 완전

P ≠ NP 여부를 묻는 문제를 해결하는 실마리가 보이지 않는 상황입니다. 그러면 'NP 중에서 가장 어려운 문제는 무엇인가'라는 질문이 떠오르는 것은 자연스런 흐름입니다. 여기서 17.1절에서 소개한 '해결하기 어려운 문제 X에 대해 다항식 시간 알고리즘이 존재하지 않는다고 널리 알려진 어려운 문제 Y를 가져와서 Y를 X로 환원하는 다항식 시간 환원 기법'을 떠올려 보길 바랍니다. 이때 어려운 문제 Y로서 유용한 것이 **NP 완전**(NP-complete) 등급 문제입니다.[5] NP 완전 문제는 NP에 속하는 문제 중에서도 가장 어려운 문제라 할 수 있습니다. 다시 말해, NP 완전에 속하는 문제 중 하나라도 다항식 시간 알고리즘이 존재한다면 P = NP임이 확정됩니다.

---

5 이 책에서는 튜링 환원이라고 하는 다항식 시간 환원 사고법을 사용해 NP 완전을 정의합니다. 다른 복잡도 이론에서 주로 사용하는 정의로 다대일 다항식 시간 환원을 사용하기도 합니다. 양쪽 정의가 등가인지 여부는 미해결 문제입니다. 관심이 있다면 참고 문헌 [15], [16], [20] 등을 읽어 보길 바랍니다.

> ### NP 완전
>
> 판정 문제 X가 다음 조건을 만족할 때 **NP 완전 등급**(class NP-complete)에 속한다고 한다.
>
> - $X \in \text{NP}$이다.
> - NP에 속하는 모든 문제 Y에 대해 Y를 X로 다항식 시간 환원 가능하다.
>
> 그리고 NP 완전에 속하는 문제를 NP 완전 문제라고 한다.

역사적으로 **충족 가능성 문제**(satisfiability problem, SAT)가 최초로 NP 완전성이 증명된 문제입니다. 즉, SAT가 다항식 시간에 풀린다면 NP에 속하는 모든 문제가 다항식 시간에 풀리게 됩니다. SAT는 논리 함수에 속하는 문제입니다. $X = \{X_1, X_2, ..., X_N\}$을 불 변수(boolean variable)(true 또는 false 값이 되는 변수) 집합이라고 할 때 예를 들어,

$$(X_1 \lor \neg X_3 \lor \neg X_4) \land (\neg X_2 \lor X_3) \land (\neg X_1 \lor X_2 \lor X_4)$$

이런 논리식이 true가 되는 불 변수 $X_1, X_2, ..., X_N$ 할당 방법이 존재하는지 묻는 문제입니다.

SAT가 NP 완전 문제라는 증명은 내용이 어려우므로 이 책에서는 생략합니다.[6] 하지만 일단 NP 완전 문제를 찾으면 다항식 시간 문제로 환원한 문제도 NP 완전 문제라는 걸 알 수 있습니다. 이렇게 차례차례 지금까지 각 분야에서 알려진 유명한 어려운 문제의 대다수가 실은 NP 완전 문제임이 증명되었습니다. NP 완전 문제는 NP 중에서도 가장 어려운 문제를 의미하며, 실제로 유명한 어려운 문제의 대부분이 NP 완전 문제에 속한다고 판명되었습니다. 이건 서로 동등하게 어렵다는 뜻입니다. 17.2절에서 소개한 안정 집합 문제나 해밀턴 사이클 문제도 NP 완전 문제입니다.

여기서는 17.1절에서 제시한 해결할 수 있을 것 같지 않은 곤란한 문제와 만났을 경우의 대처 방법을 다시 생각해 봅시다. 다항식 시간 알고리즘을 설계할 수 없을 것 같은 문제 X를 마주한다면 NP 완전에 속할 가능성을 의심해 보고, 알려진 NP 완전 문제 Y를 가져와서 Y를 X로 다항식 시간 환원해 볼 수 없을지를 생각해 봅니다. 만약 성공한다면 X를 푸는 다항식 시간 알고리즘을 설계하려는 마음을 깔끔하게 포기할 수 있고, 부질없는 노력을 하지 않아도 됩니다.

---

6 참고 문헌 [15] 등을 참조하길 바랍니다.

17.5 / 다항식 시간 환원 예

해결 불가능해 보이는 판정 문제 X에 대해 어떤 NP 완전 문제 Y에서 다항식 시간 문제로 환원하는 몇 가지 예를 살펴봅시다.

17.5.1 꼭짓점 커버 문제

17.2절에서 소개한 안정 집합 문제가 NP 완전 문제라는 걸 가지고 다음의 꼭짓점 커버 문제도 NP 완전 문제라는 걸 증명하겠습니다.[7]

> **꼭짓점 커버 문제**
>
> 무향 그래프 $G = (V, E)$에서 꼭짓점 집합의 부분 집합 $S \subset V$가 꼭짓점 커버(vertex cover)라면 G의 임의의 변 $e = (u, v)$에 대해 u, v 중 적어도 하나는 S에 속한다(그림 17-4). 양의 정수 k가 주어졌을 때 크기가 k 이하인 꼭짓점 커버가 존재하는지 판정하라.

▼ 그림 17-4 안정 집합과 꼭짓점 커버

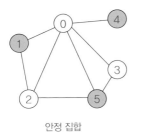 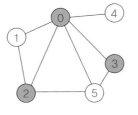

안정 집합 | 꼭짓점 커버

그림의 빨간색 꼭짓점으로 만든 집합 {1, 4, 5}는 어떤 두 꼭짓점 사이에도 변이 존재하지 않음

어떤 변이라도 꼭짓점 중 하나는 그림의 보라색 꼭짓점으로 만든 집합 {0, 2, 3}에 속함

꼭짓점 커버 문제가 NP에 속하는 건 분명합니다. 꼭짓점 커버 문제가 다항식 시간에 풀린다면 안정 집합 문제도 다항식 시간으로 풀 수 있음을 증명합시다. 우선 S가 안정 집합이라는 것과 $V - S$가 꼭짓점 커버라는 것이 동치임을 증명합니다. S가 안정 집합이라면 임의의 변 $e = (u, v)$에 대

---

7   반대로 꼭짓점 커버 문제를 안정 집합 문제로 환원하는 것도 가능합니다.

해 u, v가 동시에 S에 속하는 경우는 없습니다. 따라서 u, v 중 적어도 하나는 $V - S$에 속합니다. 그리고 $V - S$는 꼭짓점 커버입니다. 반대로 $V - S$가 꼭짓점 커버라면, 임의의 변 $e = (u, v)$에 대해 u, v 중 적어도 하나는 $V - S$에 속하므로 u, v가 동시에 S에 속하는 경우는 없습니다. 이건 S가 안정 집합이라는 것을 의미합니다.

이상으로 만약 크기 $|V| - k$ 이하의 꼭짓점 커버가 존재한다면 크기 k 이상인 안정 집합이 존재하는 걸 알 수 있습니다. 반대로 크기 $|V| - k$ 이하인 꼭짓점 커버가 존재하지 않으면 크기 k 이상인 안정 집합이 존재하지 않는 것도 알 수 있습니다. 따라서 꼭짓점 커버 문제가 다항식 시간으로 풀린다면 안정 집합 문제도 다항식 시간에 풀리는 것이 증명됩니다.

17.5.2 부분합 문제(*)

또 다른 예로 꼭짓점 커버 문제가 NP 완전 문제라는 것을 사용해서 부분합 문제도 NP 완전이라는 것을 증명해 봅시다. 부분합 문제는 3.5절, 4.5절 등에서 계속 검토했습니다. 5.4절에서는 부분합 문제를 근본적으로 포함하는 냅색 문제를 살펴봤습니다. 냅색 문제는 이미 4.5.3, 5.4절에서 본 것처럼 동적 계획법으로 $O(NW)$ 복잡도로 풀 수 있습니다. 얼핏 보면 다항식 시간처럼 보이지만, 입력 크기를 잘 생각해 보면 지수 시간 알고리즘입니다. N은 개수를 나타내고 W는 수치를 나타냅니다. 예를 들어 $W = 2^{10000}$일 때 W를 입력으로 받으려면 이진법으로 10001 자릿수만큼 저장 공간이 필요합니다. 이는 W라는 수치를 받기 위한 입력 크기 M이 실제로는 $M = O(\log W)$라는 걸 의미합니다. 따라서 $NW = N2^{\log W}$이므로 $O(NW)$ 복잡도의 알고리즘은 지수 시간이 됩니다. 이렇듯 실제는 지수 시간이지만 입력 수치 크기에 따라 다항식 시간으로 실행할 수 있는 알고리즘을 **의사 다항식 알고리즘**(psuedo-polynomial algorithm)이라고 합니다.

> **부분합 문제**
>
> N개의 양의 정수 a_0, a_1, ..., a_{N-1}과 양의 정수 W가 주어졌을 때 a_0, a_1, ..., a_{N-1}에서 정수를 몇 개 골라 그 합이 W가 될 수 있는지 판정하라.

일단 부분합 문제가 NP에 속하는 건 분명합니다. 실제로 증거로 제시된 a_0, a_1, ..., a_{N-1}의 부분 집합 총합이 W와 일치하는지 확인해 보면 되는데, 이건 다항식 시간으로 실행할 수 있습니다.

다음으로 부분합 문제가 다항식 시간으로 풀린다면 꼭짓점 커버 문제도 다항식 시간으로 풀 수 있음을 증명합시다. 즉, 구체적인 무향 그래프 $G = (V, E)$와 양의 정수 k가 주어졌을 때 이것으로 정수열 $a = \{a_0, a_1, ..., a_{N-1}\}$ 및 양의 정수 W를 구성하고, G가 크기 k인 꼭짓점 커버를 가질 때만 a의 부분 집합이고 총합이 W인 것이 존재함을 보입니다. 구체적으로는 다음과 같이 정수열 a와 W를 정합니다(그림 17-5). 꼭짓점 v에 접속하는 변의 변 번호 집합을 $I(v)$라고 합시다.

- 꼭짓점 번호가 i인 각 꼭짓점 v에 대해 $a_i = 4^{|E|} + \sum_{i \in I(v)} 4^i$가 됨
- 변 번호가 j인 각 변 e에 대해 $a_{j+|V|} = 4^j$가 됨
- $W = k4^{|E|} + 2\sum_{i=0}^{|E|-1} 4^i$가 됨

❤ 그림 17-5 꼭짓점 커버 문제를 부분합 집합 문제로 환원

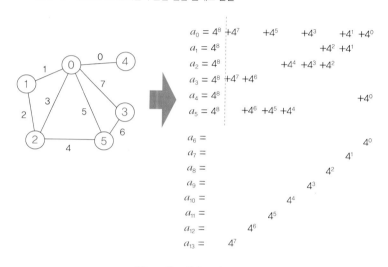

$$W = K4^8 + 2(4^7 + 4^6 + 4^5 + 4^4 + 4^3 + 4^2 + 4^1 + 4^0)$$

여기서 그림 17-5처럼 각 $i = 0, 1, ..., |E| - 1$에 대해 a 중 4^i를 항으로 가지는 것이 세 개이므로, a에서 어떻게 부분 집합을 골라 총합을 구해도 자릿수 올림은 발생하지 않으므로 주의하길 바랍니다($i = |E|$만 예외).[8]

그래프 $G = (V, E)$가 구체적으로 크기 k인 꼭짓점 커버 S를 가지고 있다면, 그것을 수열 a의 부분 집합에 빗대어 그 총합이 W인 것에 대응시킵니다. 최초로 꼭짓점 커버 S에 속하는 꼭짓점 i에 대해 a_i를 선택합니다(그림 17-6). 이때 선택한 a 안에 포함된 $4^{|E|}$ 개수는 딱 k개가 됩니다. 한편 각 $i = 0, 1, ..., |E| - 1$에 대해서는 선택한 a에 포함된 4^i의 개수가 한 개 또는 두 개가 됩니다(S가 꼭짓점 커버이므로 0개는 불가능합니다). 따라서 선택한 a에 포함된 4^i의 개수가 한 개인

---

8 역주 4^i 항 개수를 4진법을 사용해서 표현하는데, 4진법은 0에서 3까지 네 가지 숫자를 표현 가능합니다. 이 식에서 같은 항은 아무리 많아도 세 개까지이므로 자릿수 올림은 발생하지 않습니다.

i에 대해 $a_{i+|V|}$를 추가로 선택하면 모든 i에 대해 4^i가 딱 두 개씩 존재합니다(그림 17-6). 이때 선택한 a의 총합이 W와 일치합니다.

반대로, 동일한 방법으로 수열 a의 부분 집합 중에서 총합이 W와 일치하는 것이 존재하면 크기가 k인 G의 꼭짓점 커버를 구축할 수 있음을 증명할 수 있습니다.

이상으로 부분합 문제를 다항식 시간으로 풀 수 있다면 꼭짓점 커버 문제도 다항식 시간으로 풀 수 있음을 증명했습니다. 따라서 부분합 문제는 NP 완전 문제입니다.

▼ 그림 17-6 꼭짓점 커버와 부분합 대응

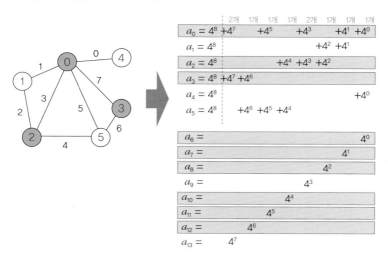

$$W = K4^8 + 2(4^7 + 4^6 + 4^5 + 4^4 + 4^3 + 4^2 + 4^1 + 4^0)$$

17.6 NP 난해

지금까지 살펴본 P, NP, NP 완전은 모두 판정 문제의 등급이었습니다. 하지만 최적화 문제나 셈하기 문제 등 판정 문제가 아닌 일반 문제에 대해서도 어려움을 논의하고 싶기 마련입니다. 그래서 **NP 난해**(NP-Hard)는 다음과 같이 정의합니다.

문제 X에 대해 어떤 NP 완전 문제 Y가 존재하고, X를 다항식 시간으로 푸는 알고리즘으로 Y도 다항식 시간으로 풀릴 때 X는 NP 난해 문제라고 한다.

그러니까 NP 난해 문제는 판정 문제에 한정하지 않은, NP 완전 문제와 동등하거나 그 이상으로 어려운 문제를 말합니다. 대다수의 NP 난해 문제는 대응하는 NP 완전 문제를 자연스럽게 포함합니다. 예를 들어 다음과 같은 **최대 안정 집합 문제**는 안정 집합 문제(판정 문제)를 부분 문제로 포함합니다. 최대 안정 집합 문제가 풀린다면 안정 집합 문제(판정 문제)도 곧바로 해결되므로 최대 안정 집합 문제는 NP 난해 문제입니다. 마찬가지로 다음과 같은 **최소 꼭짓점 커버 문제**도 꼭짓점 커버 문제(판정 문제)를 부분 문제로 포함하는 NP 난해 문제입니다.

최대 안정 집합 문제

무향 그래프 $G = (V, E)$가 있을 때 안정 집합 크기의 최댓값을 구하라.

최소 꼭짓점 커버 문제

무향 그래프 $G = (V, E)$가 있을 때 꼭짓점 커버 크기의 최솟값을 구하라.

또한, 유명한 **순회 외판원 문제**(traveling salesman problem, TSP)도 해밀턴 사이클 문제를 포함하므로 NP 난해 문제입니다. 순회 외판원 문제를 푼다는 말은 그래프 G의 해밀턴 사이클 중에서 가장 좋은 것을 고른다는 의미입니다. 따라서 그런 최적값을 알 수 있다면 G에 해밀턴 사이클이 존재하는지 여부도 동시에 알 수 있습니다.

순회 외판원 문제(TSP)

가중치 유향 그래프 $G = (V, E)$가 주어졌을 때 각 변의 가중치는 음이 아닌 정수다.

각 꼭짓점을 한 번씩만 방문하는 사이클의 길이가 최소가 되는 값을 구하라.

17.7 정지 문제

지금까지 NP 난해 문제의 예로 NP 완전 문제를 자연스럽게 포함하는 최적화 문제를 들었습니다. 이런 문제는 판정 문제가 아니므로 NP 완전 문제에는 속하지 않습니다. 하지만 판정 문제 중에는 처음부터 NP에 속하지 않는 문제도 있습니다. 예를 들어 **정지 문제**(halting problem)가 있습니다. 정지 문제는 NP에는 속하지 않지만 NP 난해 문제입니다.

정지 문제

컴퓨터 프로그램 P와 프로그램 입력 I가 주어졌을 때, I를 입력해서 P를 실행했을 경우 P가 유한 시간에 정지할지 여부를 판정하라.

정지 문제가 NP 난해에 속하는 건 간단히 증명할 수 있습니다. 정지 문제를 푸는 다항식 시간 알고리즘 H가 존재한다면, 충족 가능성 문제(SAT)를 다항식 시간으로 풀 수 있음을 보이면 됩니다. 논리식을 입력받아서 만약 그것을 충족하는 참, 거짓 할당이 존재하면 출력하고, 존재하지 않으면 무한 반복에 빠지는 프로그램을 생각해 봅시다. 이 프로그램과 논리식을 H에 입력했을 때 유한 시간에 정지할 수 있는지 여부를 다항식 시간에 판정할 수 있다면, 주어진 논리식을 충족하는 참, 거짓 값이 존재하는지 여부를 다항식 시간으로 판정 가능하다는 의미입니다. 이로써 정지 문제가 NP 난해에 속한다는 것이 증명됩니다.

정지 문제는 원래 풀 수 없는 문제라고 알려져 있으며 NP에 속하지 않습니다. 구체적으로는 정지 문제를 풀 수 있는 프로그램이 존재한다고 가정해서 모순을 도출할 수 있습니다. 관심이 있다면 참고 문헌 [3]의 '풀 수 없는 문제'를 참조하길 바랍니다.

17.8 정리

역사적으로 다항식 시간 알고리즘을 찾지 못한 유명한 어려운 문제의 대다수가 '아마도 다항식 시간 알고리즘이 존재하지 않을 것'이라고 대부분 추측하는 NP 난해 문제라는 사실을 살펴봤습니다.

실제로 해결 불가능해 보이는 어려운 문제 X와 마주하면, 알려진 NP 난해 문제 Y 중 하나를 가져와서 Y를 X로 환원할 수 없을지 생각해 보는 게 좋습니다. 만약 X도 NP 난해에 속하는 것을 알면, 다항식 시간 알고리즘을 설계하려는 미련을 버리고 건설적인 방향으로 나아가면 됩니다. 예를 들어 X가 최적화 문제라면 정확한 최적해를 구하는 데 매달리지 말고, 조금이라도 더 나은 근삿값을 구하는 쪽으로 방향을 전환하는 것입니다. 18장에서는 NP 난해 문제와 마주하는 방법론을 몇 가지 소개합니다.

17.9 연습 문제

17.1 해밀턴 사이클 문제가 NP에 속하는 것을 증명하라. (난이도 ★)

17.1 그래프 $G = (V, E)$와 양의 정수 k가 주어졌을 때 G가 크기 k 이상인 완전 그래프를 부분 그래프로 포함하는지 여부를 판정하는 문제를 **클릭 문제**(clique problem)라고 한다. 클릭 문제가 NP에 속하는 것을 증명하라. (난이도 ★)

17.3 안정 집합 문제가 NP 완전이라는 것을 이용해서 클릭 문제도 NP 완전이라는 것을 증명하라. (난이도 ★★★)

memo

18^장

18 어려운 문제 대책

17장에서는 효율적으로 풀 수 없다고 알려진 NP 난해 문제를 설명했습니다. 현실의 많은 문제가 NP 난해에 속하는 걸 봤는데, 알고리즘을 통해 문제를 해결하려던 사람 입장에서는 충격적인 사실입니다. 하지만 이 사실이 현실 세계의 문제를 해결함에 있어 그렇게까지 겁먹을 이야기는 아닙니다. 이 장에서는 그런 문제를 어떻게 대할지 대책을 검토합니다.

18.1 NP 난해 문제와 마주하기

17장에서는 많은 문제가 NP 난해 문제에 속하는 걸 봤습니다. 우리가 실생활에서 직면하는 문제도 NP 난해에 속할 가능성이 높습니다. 그럴 때마다 문제를 해결할 수 없다고 포기할 수밖에 없는 걸까요?

분명히 NP 난해 문제에 대해 가능한 모든 경우의 수를 다항식 시간으로 푸는 알고리즘을 고안하는 건 절망적입니다. 하지만 이건 어디까지나 최악의 경우까지 모두 대상일 때의 이야기입니다. 입력값에 따라서는 현실적인 시간에 답을 도출할 가능성이 있습니다. 또한, 작업 중인 NP 난해 문제가 최적화 문제라면 진짜 최적해를 구할 수 없더라도 그에 가까운 근삿값이면 충분한 경우도 있습니다. 이 장에서는 NP 난해 문제를 마주하는 몇 가지 방법론을 소개합니다.

18.2 특수한 경우로 풀리는 방법

우선 NP 난해 문제라도 특정한 입력값이라면 효율 좋게 풀리는 예를 소개합니다. 7.3절에서 살펴본 구간 스케줄링 문제는 특수한 그래프에 대한 최대 안정 집합 문제(17.6절)라고 할 수 있습니다. 구체적으로는,

- 각 구간을 꼭짓점으로 만듦
- 서로 교차하는 두 구간 사이에 변을 그림

이렇게 구성한 그래프의 최대 안정 집합 문제로 생각할 수 있습니다(그림 18-1). 이는 NP 난해

문제인 게 분명한 최대 안정 집합 문제가 구간 교차 관계를 나타내는 그래프라면 다항식 시간으로 풀 수 있다는 뜻입니다. 즉, 다루는 문제가 NP 난해 문제라는 걸 알고 있더라도 실제로 주어진 입력이 어떤 성질인지 잘 따져보면 효율적으로 풀 수 있습니다.

▼ 그림 18-1 구간 스케줄링 문제와 최대 안정 집합 문제의 대응

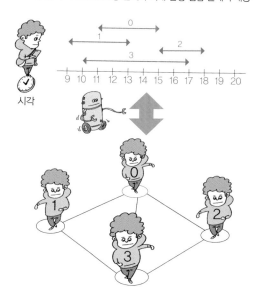

최대 안정 집합 문제를 다항식 시간으로 풀 수 있는 그래프의 등급으로는 다음 두 가지가 대표적입니다.[1]

- 이분 그래프
- 트리

이분 그래프의 자세한 설명은 생략하지만, 이분 그래프의 최대 매칭 문제(16.5절)로 환원해서 다항식 시간으로 풀 수 있는 건 알려져 있습니다.[2] 트리는 이분 그래프이기도 하므로 다항식 시간으로 풀 수 있는 건 분명하지만, 트리 특유의 구조를 활용해서 탐욕법(7장)으로 푸는 방법도 있습니다(연습 문제 18.1). 게다가 각 꼭짓점에 가중치가 있는 경우를 생각해 본 다음의 가중 최대 안정 집합 문제도 동적 계획법(5장)으로 풀 수 있습니다. 여기서는 가중 최대 안정 집합 문제를 동적 계획법에 기반하여 푸는 방법을 설명하겠습니다.

18
어려운 문제 대처

---

1 최대 안정 집합 문제가 다항식 시간으로 풀리는 그래프의 등급으로 이런 모두를 포함하는 **완벽 그래프**(perfact graph)라는 것도 알려져 있습니다.

2 참고 문헌 [5] 네트워크 흐름을 참고하길 바랍니다.

여기서 13.10절에서 설명한 걸 다시 떠올려 보길 바랍니다. 루트가 없는 트리라도 편의상 적당히 하나를 골라 루트 트리로 바꿔서 보기 편하게 만들고 문제를 푸는 방법을 봤습니다. 가중 안정 집합 문제가 바로 그런 문제입니다. 루트를 하나 정해서 루트 트리로 만들고, 트리에서 동적 계획법으로 최적해를 구합니다(그림 18-2). 가중 최대 안정 집합 문제에서는 부분 문제를 다음과 같이 정의합니다.

▼ 그림 18-2 트리에서 동적 계획법의 사고법

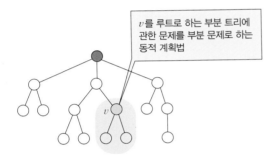

v를 루트로 하는 부분 트리에 관한 문제를 부분 문제로 하는 동적 계획법

그리고 각 꼭짓점 v에 대해 자식 꼭짓점 c를 루트로 하는 부분 트리에 관한 정보를 모읍니다.

dp1에 대해

v의 각 자식 꼭짓점 c를 루트로 하는 각 부분 트리에 대한 최대 가중치의 총합을 구하면 되므로

다음과 같습니다.

$$dp1[v] = \sum_{c:v의\ 자식\ 꼭짓점} \max(dp1[c],\ dp2[c])$$

dp2에 대해

v의 각 자식 꼭짓점 c를 루트로 하는 각 부분 트리에 대해 c를 고르지 않는 범위에서 c를 루트로 하는 각 부분 트리에 대한 최대 가중치의 총합을 구하면 되므로 다음과 같습니다.

$$dp2[v] = w(v) + \sum_{c:v의\ 자식\ 꼭짓점} dp1[c]$$

이상을 정리하면 코드 18-1처럼 구현할 수 있습니다. 복잡도는 $O(|V|)$입니다.

코드 18-1 가중 최대 안정 집합 문제를 푸는, 트리의 동적 계획법

```cpp
#include <iostream>
#include <vector>
#include <cmath>
using namespace std;
using Graph = vector<vector<int>>;

// 입력
int N; // 꼭짓점 개수
vector<long long> w; // 각 꼭짓점의 가중치
Graph G; // 그래프

// 트리의 동적 계획법 테이블
vector<int> dp1, dp2;

void dfs(int v, int p = -1) {
    // 먼저 각 자식 꼭짓점을 탐색함
    for (auto ch : G[v]) {
        if (ch == p) continue;
        dfs(ch, v);
    }

    // 후위 순회 시에 동적 계획법
    dp1[v] = 0, dp2[v] = w[v]; // 초기 조건
    for (auto ch : G[v]) {
        if (ch == p) continue;
```

```
            dp1[v] += max(dp1[ch], dp2[ch]);
            dp2[v] += dp1[ch];
        }
    }

    int main() {
        // 꼭짓점 개수(트리이므로 변 개수는 N - 1)
        cin >> N;

        // 가중치와 그래프를 입력받음
        w.resize(N);
        for (int i = 0; i < N; ++i) cin >> w[i];
        G.clear(); G.resize(N);
        for (int i = 0; i < N - 1; ++i) {
            int a, b;
            cin >> a >> b;
            G[a].push_back(b);
            G[b].push_back(a);
        }

        // 탐색
        int root = 0; // 임시로 꼭짓점 0을 루트로
        dp1.assign(N, 0), dp2.assign(N, 0);
        dfs(root);

        // 결과
        cout << max(dp1[root], dp2[root]) << endl;
    }
```

동적 계획법을 사용하는 해법은 트리에서 시작해 적용 범위를 넓혀 트리 성향이 강한 그래프에 대한 해법으로 자연스럽게 흘러가는 점이 중요합니다. 관심이 있다면, 그래프가 트리에 얼마나 가까운지를 나타내는 척도인 **트리 너비**(tree-width)를 조사해 보길 바랍니다. 트리 너비가 일정 수준 이하인 그래프라면 효율적인 알고리즘을 설계할 수 있습니다. 현실에서 발생하는 그래프 네트워크는 트리 너비가 작은 것도 많아 실용 가능성이 높으므로 매력적인 화제입니다.

18.3 탐욕법

7장에서 봤듯이 탐욕법이 늘 최적해를 찾는 건 아닙니다. 탐욕법으로 최적해가 구해지는 문제는 근본적으로 좋은 성질을 가지고 있다고 볼 수 있습니다. 하지만 현실의 많은 문제는 탐욕법으로 얻은 답이 최적은 아니더라도 최적해에 가까운 답인 경우가 많습니다. 여기서는 5.4절에서 확인한 냅색 문제를 다시 한 번 생각해 봅시다.

냅색 문제

N개의 물건이 있을 때 $i(= 0, 1, ..., N - 1)$번째 물건 무게는 $weight_i$, 가격은 $value_i$라고 하자.

N개의 물건에서 무게의 총합이 W를 넘지 않도록 몇 가지 물건을 선택할 때 고른 물건의 가격 총합의 최댓값을 구하라(단, W와 $weight_i$는 0 이상의 정수).

5.4절에서 동적 계획법에 기반한 알고리즘을 봤고, 이번에는 탐욕법으로 푸는 방법을 검토해 봅시다. 직감적으로는 단위 무게당 가격이 높은 쪽부터 우선적으로 고르면 될 것 같습니다. 하지만 그런 탐욕법으로는 최적값을 찾을 수 없는 문제로, 다음과 같은 입력값이 있습니다.

$$N = 2, \ W = 1000, \ (weight, value) = \{(1, 5), (1000, 4000)\}$$

무척 악의적인 입력값입니다. 최적해는 (무게, 가격)이 (1000, 4000)인 물건을 하나 고르는 것으로 총가격은 4000입니다. 하지만 단위 무게당 가격이 높은 걸 먼저 선택하는 탐욕법이라면 총가격은 5로 끝나고 맙니다. 실제로 입력값이 이 정도로 좋지 않은 경우는 드물기 때문에 탐욕법으로 얻은 답은 최적은 아닐지 몰라도 그럭저럭 최적해에 가까운 답이 됩니다.

냅색 문제에 대한 탐욕법에서 주의할 점은 두 가지입니다. 첫 번째는 냅색 문제 설정을 조금 변경하는 것만으로, 탐욕법으로 최적해가 구해진다는 점입니다. 각 물건에 선택 여부를 의미하는 0 또는 1이라는 두 가지 선택지만 존재하는 것이 아니라, 예를 들어 $\frac{4}{5}$개만큼만 고르는 것처럼 어중간한 분량을 선택할 수 있는 패턴의 문제를 생각해 봅시다. 각 물건에서 선택할 분량은 0 이상 1 이하인 실수로 합니다. 이렇게 문제 조건을 조금 느슨하게, 다루기 쉽게 만드는 것을 **완화**(relaxation)

라 하고 다루기 쉬워진 문제를 **완화 문제**(relaxed problem)라 합니다. 특히 정수만 받는 변수를 연속값(실수)도 받도록 만든 완화를 **연속 완화**(continuous relaxation)라고 부릅니다. 냅색 문제를 연속 완화한 문제라면 탐욕법으로 최적해를 도출할 수 있습니다. 일반적인 냅색 문제는 어중간하게 빈 용량이 남아서 넣고 싶었던 물건을 넣지 못하는 상황이 발생하지만, 연속 완화된 냅색 문제는 끝까지 채워 넣을 수 있기 때문입니다. 18.5절에서는 냅색 문제에 대한 분기 한정법에서도 연속 완화를 유용하게 활용합니다.

두 번째 주의할 점은 탐욕법에 대한 악의적인 입력값을 고찰하는 것이 알고리즘을 개선할 때도 유효하다는 것입니다. 예를 들어 냅색 문제에 대한 탐욕법은 다음과 같은 대책을 세우면 성능이 향상됩니다.

냅색 문제를 푸는 탐욕법 개량

N개의 물건을 value/weight 값이 큰 순서부터 채우는데, 어떤 단계에서 (가격, 무게)가 (v_p, w_p)인 물건 p가 남은 공간에 들어가지 못한다고 하자. 그런데 $w_p \leq W$이다. 만약 이미 냅색에 들어 있는 물건 총가격이 v_{greedy}이고 $v_p > v_{greedy}$이라면, 냅색에 들어 있는 물건을 모두 파기하고 물건 p로 교체한다.

이 개선책으로 앞에서 본

$$N = 2, \ W = 1000, \ (\text{weight}, \text{value}) = \{(1, 5), (1000, 4000)\}$$

입력값이라도 무사히 최적해 (1000, 4000)에 도달할 수 있습니다. 이렇게 개선하면 근본적으로 근사 알고리즘으로서의 성능도 좋아집니다. 근사 알고리즘은 18.7절에서 살펴보겠습니다.

18.4 / 국소 탐색과 담금질 기법

이번에는 다항식 시간으로 풀 수 없어 보이는 최적화 문제를 마주하는 방법으로 적용 가능 범위가 넓은 **국소 탐색**(local search) 방법을 소개합니다. 국소 탐색은 무척 범용적인 기법이며 실용적이라 널리 사용됩니다.

국소 탐색은 변수 x에 대한 함수 $f(x)$를 최소화하고 싶은 문제에 있어, 적당한 초깃값 $x = x_0$에서 출발해 $f(x)$가 줄어드는 방향으로 조금씩 x를 변경하는 수법입니다. 이때 x에 대해 아주 조금만 변경을 더한 후보군을 **이웃**(neighborhood)이라고 부릅니다. 예를 들어 15.4.2절에서 봤던 신장 트리 T에서 포함되지 않는 변 e를 취하고 T, e에 관한 기본 사이클 중에서 변 f를 골라 T에서 e, f를 교환한 것은 신장 트리 T의 이웃이라고 할 수 있습니다(그림 18-3). 국소 탐색법은 이웃 집합 중에서 $f(x)$를 감소시키는 것이 없어지는 시점에 종료합니다(실제로는 단계 제한 횟수 또는 제한 시간을 설정해서 도중에 중단하는 방법도 사용합니다). 이때 x는 국소 최적해에 도달했다고 합니다.

▼ 그림 18-3 신장 트리의 이웃

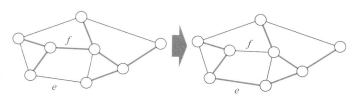

국소 탐색은 무척 손쉬운 방법이지만 큰 결점도 있습니다. 그림 18-4처럼 국소 탐색으로 국소 최적해를 구하더라도 그것이 전체의 최적해가 아닐 수도 있습니다. 최소 신장 트리를 구하는 문제라면 국소 최적해가 전체 최적해라는 것이 보증되지만, 극히 이례적인 경우입니다.

▼ 그림 18-4 국소 최적해의 모습

따라서 국소 탐색해의 함정에 빠지더라도 거기서 벗어나거나, 조금이라도 더 좋은 국소 탐색해에 다가설 수 있는 개선 방법이 여럿 고안되었습니다. 예를 들어 **담금질 기법**(simulated annealing)은 국소 탐색을 실시할 때 함수 $f(x)$ 값이 개선될 여지가 없어 보이는 이웃을 향하는 것도 확률적으로 허용합니다. 그 확률이 계속해서 큰 값만 나온다면 단순한 무작위로 답을 갱신하는 것과 다르지 않으므로 온도라고 부르는 인수로 확률을 제어합니다. 탐색 단계가 진행될수록 감소하는 온도에 따라 확률도 감소합니다. 그 과정이 금속을 조금씩 식혀 가며 두들기는 담금질과 닮아서 담금질 기법이라고 부릅니다. 흥미가 있다면 참고 문헌 [10]의 '국소 탐색' 장을 읽어 보길 바랍니다.

18.5 분기 한정법

분기 한정법은 최적화 문제에 대한 알고리즘 설계 기법입니다. 기본적으로는 막무가내식으로 전체 탐색을 하면서 현재까지 찾은 가장 좋은 답보다 더 나은 답을 찾을 수 없다고 판명된 선택지라면 그 이후의 탐색을 생략해서 계산 시간을 단축하는 것을 노리는 수법입니다. 이런 식으로 탐색을 생략하는 것을 **가지치기**(pruning)라고 합니다. 최악의 경우라면, 가지치기가 거의 동작하지 않고 현실적인 계산 시간으로는 답을 찾을 수 없는 상태에 빠지기도 합니다. 한편, 문제 구조나 입력 값 특성을 잘 활용하면 빠르고 실용적으로 답을 구할 수 있는 경우도 많습니다. 5.4절, 18.3절에서도 살펴본 냅색 문제를 예로 들어, 분기 한정법을 간단히 소개하겠습니다.

지금부터 냅색 문제의 답을 전체 탐색으로 찾는 방법을 생각해 봅시다. 이때 각 물건에 대해 순서대로 고른다, 안 고른다는 두 가지 선택이 있으므로 2^N개의 경우의 수가 존재합니다. 이 모든 걸 탐색하려면 끝이 없습니다. 따라서 탐색 과정에서 잠정적인 가장 좋은 답 L을 늘 저장해두고 앞으로 탐색할 노드 이후가 L보다 좋은 답이 나올 가능성이 없다고 판단되면 그 노드 이하는 탐색을 중단합니다(그림 18-5). 이런 수법을 **분기 한정법**(branch and bound)이라고 부릅니다.

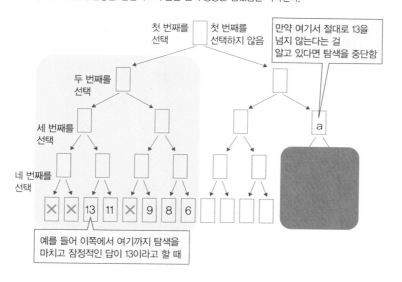

그러면 어떤 경우에 지금부터 탐색하려는 노드 이후를 탐색해도 잠정적인 답보다 좋아지지 않는다고 판단할 수 있을까요? 여기서 18.3절에서 다룬 냅색 문제의 연속 완화가 등장합니다. 예를 들어 그림 18-5의 노드 a의 단계는 이미 물건 1, 2는 고르지 않는다고 정했지만, 물건 3, 4를 어떻게 할지 정하지 않은 상태입니다. 여기서 물건 3, 4에 관한 냅색 문제를 연속 완화한 문제를 풀어봅시다. 이렇게 얻은 답 U와 잠정적인 가장 좋은 답 L을 비교합니다. 만약 U가 L 이하라면 L이 갱신될 가능성은 없습니다. 이 경우 노드 a 이하의 탐색을 포기할 수 있습니다.

대부분의 분기 한정법은 복잡도 그 자체를 줄여주지 않습니다. 악의적인 입력값이라면 터무니없는 시간이 필요합니다. 하지만 다양한 개선법을 사용하면 실제로 문제를 풀 때 무척 빠르게 동작하는 경우도 많습니다.

18.6 정수계획 문제로 공식화

ALGORITHM & DATA STRUCTURES

우선 최적화 문제라고 하면, 보통은 집합 S와 함수 $f : S \rightarrow \mathbb{R}$이 주어졌을 때 조건 $x \in S$를 만족하는 x 중에서 $f(x)$가 최소(최대)가 되는 것을 구하는 문제를 말합니다. 최적화 문제는,

$$\text{최소화 } f(x)$$
$$\text{조건 } \quad x \in S$$

이런 형식으로 기술합니다. 최적화 문제에서 f를 **목적 함수**(objective function)라 하고, 조건 $x \in S$ 를 **제약**(constraint)이라 하며, 제약을 만족하는 x를 **실행가능해**(feasible solution)라 합니다. 또한, f 가 최소가 되는 x를 **최적해**(optimal solution)라 하고 최적해 x에 대한 f 값을 **최적값**(optimal value)이 라 합니다. 예를 들어 냅색 문제는 다음과 같이 쓸 수 있습니다.

냅색 문제의 공식화

최대화 $\text{value}^T x$

조건 $\text{weight}^T x \leq W$

              $x_i \in \{0, 1\} \ (i = 0, \ldots, N - 1)$

여기서 각 변수 x_i는 0과 1 두 값만 가지는 정수 변수로, i번째 물건을 선택하면 $x_i = 1$, 선택하지 않으면 $x_i = 0$으로 나타냅니다. 이렇게 정수 변수를 사용해서 목적 함수와 제약 조건이 모두 1차 원으로 표현되는 최적화 문제를 **정수계획 문제**(integer programming problem)라고 합니다. 정수계획 문제는 냅색 문제를 포함하므로 NP 난해 문제입니다.

어려운 문제를 정수계획 문제로 공식화하면 큰 장점이 있습니다. 예전부터 고성능인 정수계획 솔 버(solver)가 경쟁적으로 개발되어서, 그걸 활용하면 엄청나게 큰 크기의 문제라도 풀 수 있는 경우 가 많기 때문입니다. 유명한 정수계획 솔버 중 다수가 18.5절에서 소개한 분기 한정법에 기반한 알고리즘을 채용하고 있는데, 고속화 목적으로 다양한 기법을 활용합니다. 2020년 현재는 정수 변수가 1,000개를 넘는 문제라도 최적해를 구하는 경우가 적지 않습니다. 따라서 NP 난해로 보 이는 문제를 정수계획 문제로 공식화할 수 있을지 생각해 보는 건 좋은 방법입니다. 다양한 문제 를 정수계획 문제로 공식화하는 기법에 관심이 있다면 참고 문헌 [22]를 참조하길 바랍니다.

18.7 근사 알고리즘

NP 난해 문제를 다루는 수법 중에서 18.2절을 제외한 다른 수법은 이런 고민거리가 있습니다.

- 얻은 답이 최적해와 비교해서 어느 정도 좋은지 이론적으로 알 수 없음(국소 탐색, 메타휴리스틱(metaheuristics))
- 평균적으로 어느 정도의 계산 시간으로 답을 구할 수 있는지 이론적인 보증이 없음(분기 한정법, 정수계획 솔버를 사용한 방법)

그런데 실제로는 이런 문제에 대해 이론 연구자와 실무자는 조금 다른 입장을 취합니다.

이론 연구자에게 있어 이론으로 제대로 보증이 된다는 것은 그 자체가 연구 성과의 가치를 크게 끌어올립니다. 이론으로 보증된 알고리즘은 수학적인 근거가 있으므로 좋고 나쁨을 명확하게 평가하기가 쉽기 때문입니다. 그 수법의 아이디어가 혁신적이고, 발전의 여지가 있고, 다른 문제에도 해당 아이디어를 적용해서 우수한 이론으로 보증된 알고리즘을 만들 수 있다면 더할 나위가 없습니다.

한편, 실무자라면 고안해낸 수법이 이론으로 보증된 것이 아니더라도, 경험적으로 충분한 성능을 보여준다면 만족하는 경우가 대부분입니다. 이론으로 보증된 근사 알고리즘을 사용하는 기회는 많지 않겠지만, 그렇더라도 이론으로 보증할 수 있을 것 같은 아이디어는 대부분 좋은 알고리즘인 편입니다. 연구자를 지향하는 사람은 물론이고 실무자도 배울 가치가 충분합니다.

최대화 문제[3]에서 근사해를 구하는 다항식 시간 알고리즘을 A라 하고, 입력 I에 대한 답을 $A(I)$, I에 대한 최적값을 $\mathrm{OPT}(I)$라 합니다. 어떠한 입력 I에 대해서도,

$$A(I) \geq \frac{1}{K}\mathrm{OPT}(I)$$

이 식이 성립할 때 A는 **k-근사 알고리즘**(k-factor approximation algorithm)이라 하고, k를 A의 **근사비**(approximation ratio)라 부릅니다.

여기서는 예로 18.3절에서 소개한 냅색 문제에 대한 탐욕법을 개선한 다음의 알고리즘이 2-근사 알고리즘이라는 것을 증명하겠습니다.

---

3   최소화 문제에 대해서도 근사비를 같은 방식으로 정의 가능합니다.

N개의 물건을 value/weight 값이 큰 순서부터 채우는데, 어떤 단계에서 (가격, 무게)가 (v_p, w_p)인 물건 p가 남은 공간에 들어가지 못한다고 하자. 단, $w_p \leq W$이다. 만약 이미 냅색에 들어 있는 물건 총가격이 v_{greedy}이고 $v_p \rangle v_{\text{greedy}}$이라면, 냅색에 들어 있는 물건을 모두 파기하고 물건 p로 교체한다.

간단하게 설명하기 위해 다음과 같이 전제합니다.

- value/weight 값이 큰 순서대로 채워서 처음으로 냅색에 더 이상 넣을 수 없는 단계가 되면, 위에서 설명한 기법을 사용한 후에 처리를 중단합니다(앞으로 남은 용량에 들어가는 물건이 있다고 하더라도 무시합니다).

중단한 시점에 냅색에 들어 있는 물건 가격의 총합을 V_{greedy}라 하고, 냅색에 들어가지 못한 물건 p의 가격을 v_p, 최적해를 v_{opt}라고 합니다.

여기서 냅색 용량 W를 조금 키워서 가격 v_p 물건이 딱 맞게 들어가는 냅색 용량을 W'라고 합시다. 이때 중단한 단계에서 냅색에 들어 있는 품목 집합에 품목 p를 더한 것이 용량 W'에 대한 냅색 문제의 최적해가 됩니다. 왜냐하면 이 답은 용량 W'의 냅색 문제에 대해 연속 완화한 경우의 최적해도 되기 때문입니다. 따라서 다음 식이 성립합니다.

$$V_{\text{greedy}} + v_p \geq V_{\text{opt}}$$

한편 탐욕법(개선판)으로 얻은 답을 V라고 할 때 아래와 같으므로,

$$V = \max(V_{\text{greedy}} + v_p) \geq V_{\text{greedy}}$$

$$V = \max(V_{\text{greedy}} + v_p) \geq V_p$$

다음 관계가 성립합니다.

$$V_{\text{opt}} \leq V_{\text{greedy}} + v_p \leq 2V$$

이렇게 해서 탐욕법(개선판)이 냅색 문제의 2-근사 알고리즘이라는 것을 증명했습니다.

18.8 정리

끝으로 이 책 내용을 총정리해 봅시다. 책 전체를 통해 실용적인 알고리즘 설계 능력을 갈고닦는 것을 목표로 했습니다. 단순히 이미 존재하는 알고리즘이 만들어지는 과정을 알기 쉽게 설명하는 데 그치지 않고, 직접 알고리즘을 설계하는 능력을 쌓아서 문제를 해결하는 데 도움이 되었으면 하는 바람을 담았습니다. 알고리즘을 자신의 도구로 능숙하게 다루려면, 풀고 싶은 문제에 따라 기존의 알고리즘을 유연하게 바꾸거나 다양한 알고리즘 설계 기법을 자유자재로 구사하는 능력이 중요합니다.

세상에는 효율적으로 푸는 게 불가능해 보이는 어려운 문제가 많은 것도 사실입니다. 풀리지 않는 문제를 잘 알아두는 것도 알고리즘 설계자에게 무척 중요한 능력입니다. 다루고 있는 문제가 풀리지 않는 문제라는 걸 안다면, 현실적인 계산 시간 안에 가능한 한 정답에 가까운 답을 구하는 등 건설적인 방향으로 진행할 수 있습니다. 또한, 그런 어려운 문제를 다룰 때도 부분적으로 발생하는 작은 문제를 해결하기 위해 그래프 탐색, 동적 계획법, 탐욕법 등의 알고리즘 설계 기법을 활용하기도 합니다.

18.9 연습 문제

18.1 N 꼭짓점의 트리 $G = (V, E)$가 주어졌을 때 트리 G의 안정 집합 크기의 최댓값을 구하는 탐욕 알고리즘을 설계하라. (유명 문제, 난이도 ★★★)

18.2 N 꼭짓점의 트리 $G = (V, E)$가 주어졌을 때 트리 G의 안정 집합이 몇 개 존재하는지 구하는 알고리즘을 설계하라(답이 무척 커질 수 있으므로 어떤 소수 P로 나눈 나머지를 구하는 식의 기법이 필요하다). (출처: AtCoder Educational DP Contest P – Independent Set, 난이도 ★★★★)

18.3 무향 그래프 $G = (V, E)$에 대한 최대 안정 집합 문제를 정수계획 문제로 공식화하라. (난이도 ★★★)

18.4 N개의 물건이 있고 물건 크기가 a_0, a_1, ..., a_{N-1}일 때 $0 < a_i < 1$을 만족한다고 하자. 물건을 용량이 1인 통에 넣어서 채우려고 할 때 모든 물건을 담는 데 필요한 통의 최소 개수를 구하려고 한다. 물건 i를 통마다 순서대로 시험해봐서 처음으로 담을 수 있는 통에 i를 채워 넣는 탐욕 알고리즘이 2-근사 알고리즘이라는 걸 증명하라. (**빈 패킹 문제**(Bin packing problem)에 대한 First Fit 알고리즘. 난이도 ★★★)

19^장

참고 문헌

이 책에서 다양한 알고리즘을 소개했습니다. 알고리즘을 좀 더 배우고 싶을 때 참고할 만한 책을 소개합니다. (**역주** 원제를 바로 아래에 함께 표기했으니 참고하길 바랍니다.)

19.1 알고리즘 전반

우선 알고리즘 전반을 설명하는 책 중에서 페이지 수가 적은 책을 소개합니다.

[1] 스기하라 코키치, 자료 구조와 알고리즘, 쿄리츠출판(2001)

　杉原厚吉：データ構造とアルゴリズム, 共立出版 (2001).

[2] 시부야 테츠오, 알고리즘(도쿄대학공학과정 정보공학), 마루젠출판(2016)

　渋谷哲朗：アルゴリズム (東京大学工学教程 情報工学), 丸善出版 (2016).

[3] 후지와라 아키히로, 알고리즘과 자료 구조(제2판) (정보공학 렉쳐 시리즈), 모리키타출판 (2016)

　藤原暁宏：アルゴリズムとデータ構造(第2版) (情報工学レクチャーシリーズ), 森北出版 (2016).

[4] 아사노 테츠오, 정보 구조(상)(하) (정보수학 세미나), 니혼효우론사(1993)

　浅野孝夫：情報の構造(上)(下) (情報数学セミナー), 日本評論社 (1993).

[5] 아키바 타쿠야, 이와타 요이치, 키타가와 마사토시, 프로그래밍 콘테스트 챌린지북(제2판), 마이나비출판(2012)

　秋葉拓哉, 岩田陽一, 北川宜稔：プログラミングコンテストチャレンジブック (第2版), マイナビ出版 (2012).

[6] 와타노베 유타카, 프로그래밍 콘테스트 공략을 위한 알고리즘과 자료 구조, 마이나비출판 (2015)

　渡部有隆：プログラミングコンテスト攻略のためのアルゴリズムとデータ構造, マイナビ出版 (2015).

[7] 오쿠무라 하루히코, C 언어 최신 알고리즘 사전(개정신판), 기쥬츠효우론사(2018)

奥村晴彦 : C 言語による最新アルゴリズム事典(改訂新版), 技術評論社 (2018).

[8] 이바라키 토시히데, C 알고리즘과 자료 구조(개정2판), 옴사(2019)

茨木俊秀 : C によるアルゴリズムとデータ構造 (改訂2版), オーム社 (2019).

[1], [2], [3]은 무척 읽기 쉬운 알고리즘 교과서입니다. 각종 알고리즘의 핵심을 명쾌하고 간결한 서술로 설명합니다. [4]는 조금 깊은 논의까지 다룬 책입니다. [5], [6]은 프로그래밍 콘테스트 준비용 책으로 집필되었지만, 그 영역을 넘어서 실전적인 알고리즘 설계 능력을 배우는 책입니다. 이 책의 다음 단계로 읽었으면 합니다. [7], [8]도 C 언어로 구현하는 방법을 포함해서 알고리즘을 배울 수 있습니다.

19.2 알고리즘 전반(본격적인 전문서)

이번에는 알고리즘 전반을 깊이 배울 수 있는 책 중에서 본격적이고 두꺼운 책을 소개합니다.

[9] 토머스 코멘, 찰스 레이서슨, 로날드 리베스트, 클리포드 스타인, Introduction to Algorithms(3판), 한빛아카데미(2014)

T. H. Cormen, C. E. Leiserson, R. L. Rivest, C. Stein: Introduction to Algorithm (3rd Edition), MIT Press (2009).

[10] 존 클라인버그, 에이바 타도스, Algorithm Design, Pearson/Addison–Wesley(2006)

J. Kleinberg, E. Tardos: Algorithm Design, Pearson/Addison–Wesley (2006).

[11] 로버트 세지윅, Algorithms in C: Fundamentals, Data Structures, Sorting, Searching, and Graph Algorithms (3rd Edition), Pearson/Addison–Wesley(2001)

R. Sedgewick: Algorithms in C: Fundamentals, Data Structures, Sorting, Searching, and Graph Algorithms (3rd Edition), Pearson/Addison–Wesley (2001).

[12] 도널드 커누스, The Art of Computer Programming 1 기초 알고리즘(개정3판), 한빛미디어(2006)

D. Knuth: The Art of Computer Programming, Vol. 1: Fundamental Algorithms

(3rd Edition), Addison-Wesley (1997).

[13] 도널드 커누스, The Art of Computer Programming 2 준수치적 알고리즘(개정3판), 한 빛미디어(2007)

D. Knuth: The Art of Computer Programming, Vol. 2: Seminumerical Algorithms (3rd Edition), Addison-Wesley (1998).

[14] 도널드 커누스, The Art of Computer Programming 3 정렬과 검색(개정2판), 한빛미디 어(2008)

D. Knuth: The Art of Computer Programming, Vol. 3: Sorting and Searching (2rd Edition), Addison-Wesley (1998).

여기에 나온 책은 모두 세계적인 알고리즘 교과서입니다. [9]는 알고리즘 원리에 중점을 두고 다양한 알고리즘의 정확성을 제대로 논의합니다. 이렇게 원리를 확실하게 배워두는 건 스스로 미지의 문제를 푸는 알고리즘을 개발할 때 중요합니다. [10]은 실전적인 알고리즘 설계 능력에 중점을 둔 책으로 풍부한 사례를 다룹니다. 이 책을 집필할 때도 많이 참고했습니다. [11]은 구체적인 구현 방법을 포함해서 알고리즘을 배우는 책으로 세계적으로도 널리 읽힙니다. [12], [13], [14]는 수치 계산 같은 화제도 포함한 알고리즘 전반을 설명하는 책이자 '바이블'로 꼽히는 전설적인 책입니다.

ALGORITHM & DATA STRUCTURES

19.3 복잡도, P와 NP

복잡도 이론을 깊이 다루는 책입니다.

[15] 마이클 개리, 데이비드 S. 존슨, Computers and Intractability: A Guide to the Theory of NP-Completeness, W. H. Freeman and Company(1979)

M. R. Garey, D. S. Johnson: Computers and Intractability: A Guide to the Theory of NP-Completeness, W. H. Freeman and Company (1979).

[16] 오기와라 미츠노리, 복잡함의 계층(알고리즘 사이언스 시리즈), 쿄리츠출판(2006)

萩原光徳 : 複雑さの階層 (アルゴリズム・サイエンスシリーズ), 共立出版 (2006).

[15]는 P와 NP를 다룬 고전 명저입니다. 책 마지막 부분에는 수많은 NP 완전, NP 난해 문제가 실려 있습니다. [16]은 복잡도 이론을 배울 수 있는 책입니다.

19.4 그래프 알고리즘, 조합 최적화

ALGORITHM & DATA STRUCTURES

그래프 알고리즘과 조합 최적화를 배우는 책입니다.

[17] 쿠보 미키오, 마츠이 토모미, 조합 최적화 단편집(시리즈 '현대인의 수리'), 아사쿠라쇼텐 (1999)

久保幹雄, 松井知己 : 組合せ最適化「短編集」(シリーズ「現代人の数理」), 朝倉書店 (1999).

[18] 무로타 카즈오, 시오우라 아키요시, 이산 볼록 해석과 최적화 알고리즘(수리공학 라이브러리), 아사쿠라쇼텐(2013)

室田一雄, 塩浦昭義 : 離散凸解析と最適化アルゴリズム (数理工学ライブラリー), 朝倉書店 (2013).

[19] 시게노 마이코, 네트워크 최적화와 알고리즘(응용 최적화 시리즈 4), 아사쿠라쇼텐(2010)

繁野麻衣子 : ネットワーク最適化とアルゴリズム (応用最適化シリーズ 4), 朝倉書店 (2010).

19
참고 문헌

[20] 베른하르트 코르테, Combinatorial Optimization: Theory and Algorithms (6th Edition), Springer(2018)

B. Korte, J. Vygen: Combinatorial Optimization: Theory and Algorithms (6th Edition), Springer (2018).

[21] 라빈드라 K. 아후자, 토마스 L. 매그넌티, 제임스 B. 오를린, Network Flows: Theory, Algorithms, and Applications, Prentice Hall(1993)

R. K. Ahuja, T. L. Magnanti, J. B. Orlin: Network Flows: Theory, Algorithms, and Applications, Prentice Hall (1993).

[17]은 조합 최적화에 관련된 광범위한 문제를 이야기 형식으로 풀어서 가볍게 개요를 파악하기에 좋습니다. [18]은 최소 신장 트리 문제나 최대 흐름 문제 등과 같은 그래프 관련 문제를 중심으로 '풀리는' 문제를 이산 볼록성 시점으로 다시 정리한 책입니다. [19]는 네트워크 흐름 관련 내용을 자세하고 알기 쉽게 정리합니다. [20]은 조합 최적화 연구 분야에 몸담을 분에게 개요 파악용으로 좋은 책입니다. [21]은 네트워크 흐름 이론에 관한 방대한 책입니다.

19.5 / 어려운 문제 대책

18장에서 몇 가지 살펴본 실제로 풀기 어려운 문제의 대처법을 다룬 책을 소개합니다.

[22] 후지사와 카츠키, 우메타니 순지, 응용에 도움이 되는 50가지 최적화 문제(응용 최적화 시리즈 3), 아사쿠라쇼텐(2009)

藤澤克樹, 梅谷俊治: 応用に役立つ50の最適化問題 (応用最適化シリーズ 3), 朝倉書店 (2009).

[23] 야기우라 무츠노리, 이바라키 토시히데, 조합 최적화 메타 전략을 중심으로(경영 과학의 뉴 프론티어), 아사쿠라쇼텐(2001)

柳浦睦憲, 茨木俊秀: 組合せ最適化 メタ戦略を中心として (経営科学のニューフロンティア). 朝倉書店 (2001).

[24] 아사노 테츠오, 근사 알고리즘(알고리즘 사이언스 시리즈), 쿄리츠출판(2019)

浅野孝夫: 近似アルゴリズム (アルゴリズム・サイエンスシリーズ), 共立出版 (2019).

19.6 / 기타 분야

이 책에서 설명하지 않은 분야(문자열, 계산기하학 등)나 자세한 설명을 생략한 분야(무작위 알고리즘 등)를 깊이 다룬 책을 소개합니다.

[25] 오카노하라 다이스케, 고속 문자열 분석의 세계(확률과 정보 과학), 이와나미쇼텐(2012)

岡野原大輔：高速文字列解析の世界(確率と情報の科学), 岩波書店 (2012).

[26] 사다카네 쿠니히코, 간결 자료 구조(알고리즘 사이언스 시리즈), 쿄리츠출판(2018)

定兼邦彦：簡潔データ構造 (アルゴリズム・サイエンスシリーズ), 共立出版 (2018).

[27] 댄 거스필드, Algorithms on Strings, Trees, and Sequences: Computer Science and Computational Biology, Cambridge University Press(1997)

D. Gusfield: Algorithms on Strings, Trees, and Sequences: Computer Science and Computational Biology, Cambridge University Press (1997).

[28] 마크 드 버그, 마크 반 크레벨드, 마르크 오버르마스, 오트리프트 정, Computational Geometry: Algorithms and Applications (3rd Edition), Springer (2010)

M. de. Berg, M. van Kreverld, M. Overmars, O. Cheong: Computational Geometry: Algorithms and Applications (3rd Edition), Springer (2010).

[29] 타마키 히사오, 무작위 알고리즘(알고리즘 사이언스 시리즈), 쿄리츠출판(2008)

玉木久夫：乱択アルゴリズム (アルゴリズム・サイエンスシリーズ), 共立出版 (2008).

[30] 라지브 모트와니, 프라바카르 라하반, Randomized Algorithms, Cambridge University Press(1995)

R. Motwani, P. Raghavan: Randomized Algorithms, Cambridge University Press (1995).

19

참고 문헌

18장에 걸친 긴 여정도 여기서 일단 끝입니다. 어려운 부분도 있었는데 끝까지 읽어주셔서 정말 기쁩니다. 이 책을 집필할 때 신념이 하나 있었습니다. '알고리즘은 실제로 문제를 해결하는 데 활용해야 진짜다'라는 신념입니다. 퀵 정렬 같은 기존 알고리즘을 알기 쉽게 설명하는 데 그치지 않고, 어떠한 수학과 이치가 존재하는지 제대로 해설하고 동적 계획법이나 탐욕법 등의 알고리즘 설계 기법을 자세히 설명한다는 방침을 세웠습니다. 그러다 보니 책이 조금 두꺼워졌지만, 한 명이라도 더 많은 분에게 도움이 되면 좋겠습니다.

이 책을 출간하는 과정에서 많은 분의 도움을 받았습니다. 코단샤 사이언티픽의 요코야마 싱고 씨는 저의 Qiita 기사를 읽고 연락을 주셨습니다. 그 연락이 없었다면, 이 책은 탄생하지 못했을 것입니다. 대단히 감사합니다. 일러스트를 담당해 주신 야기와타루 씨는 저의 복잡하고 이상한 그림을 깔끔하게 다듬어 주셨습니다. 감수를 담당해 주신 아키바 타쿠야 씨는 무척이나 많은 유익한 코멘트를 주셨습니다. 아키바 씨가 원고의 결점을 지적해 주셔서 학술 논문을 작성해 본 경험이 부족한 저에게는 큰 도움이 되었습니다. 또한, 카와라바야시 켄이치 선생님이 추천의 글을 써 주셨습니다. 진심으로 감사드리고 마음이 든든합니다.

함께 프로그래밍 콘테스트를 즐겨온 카도 유우키 씨, 키무라 유우키 씨, 토코로자와 마리코 씨, 타케가와 히로토 씨, 그리고 같은 직장에서 함께 알고리즘을 사용한 문제 해결을 담당하는 타나베 타카히토 씨, 토요오카 쇼 씨, 키시모토 쇼고 씨, 시미즈 쇼우지 씨, 오리타 다이스케 씨, 모리야 나오미 씨, 타나카 다이키 씨, 이토 겐지 씨, 하라다 코헤이 씨, 이가라시 켄타 씨는 원고 단계에서 수많은 코멘트를 주셨습니다. 덕분에 책이 훨씬 이해하기 쉬워졌습니다.

그리고 개인적인 일이지만, 이 책을 집필하면서 주식회사 쿄토 애니메이션이 제작한 애니메이션 작품인 '울려라! 유포니엄'(타케다 아야노 씨 원작)을 시청한 것이 큰 동기 부여가 되었음을 덧붙이고 싶습니다. 세세한 부분까지 품질에 심혈을 기울인 쿄토 애니메이션의 작품은 저의 집필 활동에 큰 영향을 미쳤습니다. 마지막으로, 끝까지 계속해서 격려해준 가족에게 감사합니다.

2020년 7월

오츠키 켄스케